한국인의 갈등의식

한국인의 갈등의식

2007년 한국인의 갈등의식 조사 결과 분석

윤인진
박길성
이명진
김선업
김철규
정일준

고려대학교출판부
KOREA UNIVERSITY PRESS

서문

현대 한국사회는 '갈등사회'라고 불릴 만큼 공공 영역뿐만 아니라 시민사회 영역에서도 갈등이 보편화되고 일상화되어 있다. 갈등 지형은 전통적인 계급과 시민운동에 국한되지 않고 지역, 젠더, 세대, 교육, 소수자 등 사실상 사회 전 방위에 걸쳐 있다. 한국사회에서의 갈등은 상당히 빈번하게 발생하고, 끈질기고 오래가며, 집단행동 형태로 나타나고, 빈번히 불법적이고 과격한 형태를 띠는 것으로 알려져 있다. 현재 한국사회에는 사회 갈등이, 효율적으로 조정되고 관리되지 못함으로, 막대한 사회경제적 손실을 초래하고 있다. 갈등 주체들이 신뢰를 통해 사회발전을 촉진하기보다는 소모적인 대립과 갈등에 몰입하고 있다. 이로 인해 대형 국책 사업들이 표류하고 국가의 대외신임도가 추락하여 국가 경쟁력을 저해하기까지 하고 있다. 따라서 사회 갈등을 합리적으로 조율하고 사회적 합의를 도출하여 분산된 사회적 에너지를 통합할 필요가 증대되고 있다.

우리 국민은 현재 한국사회에서 발생하고 있는 집단 간 갈등이 심각한 수준에 이르렀다고 인식하고 있다. 한국여성개발원의 2005년《국민통합을 위한 사회 갈등 해소 방안 연구》에서 전국 성인 1천 명을 대상으로 실시한 실태조사에 따르면 전체 응답자의 92%가 우리 사회 갈등 양상에 대해 심각하다고 생각하고 있으며, 70%가 이런 갈등이 사회 발전 또는 통합을 저해할 것이라고 응답하였다. 갈등의 심각성은 계층 간 갈등 〉 지역 갈등 〉 노사 갈등 〉 세대 간 갈등 〉

교육 갈등 > 이념 갈등 > 환경 갈등 > 남성과 여성 간 갈등의 순서로 나타났다. 고려대 한국사회연구소와 BK21갈등사회교육연구단이 2007년 11월에 실시한 〈한국인의 갈등 의식 조사〉에 따르면 갈등 수준을 0점(전혀 심각하지 않은 수준)에서 10점(매우 심각한 수준)의 척도로 측정했을 때 한국인은 현재의 갈등 수준은 높은 수준인 7.4점에 해당하는 것으로 인식하고 있다. 갈등이 심각하지 않다고 생각하는 사람들은 3%에 불과하고, 보통이라고 생각하는 사람들은 7.4%, 심각하다고 생각하는 사람들은 89.6%에 달해서 심각하다고 생각하는 사람들과 심각하지 않다고 생각하는 사람들의 차이는 86% 포인트에 달했다.

우리 국민은 현재 사회 갈등 수준이 높다는 것뿐만 아니라 과거 10년 전과 비교해서 전반적인 갈등 수준이 더욱 심각해졌다고 인식하고 있다. 10년 전에 비교해서 완화되었다고 생각하는 사람들은 18.8%, 비슷하다고 생각하는 사람들은 24.5%, 더욱 심각해졌다고 생각하는 사람들은 55.6%에 달했다. 이런 결과는 2005년의 〈국민통합을 위한 사회 갈등 해소 방안 연구〉에서 응답자의 68%가 과거 10년 전과 비교해서 사회 갈등 수준이 심각해졌다는 것과 대체로 일치한다.

문제의 심각성에도 불구하고 한국사회는 갈등을 체계적으로 관리할 수 있는 기구와 전문가의 부족, 갈등 관리 관련 연구와 교육(인적자원 양성) 체계의 미비, 이를 뒷받침할 법과 제도의 부재 등 갈등 관리 인프라가 극히 미비한 실정이다. 그리고 서로 간의 다름에서 오는 갈등을 합리적으로 해결할 수 있는 문화적 환경이 형성되어 있지 않다.

이런 측면에서 현재 한국사회를 '갈등사회'라고 정의하는 것은 단지 갈등이 빈번하고 고질적이라는 것 때문만이 아니라 갈등을 민주적이고 합리적인 방식과 제도 안에서 해결하고 조정할 수 있는 능력이 아직 갖추어지지 않았기 때문이다. 따라서 현 시점은 억압된 갈등이 표면으로 중구난방으로 표출되지만 그것을 조정하고 관리할 수 있는 갈등 관리 시스템이 아직 마련되지 않은 과도기 상태라고 볼 수 있다. 미국도 1970년대까지 댐 건설 등을 둘러싸고 심각한 공공 갈등을 경험하였지만 1970년대 중반에 중재를 통한 갈등 조정에 성공하고 미국 법무부가 1978년에 3개의 근린정의센터Neighborhood Justice Center 설립을 지원하고, 미네소타Minnesota, 코네티컷Connecticut, 오하이오Ohio 주에서 NIS 합의안이 도출되고, 1983년에 국립분쟁해결연구원National Institute of Dispute Resolution(NIDR)이 설립되는 과정들을 거치면서 합리적인 갈등 조정 시스템을 갖추게 되었다(김동영, 2006). 이런 측면에서 볼 때 한국도 합리적인 갈등 관리 시스템을 정비하고 국민의 의식이 선진화되면 현재의 폭력적이고 소모적인 사회 갈등이 생산적으로 조정될 수 있을 것으로 기대한다.

고려대학교 사회학과는 한국사회의 첨예한 사회문제인 사회 갈등의 원인, 기제, 결과 분석과 정책 대안을 개발하고 갈등 연구와 갈등 관리 전문 인력을 양성하는 것이 사회학자들의 책무라는 인식하에 '2단계 두뇌한국 21사업'에 지원하여 인문사회 분야의 대형 사업단으로 선정되었다. 2006년 3월부터 '갈등사회의 도전과 21세기 실용사회학 인재양성교육연구단'(약칭 BK21갈등사회교육연구단)의 이름으로 대학원 교육·연구 사업을 시작하여 현재까지 사회갈등 관련 과목 개설, 갈등 관리 전문가 아카데미 운영, 갈등 워크숍 및 학술대회 개최, 사회조사 실시 등의 활동을 전개해 왔다. 2007년 11월에 사회조사 전문회사인 리서치21에 의뢰하여 전국 16개 시도에서 성인 남녀 1,500명을 대상으로 실시한 〈제1차 한국인의 갈등 의식 조사〉는 사회 갈등에 관한 기초적인 자료를 구축하여 실용적인 정책 및 프로그램을 개발하고자 하는 사업단의 목표의 일환으로 추진되었다.

BK21갈등사회교육연구단의 참여 교수들은 설문조사 자료를 분석하여 주제별로 연구논문들을 작성하였고, 2008년 5월 21일에 〈갈등사회의 도전과 전망 — 제1차 한국인의 갈등 의식 조사 결과 분석〉 학술 심포지엄을 개최하였다. 심포지엄에서 발표된 논문들은 지정 토론자들과 심포지엄 참석자들의 논평 내용을 참조하여 수정 · 보완된 후 《한국사회》 9집 1호에 게재되었다. 이후 필자들은 수차례의 필진회의를 거쳐서 개별 원고들을 수정 · 보완하여 단행본으로 출판하게 되었다.

필진은 이 책이 한국의 사회 갈등의 특성과 기제를 이론적으로뿐만 아니라 경험적 자료를 통해 실증적으로 분석하여 사회 갈등 연구에 크게 기여하였다고 평가한다. 아울러 경험적인 연구에 기초하여 실재적인 정책 대안을 제안하여 공공 갈등뿐만 아니라 일상생활에서의 갈등의 해결 및 조율에 기여할 것으로 기대한다.

이 책은 다음과 같은 순서로 구성되어 있다.

제1장에서 박길성은 오늘날 한국사회의 갈등을 복합 전환의 사회변동 속에서 진행되는 압축 갈등으로 규정하였다. 그는 전 지구적 전환과 외환 위기 그리고 정치사회적인 권력 이동을 한국사회 갈등 형성의 기본 축으로 설정하

고, 한국사회의 갈등 양상을 진단하였다. 갈등의 주요 특징으로 갈등의 일상화, 이념 갈등의 과대 담론화, 갈등 기능론적 인식을 갈등의 주요 특징으로 설명하면서, 향후 전망과 과제를 제시하였다. 갈등의 제도화를 향한 제안, 이를테면 참여적 의사결정과 대안적 분쟁 해결 구축, 정당정치의 복원, 권위 구조의 확립 등을 제시하였다.

제2장에서 김선업 · 윤인진은 본 연구가 기초한 〈제1차 한국인의 갈등 의식 조사〉의 개요를 조사 설계 중심으로 설명하고 주요 조사 결과를 갈등 의식, 갈등 경험, 갈등 대처 양식을 중심으로 정리하여 기술하였다. 제2장은 의식 조사의 주요 결과를 개괄적으로 소개하여 후속 장들에서 세부 주제들에 대해 심도 있게 분석한 결과를 이해하는 데 도움을 줄 것으로 기대한다. 조사 개요에서는 조사 연구의 목적, 모집단의 규정과 표본 추출 방법을 설명하고, 조사 대상자의 인구학적, 사회경제적 특성을 기술하고, 주요 조사 항목을 소개하였다. 주요 조사 결과로 첫째, 한국인의 인식하는 사회집단 간 갈등과 이념 갈등의 수준, 사회 갈등의 원인, 기능, 바람직한 해결 방안에 대해서 조사하였다. 둘째, 공적 및 사적 기관과의 이해 상충 경험과 이의 제기 경험, 그리고 가족 관계, 직장 관계, 이웃의 3대 생활 영역에서 경험하는 갈등 형태의 일반적 특징에 대해서 기술하였다. 셋째, 갈등 경험 시 이에 대처하는 양식에 대해서 보고하였다.

제3장에서 이명진은 갈등 과정 속에서 개별 사회집단의 역할과 영향력을 평가하였다. 그는 전반적인 갈등 원인에 관해서 한국인은 갈등 당사자의 잘못이라고 평가하는 경향이 크지만 개별 사회집단의 역할과 관련해서는 정치와

시장과 관련된 사회집단들의 책임이 큰 것으로 평가한다고 보고하였다. 갈등 해소 노력과 관련해서는 시민 사회와 관련된 시민단체, 학계 등에 대해 상대적으로 긍정적인 평가가 많으나 정계와 언론기관에 대해서는 평가가 좋지 않은 것으로 보고하였다. 시민 사회가 갈등 해소와 관련하여 긍정적인 평가를 받고 있는 만큼 개별 사회집단들 위에 서서 공익적 차원에서 갈등을 조정하는 역할을 강화하는 것이 바람직하다는 제안을 하였다.

제4장에서 김선업은 일상생활에서의 갈등의 일반적 특성을 파악하고 거시 사회적 조건들과의 관련성을 탐구하였다. 이를 위해 가족, 직장, 이웃의 3대 일상생활 영역에서 실제 '경험하고 있는 갈등'이 성, 연령 및 사회계층 요인에 따라 어떻게 분화 혹은 교차하고 있는가를 분석하였다. 분석 결과 일상적으로 경험하는 갈등은 가족에서 가장 많았지만 영역 간 갈등의 상관성은 가족 외부에서 높았다. 적어도 가족 갈등이 다른 영역의 갈등을 촉발한다는 근거는 발견할 수 없지만 갈등의 공통적 요인은 가족 외부에 있는 것으로 판단하였다.

제5장에서 김철규는 환경 갈등을 한국 발전의 역사 속에 위치시켜, 그 사회학적 의미를 평가하고 환경 갈등의 역사 특수적 성격을 부각시키고자 하였다. 이를 위해 환경 갈등 개념을 둘러싼 논의를 검토하고, 한국의 개발주의 궤적 속에서 환경 갈등이 어떻게 억압되고, 부각되고, 변천해 왔는가를 분석하였다. 특히 1997년 IMF 경제 위기의 맥락에서 신개발주의의 부각이 신개발주의 동맹과 환경 신영 간의 갈등을 첨예화시키는 데 주목하였다. 이어서 경험적인 자료를 통해 한국인의 환경 갈등에 대한 인식, 개발공사에 대한 신뢰 정도, 그리고 환경단체에 대한 신뢰 정도 등을 측정함으로써, 앞으로 우리사회의

환경 갈등이 어떤 가치 지평 속에서 진행될 것인지를 가늠해 보았다. 분석 결과 한국인은 엷은 환경주의적 가치를 가지고 있고, 개발공사에 대한 신뢰가 매우 낮으며, 환경단체에 대해 약간의 신뢰를 갖고 있다. 그러나 한국인은 개발주의적인 가치관을 함께 가지고 있으며, 경제성장에 대한 강한 열망을 가지고 있는 모순적 의식체계를 가지는 것으로 밝혀졌다. 이러한 사실은 앞으로 신개발주의 동맹에 의해 추진되는 개발주의적 사업들이 구체적인 사안, 정치적 정세, 동원화의 성공 여부 등 다양한 상황적 변수들에 의해 상당히 다른 방식과 강도의 환경 갈등을 야기할 수 있다는 점을 시사한다.

제6장에서 윤인진은 사회 갈등의 의식문화적 측면에 초점을 맞추어 한국인의 공익의식의 수준과 이것이 사회 갈등에 대한 의식과의 관련성을 분석하였다. 그는 한국인이 사회적 합의에 의거한 갈등 조정과 해결 능력을 갖기 위해서는 개인들이 집단이기주의를 넘어서 공공선(또는 공동선)을 인정하고 추구하려는 공익의식을 확대하는 것이 필요하다고 지적하였다. 그는 선행 연구가 원론적인 차원에서 한국인의 공익의식 부재에 대해 언급했던 점을 극복하기 위해 경험적으로 공익의식의 수준과 내용을 측정할 수 있는 척도를 개발하였다. 분석 결과 한국인은 전체적으로 보통 수준 이상의 공익의식을 보이고 있지만 특별히 재산세의 분배, 사회복지 목적의 세금, 사회혐오시설로 인한 집값 하락 등과 같이 경제적 이해관계가 달린 사안에 대해서는 보통 이하의 공익의식을 보이는 것으로 나타났다. 이런 결과는 한국인이 원론적인 차원에서는 사익보다 공익을 우선한다고 말하지만 실제로 사익이 침해되는 상황에서는 자신과 자기 집단의 권리와 이익을 우선시하는 것을 보여 준다.

제7장에서 정일준·윤인진은 참여정부 시기에 법제화된 갈등 관리 체계('공공기관의 갈등 예방과 해결에 관한 규정')의 긍정적인 기여를 인정하면서도 그 한계를 지적하였다. 정부가 갈등의 중재자가 아니라 주체인 경우와 이념 및 가치 갈등의 경우에는 갈등 관리적 대응이 부적절하거나 실효성을 갖기 어렵다고 지적하였다. 보다 근본적인 갈등 해결의 방안을 모색하기 위해 사회 갈등을 갈등분쟁 거버넌스와 갈등사회 통치의 두 차원으로 나누어 접근하였다. 갈등분쟁 거버넌스는 갈등 인식과 갈등 대응에 초점이 맞추어져 있다. 사회행위 차원에서 갈등이 발생하고 인식되면 갈등 관리와 나아가 궁극적으로는 갈등분쟁 해결을 추구한다. 반면 갈등사회 통치는 이미 발생한 갈등 관리보다 갈등 예방과 갈등 최소화에 주력한다. 갈등사회 통치는 갈등의 사회적 구성과 갈등 평가에 관심을 갖는다. 규범적으로 '문제 없음'은 허용 가능한 수준에서 해결되도록 유도하는 한편, '문제 있음'은 적극적으로 해결을 추구할 뿐 아니라 그것이 발생하지 않도록 선제한다. 갈등 선제는 사회구조의 모순이 사회행위 수준에서 갈등으로 구성될 가능성을 존재론적인 차원에서 이론적으로 예견하여 장기 대책을 마련하는 한편 평상시에도 지속적인 해결을 추구해 나가는 것이다.

2008년 2월에 출범한 이명박 정부가 이제 1주년을 맞이했다. 지난 1년간의 업적과 과오에 대해서 각종 언론 매체들에서 다각도로 진단했다. 언론 매체들의 이념 성향과 현 정부와의 정치적 이해관계 때문에 이명박 정부의 지난 1년에 대한 진단과 평가는 사뭇 다를 수 있다. 그러나 모든 언론 매체들이 공통적으로 지적하는 것은 지난 1년 동안 국민 분열이 과거보다 더욱 심해졌다는 것이다. 만일 촛불집회에서 나타났듯이 국민과의 의사소통이 막힌 채 일방적으로 국정을 추진한다면 국민 분열은 더욱 심해질 것이다. 그리고 용산 화재 참사와 같이 도심재개발 과정에서 소외되고 배제되는 세입자들에 대한 보호책이 시급히 마련되지 않는다면 제2, 제3의 용산 참사가 발생할 것이다. 따라서 소모적이고 분열적인 사회 갈등의 악순환을 끊고 분산된 사회적 에너지를 통합하여 사회발전의 원동력으로 삼기 위해서는 공공 차원에서는 선진적인 갈등 관리체제를 구축하고, 개인과 사회집단 차원에서는 갈등을 해결하고 조율할 수 있는 의사소통과 갈등 조정 능력을 강화하는 것이 필요하다. 그리고 정부가 갈등의 주체가 되거나 가치 및 이념을 둘러싼 갈등은 정부가 법으로만 해결하려고 하기보다는 민간 부문과 긴밀히 협의하여 통치하는 것이 필요하다. 아울러 각종 사회 갈등에 대한 조사 연구를 실시하고 검증된 지식과 정보에 기초하여 정책을 개발하는 것이 필요하다. 이런 이유로 〈제1차 한국인의 갈등 의식 조사〉에 근거하여 사회 갈등의 여러 측면들을 이론적으로 그리고 경험적으로 분석한 필진은 이 책이 한국사회 갈등을 이해하고 그 해결과 조율에 기여할 수 있기를 희망한다.

2009년 2월

필진 대표 윤인진

차례

제1장

한국사회의 갈등 지형과 경향[1)]

1. 압축 갈등의 한국사회

오늘의 한국사회는 마치 갈등의 전람회장을 연상시킬 만큼, 갈등은 보편화되고 일상화되었으며, 그 유형은 매우 다양하다. 갈등을 둘러싼 권위주의적인 억압과 잠재를 거쳐 민주적인 표출과 확산을 경험하면서 한국사회의 갈등은 구조화되는 양상을 보인다. 상황에 따라서는 장기화되기도 하며 휘발적인 모습을 보이기도 한다. 한국 성인 10명 중 9명이 우리 사회의 갈등이 심각하다고 인식하고 있다는 조사 결과가 예시하듯이(한국여성개발원, 2005 ; 한국사회연구소, 2008), 한국사회의 갈등은 분명 우려의 수준을 넘어선 것으로 보인다.

한국사회는 압축된 성장 과정만큼이나 압축적인 갈등을 겪어 왔다. 상대적으로 짧은 기간에 다양한 갈등을 집중적으로 경험하는 시간적인 단축의 양상뿐만 아니라, 산업화의 과제, 민주화의 과제, 세계화의 과제, 정보화의 과제, 탈근대의 과제가 동시대의 공간 위에서 매우 복잡하게 얽혀 있는 응축의 양상을 보인다.[2)] 오늘날 한국사회의 갈등 지형은 계급이나 계층에 국한되지 않고

---

1) 한국사회학회 주최 〈IMF 체제의 사회분화를 넘어서 통합사회로〉 심포지엄과 한국사회연구소 주최 〈갈등사회의 도전과 전망〉 심포지엄에서 이 논문의 논평을 맡아 준 김호기, 신광영 교수에게 감사드린다.

2) 여기서의 압축의 의미는 시간적인 단축과 공간적인 응축의 두 측면을 지니는 것으로 이해된다.

지역, 젠더, 세대, 교육, 소수자, 이념 등 사실상 사회 전 방위에 걸쳐 복잡하게 배열되어 있다. 서구의 경우 경제적 이익을 둘러싼 이해 갈등에서 사고와 생활 양식이 충돌하는 가치관 갈등으로 그 중심이 변화하는 것과는 달리 우리나라에서는 두 갈등이 거의 동시적으로 분출하는 압축의 양상을 보인다(김호기, 2007 : 104).

이렇듯 갈등이 광범하게 일상화되어 있고 압축의 양상을 보이고 있지만 정작 갈등을 조정하거나 관리할 수 있는 제도적 역량이나 문화 규범적 공간은 매우 제한되어 있다. 한국인은 갈등을 잘 처리하는 편이라고 응답한 비율이 17%에 불과한 조사 결과에서 알 수 있듯이(국정홍보처, 2006), 갈등을 관리하는 역량의 측면에서 한국사회는 그리 성숙하지 않다. 갈등의 문제에 접근함에 있어 합리적 협상이나 절차적 조정의 기제에 의존하기보다는 소모적인 감정적 대응이나 사적 이해의 극대화를 우선시하는 모습이 노출된다.

97년 외환 위기 이후 오늘에 이르는 한국사회의 성격은 복합전환의 갈등으로 요약된다. 경제 위기의 상황에서 목도되는 전형적인 경제 갈등 위에 전근대, 근대, 탈근대가 하나의 시공간 속에서 공존하는 비동시성의 동시성이 한국사회를 관통한다. 계급·계층 간 갈등은 물론이고 전통적인 유교문화에서 기인한 성별, 연령별, 세대별 갈등이 잠복되어 역사상황 조건에 따라 언제라도 분출할 태세를 취하고 있다. 지역에 기반을 둔 왜곡된 정치 동원의 구조 속에서 분출된 첨예한 지역 갈등 역시 한국사회가 안고 있는 과제로 지목되고 있다. 뿐만 아니라 노무현 정부의 등장과 이어지는 이명박 정부의 출현은 진자의 폭이 매우 넓은 권력이동이며, 이로 인한 갈등의 양상은 더 복잡한 국면으로 들어간다. 그런가 하면 세계화는 초국가적인 다문화의 사회 환경을 요청하고 있으나 이를 적극적으로 포용할 한국사회의 공간은 그리 넉넉하지 않은 것도 사실이다. 한국사회도 서구사회에서 목도되는 탈근대적 이념의 확산으로 인한 개인의 자발적 선택으로 간주되는 트랜스젠더, 동성애 가족, 양심적 병역 거부자 등의 사회적 소수자가 한국사회에서도 증가하고 있다. 이렇듯 복합 전환적인 갈등사회로서 한국사회가 풀어내야 할 과제는 그리 단출하지 않다.

근대 산업사회에서 사회 갈등은 계급 및 계층을 중심으로 형성되었으며, 정치 영역에서는 시민과 국가 간의 갈등이 주요 양상을 이루었다. 그러나 현대 사회에서의 사회 갈등은 계급, 계층 외에 성, 연령, 세대, 종교, 인종, 민족 등을 둘러싼 정체성 갈등의 구획이 복합적이고 중층적으로 상호 연관되어 있다. 다양한 행위 주체들이 수없이 다양한 일상적 이슈들을 정치화시키면서 새로운 갈등 구조가 생산되고 갈등은 보편화되고 일상화되는 양상을 보인다. 여기에 이 시대 거대 전환의 축을 이루는 세계화, 민주화, 정보화, 탈근대화는 자유주의적인 시장화, 민주적 권력 분산, 다매체적인 정보화, 탈근대적인 욕구의 표출을 쏟아내고 있다.

오늘날 한국사회의 갈등 지형 역시 전통적인 소득과 부를 둘러싼 계급 · 계층에 국한되지 않고 이념, 지역, 성, 세대, 교육, 환경, 안전, 건강, 소수자 등 사실상 사회 전 방위에 걸쳐 나타난다. 다양한 주체들이 다양한 일상적 이슈들을 정치화시켜 새로운 갈등 구조를 생산하면서 한국사회는 갈등 정치 politics of conflict의 시대로 들어선다. 전통적으로 지속되었던 계층 갈등, 노사 갈등, 이념 갈등, 지역 갈등, 성별 갈등뿐만 아니라 최근 이슈화된 환경 갈등, 세대 갈등 모두는 특정 사안이나 특정 집단의 문제를 넘어서 복잡한 방식으로 전개되고 있다. 역설적으로 다양한 가치관을 반영하듯 사회 갈등도 미분화된 것이다. 예를 들면, 지역 연고주의에 근거해 지역 대결주의로 표출되었던 지역 갈등은 환경 문제 및 환경 정책을 둘러싼 환경 갈등 그리고 지역별 자산 가격의 차별적 상승 문제를 둘러싼 계층 갈등이 결합하면서 복합적으로 확대 전개되고 있다. 특정 문제를 둘러싼 갈등의 외연이 확대되면서 갈등은 다양하고 복잡해졌으며, 대응 방식에서도, 억압이나 강제 수단을 통한 갈등 봉합을 넘어선, 다원화된 처방을 통한 갈등 해결이 요구되고 있는 것이다.

본 연구는 한국사회를 복합전환의 사회변동 속에서 전개되는 압축 갈등사회로 규정하고, 복합적이고 중층적으로 나타나는 갈등 양상이 보편화되고 일상화되고 제도화되는 오늘의 한국사회 구조를 독해하며, 한국사회 갈등의 일반적 분포와 특징, 그리고 경향을 진단하면서 한국사회가 안고 있는 과제를 논의하려 한다.

2. 한국사회의 갈등 지형

오늘날 한국사회의 복합전환적인 갈등 지형은 다음의 3가지 축에 의해 구축된다. 첫째는 세계화, 민주화, 정보화를 골간으로 하는 전 지구적 전환이며, 둘째는 97년 외환 위기의 파장이며, 셋째는 참여정부의 주류 교체를 향한 권력 이동과 실용정부의 보수 회귀로의 권력 이동이다. 이 세 축은 지구적, 국민국가적, 정치/시민사회적 수준에서의 갈등 발생 주요 지점이라 할 수 있다. 사회갈등의 발생이 지구화의 '강요된 조정', 국민국가의 '경로의존', 그리고 정치 및 사회집단의 '전략적 선택'의 틀에 의해 이루어진다. 다시 말해 한국사회의 갈등 지형은 거시 일반구조deep structure로서의 전 지구적 전환과 역사적 상황 조건historical contingency으로서의 외환 위기와 현실정치의 세 축에 의해 구성된다. 80년대 후반을 기점으로 본격화된 전 지구적 전환에 의한 갈등적 상황이 외환 위기에 따른 갈등과 참여정부와 실용정부의 출범에 의한 갈등 구조와 맞물리면서 격화되고 일상화되며 동시에 복잡한 양상을 보이는 것이다.

이 시대 전 지구적 규모로 진행되는 거대 전환의 핵심은 단연 세계화, 민주화, 정보화로 모아진다. 세계화의 파고는 신자유주의적 시장화의 확산으로 통용된다. 자유화, 개방화, 민영화, 탈규제를 골간으로 하는 이른바 시장의 창조적 파괴가 전 세계를 풍미하는 시대의 원리로 부상하였고, 경쟁력이 있는

자와 그러하지 못한 자의 간극을 극명하게 드러내고 있다. 세계화는 글로벌 스탠더드와 로컬 스탠더드 사이의 갈등을 안고 있기에 단순한 국경의 차이에 따른 갈등을 넘어 전 지구적으로 관계되는 모든 사안이 갈등의 원천으로 작동할 수 있는 개연성을 지닌다.

1987년 이후의 민주화 이행은 국가 일방주의와 성장 우선주의에 기반을 둔 압축적 산업화, 돌진적 근대화에서 벗어나 정치경제적으로 민주주의와 시민사회의 다원적 자율성을 제고할 수 있는 계기를 마련하였다. 민주화 이전 철저하게 억압되어 있던 사회 갈등은 1980년대 후반 민주화를 계기로 급격히 표출되고 확산되었다. 특히 노사 갈등 및 계층 갈등을 중심으로 폭발한 사회 갈등은 전 방위적으로 확산되고 다층에 걸쳐 복합적으로 노정되기 시작했다. 그러나 탈권위주의 시대에 적합한 합리적이고 민주적 권위의 형성에 실패하면서 갈등은 증폭되고 더 복잡한 양상을 보인다(조대엽, 2007).

정보화의 사회질서는 소통적 상호작용과 참여에 대한 강조를 매개로 민주주의적 개혁에 대한 요구를 더욱 강화시켰다(한준, 2006). 커뮤니케이션 경로가 팽창하는 다매체화 현상은 새로운 형태의 갈등 분출과 해결의 기제로 보인다. 새로운 헤게모니가 인터넷이라는 새로운 미디어에 의해 만들어지면서 새로운 정치적 영향력과 갈등을 가중시킨다. 소수 집단의 특권으로만 간주되었던 정보가 공개되고 실시간으로 확산되면서 투명성에 대한 요구는 점점 더 커져 간다. 정보사회의 역동성은 공적 부문과 사적 부문 간의 상호 작용을 촉진시키면서 공익과 사익의 구분을 어렵게 만들면서 갈등의 새로운 국면을 만들어 낸다.

한국도 서구 선진국과 같은 고용 없는 성장jobless growth의 경제로부터 자유롭지 못한 상황으로 진입하고 있다. 국내총생산은 늘었으나 일자리는 줄어드는 이른바 고용 없는 성장이 한국사회에도 고착되는 것이 아니냐 하는 우려를 갖게 한다. 성장은 있으나 고용 창출의 기제가 가동되지 않은 사회에서의 이질적 분화는 고용과 소득에 있어 양극화의 모습으로 치닫는 수밖에 없다. 한국사회의 취업계수는 1995년 GDP 10억 원당 43.7명에서 2000년 36.6명, 2006년은 30.6명까지 감소한 것으로 집계되었다(《내일신문》, 2007.6.7). 상대적으로 괜찮은 일자리를 창출하는 대기업, 제조업, 수출기업의 노동절약적 기술 진보가 빠른 속도로 일어나고 있다. 이에 따라 그 결과로 단위 부가가치당 고용 창출 효과는 감소한다. 이들 분야의 일자리는 줄어들고 상대적으로 노동절약적 기술진보가 느린 소기업, 서비스업, 내수기업에서 고용을 흡수하는 상황이다. 일자리 창출의 중심은 중소기업, 서비스업으로 이동하게 되었지만, 이들 부문의 생산성 개선이 미흡하여 고용의 질적 저하가 심화되고 있는 양상이다. 이를테면 외환 위기 이후 도소매, 음식숙박업 등 영세 서비스업의 난립 상태가 발생하였으며, 이로 인하여 영세 서비스업 시장이 과잉경쟁 상태로 진입하게 되었고, 결과적으로 일자리의 질적 저하를 수반하게 되었다.

한국사회가 안고 있는 사회 갈등의 또 하나의 큰 축은 단연 외환 위기로 인한 양극화의 악순환 구조에 기반을 둔다. 외환 위기는 경제의 불안정성을 크게 증폭시켰으며 양극화의 악순환 구조를 고착화시키면서 사회구성원 모두는 존재론적 불안과 불확실성에 휩싸인다. 이러하기에 사회 갈등의 양상은 조정이나 타협의 기제에 의존할 수 있는 공간은 매우 협소하며, 해볼 테면 해 보라는 식의 격화된 모습으로 노출되기도 한다. 이러한 맥락에서 오늘날 사회 갈등은 힘의 논리에 의해 쉽게 봉합되어 버리고 합리적 소통을 통한 갈등 조정은 정착하기 어렵게 되곤 한다. 외환 위기로 인한 사회 갈등은 심각의 수준에 있다. 사회 갈등의 양상은 격화되고 심화되어 가는 추세이다. 과거에 비해 사회 갈등이 심각해졌다고 응답하는 비율 또한 과반수(68.1%)를 훌쩍 넘겼다(한국여성개발원, 2005). 본 조사 연구에서도 10년 전에 비해 한국사회의 전반적 갈등이 심해졌다고 응답한 비율이 55.7%에 이른다. 외환 위기 이후 한국사회의 갈등이 총체적으로 격화되었음에 다른 의견을 제시하기 어렵게 만든다.

특히 갈등의 심각성은 소득 불평등의 문제에서 두드러지게 나타난다. 1997년 외환 위기로 소득분배 구조가 급격히 악화되면서 빈부격차가 확대되고, 중산층이 붕괴하며, 소비가 양극화되는 등 외환 위기 효과가 극명하게 노정된다. 소득불평등을 나타내는 지니계수와 소득5분위배율을 보면, 두 지수는 1980년대 말부터 외환 위기 이전까지 하락세가 지속되어 1997년 각각 0.283과 4.49를 기록했지만, 외환 위기 이후 1998년 지니계수는 0.316으로 증가했고, 소득 5분위배율도 5.41로 크게 상승했으며, 이러한 상태가 지속되고 있다. 소득불평등에 따른 사회불평등 구조가 급속하게 확산되고 이에 따른 상대적 박탈감과 사회불평등이 극대화되고 있다. 소득분배의 불평등은 구조적 문제로 장기적으로 고착화될 가능성이 매우 높으며 사회적 거리감은 더 벌어진다. 외환 위기 이후 사회 갈등은 사회양극화 문제와 결부되면서 구조화되고 고착화되는 모습을 보인다.

사회 갈등의 또 하나의 큰 축은 참여정부의 권력 이동으로 모아진다. 오랜 기간 보수적 성향의 특정 세력에 의한 권력 독과점 체제를 흔들면서 등장한 참여정부는 권력 지형의 새로운 변화를 야기했다. 참여정부의 출현은 이른바 주류 교체로 요약되는 권력 지형의 변화를 동반하였다. 그 변화 양상은 단순히 정치 영역을 넘어 다양한 영역에서 일어나고 있음을 어렵지 않게 감지할 수 있다. 탈권위, 탈관행, 주류 교체, 판 바꾸기, 과거 청산, 인터넷 세력, 진보 세력, 386세대, 개혁 코드, 제도 개혁, 균형 발전 등이 새로운 권력 이동의 상징으로 등장한 것이다(박길성, 2006). 참여정부의 출현은 역동적이었던 만큼, 권력 지형의 변화를 동반하지 않을 수 없었으며, 이를 둘러싼 사회 갈등은 더 크게 내재되어 있었다. 이를테면 서울에서 지방으로, 강남에서 강북으로, 미국중심의 외교에서 탈미국 중심의 외교로, 정부부처 중심의 정책 결정에서 위원회 중심으로의 변화 등은 그 자체가 주류 교체의 본질을 담고 있다. 이념 갈등의 그늘은 정치를 넘어 경제, 교육, 문화 등 사회 전 분야에 걸쳐 퍼져가고 있다. 이렇게 권력 지형의 광범위한 변화가 발생하면서 사회 갈등의 양상은 복잡한 차원으로 전개되기 시작한다. 그러나 다른 한편으로 참여정부의 요체인 참여의 핵심은 권력의 새로운 거버넌스를 만들어 냄으로서 국민과 정부 사이의 의사소통을 확장하는 일이며 제도화하는 일임에도 불구하고 참여의 제도화는 좀처럼 확장되지 않았다. 참여의 현실은 기존의 아웃사이더를 새로운 세력으로 진입시키는 것으로 나타나는 정도였다. 이명박 정부, 이른바 실용정부에서도 갈등이 보편화되고 일상화되는 갈등사회의 모습을 더욱 극명하게 보일 것 같아 우려의 끈을 놓을 수 없다.

3. 사회 갈등의 경향

1) 갈등의 일상화

본 조사 연구에 의하면 전체 응답자의 89.6%가 우리 사회에서 발생하고 있는 집단 간 갈등이 심각하다고 응답하였다. 10명 중 9명이 한국사회의 갈등에 대해 전반적으로 심각[3]하다고 인식하고 있는 것이다. 이를 갈등 유형별로 정리하면 〈그림 1-1〉과 같다. 국민들이 인식하는 갈등 유형별 심각성의 분포를 살펴보면, 한국사회에서 제기되는 갈등의 유형이 매우 다양함을 확인할 수 있으며, 한국인은 전반적으로 모든 유형의 갈등에 대해 심각한 것으로 인식하고 있다. 세대 갈등만이 40.7%로서 다소 낮게 인식되고 있는 정도다. 빈부격차를 의미하는 가난한 집단과 부유한 집단의 갈등, 경영자와 노동자의 갈

3) 갈등 양상에 대한 진단은 주관적인 인식과 함께 실제적인 갈등 발생 빈도, 갈등 발생 형태, 갈등 참여 인원과 범위 그리고 강도 등과 같은 객관적 현황이 함께 고려되어 평가되어야 할 것이다. 본 연구의 조사 자료는 갈등에 대한 주관적인 인식으로 구성되어 있음을 밝혀 둔다.

그림 1-1. 한국사회의 갈등 유형별 심각도에 대한 인식(%)

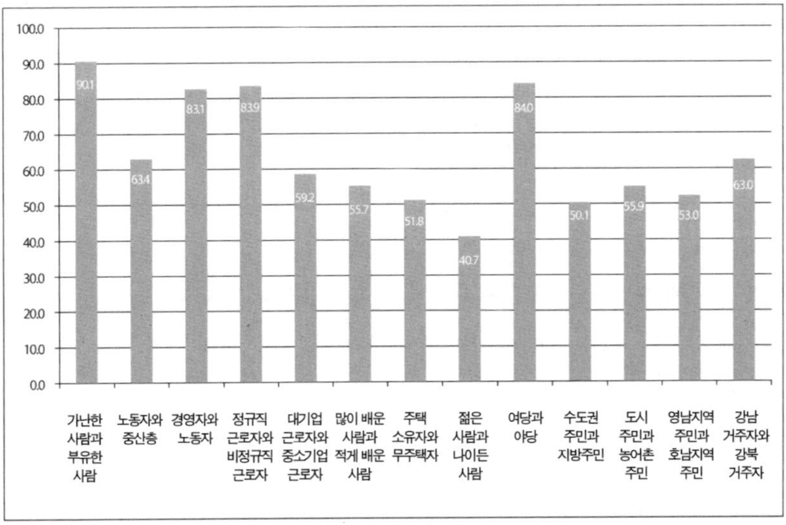

등, 정규직과 비정규직의 갈등의 순으로 심각성이 나타나며, 정치적 갈등 고리인 여당과 야당 사이의 갈등도 심각한 것으로 인식되는 것으로 조사되었다. 영남과 호남, 수도권과 지방, 도시와 농촌, 강남과 강북의 4 영역으로 세분하여 조사한 지역 갈등은 강남과 강북의 갈등이 다른 지역 갈등의 항목에 비해 약 10% 이상 심각하게 인식되는 것으로 나타났다.

여전히 모든 유형의 갈등에 대해 다수가 심각한 것으로 응답한 것에 비추어 볼 때 한국사회가 안고 있는 갈등의 범위와 심각성의 정도를 짐작할 수 있다. 외환 위기 10년이 되었지만 여전히 경제적 차원의 갈등 양상이 가장 심각한 것으로 나타났다. 잘사는 사람과 못사는 사람의 갈등 점수가 100점 스케일에서 무려 81.1점, 기업가와 근로자, 정규직과 비정규직 근로자 사이의 갈등이 각각 73.4점, 74.3점으로 매우 우려되는 현실을 보여 주고 있다(박길성, 2007). 외환 위기 이후 한국사회가 아직까지 정상궤도에 진입하지 못하고 있음을 보여 준다.

이러한 갈등 유형별 분포를 전 지구적 거대 전환이 일반화되기 이전이며 한국사회의 민주화 태동 시점인 1987년의 조사와 비교하는 것은 한국사회의 갈등 경향을 조망하는 단초를 제공할 것이다. 1987년 12월, 서울대 사회과학연구소가 조사한 〈한국의식 조사 연구〉에 의하면, 〈표 1-1〉과 〈그림 1-2〉에서 볼 수 있듯이 여당과 야당의 갈등이 가장 심각한 것으로 조사되었다. 조사 응답자의 89.0%가 두 집단 간의 갈등이 큰 것으로 응답하였다. 다음으로는 경제 갈등에 해당하는 재벌과 시민(86.8%), 기업가와 노동자(81.3%) 간의 갈등을 지목하였다. 다음으로 영남과 호남의 지역 갈등, 세대 갈등, 도시와 농촌 갈등으로 나타났다.

조사 프레임이 다른 두 자료를 단순 비교하여 한국사회의 변동을 읽어 내는 것은 조심스러운 일임에 틀림이 없다. 그럼에도 불구하고 지난 20년 동안 한국사회의 집단 간 갈등의 연속과 불연속을 읽어 낼 수 있는 대목은 찾아볼 수 있을 것으로 생각한다. 여당과 야당의 갈등은 20년 전이나 지금이나 매우 큰 것으로 인식된다. 한국 정치의 후진성이 그대로 이어짐을 확인할 수 있다. 성숙한 정책 생산이나 갈등 제도화의 일차적 역할보다는 정쟁의 대상으로 비춰지는 모습은 예나 지금이나 크게 다르지 않다. 빈부격차를 의미하는 경제

표 1-1. 한국사회의 갈등 영역별 거리감에 대한 인식 분포(%)

갈등 영역	아주 작다	작다	그저 그렇다	크다	아주 크다	계
재벌과 시민	0.5	2.2	10.4	39.3	47.5	100.0
기업가와 노동자	0.9	4.2	13.6	48.3	33.0	100.0
공무원과 시민	2.9	17.9	44.2	27.6	7.5	100.0
군과 민간	4.8	18.2	34.4	30.6	11.9	100.0
야당과 여당	0.7	2.6	7.7	44.6	44.4	100.0
도시 사람과 농촌 사람	2.1	12.4	27.8	40.9	16.7	100.0
영남 사람과 호남 사람	1.6	4.4	18.5	37.2	38.3	100.0
기성 세대와 젊은 세대	1.3	8.5	29.5	48.4	12.4	100.0

출처 : 서울대학교 사회과학연구소, 〈사회조사 10년 1979-1988〉

그림 1-2. 한국사회의 갈등 유형별 거리감에 대한 인식(%)

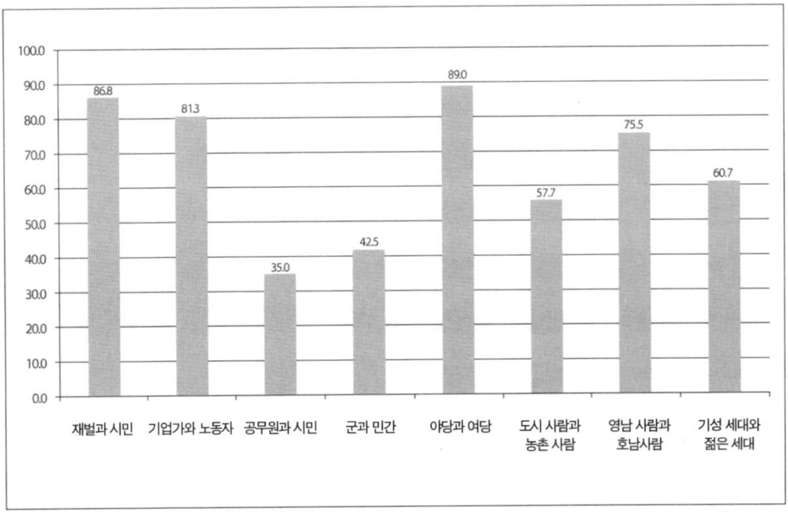

갈등은 두 시점 모두에서 여전히 높다. 도시와 농촌 간의 거리감은 요즘과 흡사하다. 그러나 영호남의 지역 갈등은 완화되었으며, 세대 갈등 역시 많이 완화된 것으로 나타난다. 그런가 하면 요즘은 갈등의 문항으로 들어가지 않는 군과 민간 사이의 갈등을 측정한 것은 당시의 시대적 과제를 보여 준다는 점에서 흥미롭다.

한국사회에서 이념은 중요한 사회적 균열의 축으로 인식되고 있다(임희섭, 2007 ; 한준 · 설동훈, 2007 ; 이내영, 2002). 〈그림 1-3〉은 한국사회에서 제기되는 이념을 둘러싼 갈등의 심각성에 대한 한국인의 인식을 보여 준다. 이념 갈등은 경제적 이익을 둘러싼 이해 갈등과는 달리 사고와 생활양식이 충돌하는 가치관 갈등이 중심을 이루기는 하지만, 상당 부분 경제적 이해가 이념 갈등을 구축하는 원천으로 작용한다. 한국사회에서 이념 갈등은 다른 유형의 갈등에 비해 심각하게 인식하지 않은 것으로 나타난다. 갈등의 심각성은 계층 갈등 〉 지역 갈등 〉 노사 갈등 〉 세대 갈등 〉 교육 갈등 〉 이념 갈등 〉 환경 갈등 〉 남성과

그림 1-3. 한국사회 이념 유형별 갈등 심각도 인식 분포(%)

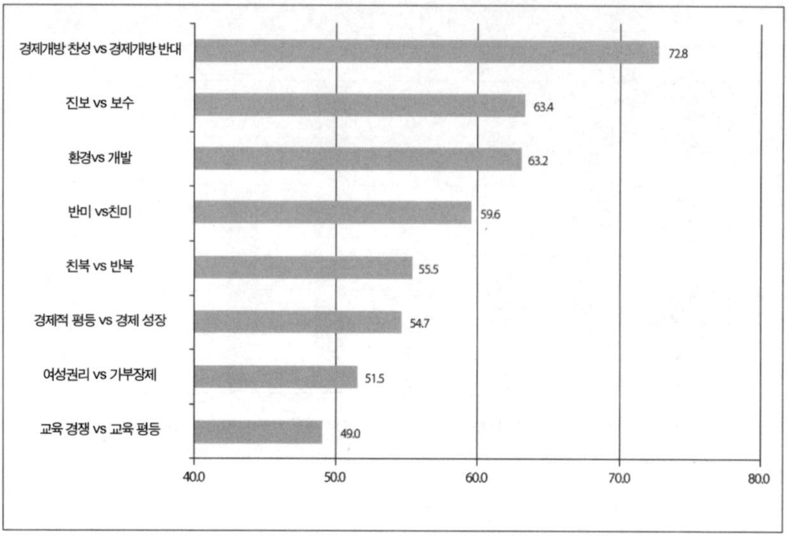

여성 간의 갈등의 순서로 나타났다(한국여성개발원, 2005). 본 조사에서도 계층 갈등 > 지역 갈등 > 노사 갈등의 순으로 나타났고, 세대 갈등, 이념 갈등이 가장 심각하지 않은 것으로 나타났다.

본 조사는 오늘날 한국사회에서 거론되는 이념 갈등을 세분화하여 그 다양성을 보여 주고 상반된 이념 사이의 갈등의 심각도를 조사하였다. 8개의 항목으로 구성된 이념 갈등 전반에 대해 한국인은 심각하게 인식하는 것으로 나타났다. 가장 심각하게 인식하는 갈등은 단연 경제개방을 둘러싼 찬성과 반대다. FTA와 같은 현안이 지니고 있는 사회 갈등적 요소를 그대로 보여 준다. 이에 비해 여성의 권리를 보호하려는 사람과 가부장적 전통을 강조하는 사람 간의 갈등, 교육의 경쟁을 강조하는 사람과 교육의 평등을 강조하는 사람들 간의 갈등은 상대적으로 덜 심각한 것으로 인식하고 있다.

10년 전과의 비교에서 한국사회의 전반적인 갈등이 어떻게 되었느냐는 질문에 대해 55.7%가 심각해졌다고 응답하였고, 19.9%가 완화되었다고 대답하였다. 보다 구체적으로 10년 전에 비해 어떤 갈등이 심각해졌다고 생각하느냐는 문항에 대해서는 압도적으로 가난한 사람과 부유한 사람 간의 갈등이 가장 많게 응답되었고, 다음으로 정규직 근로자와 비정규직 근로자 간의 갈등, 여당과 야당 사이의 갈등 순으로 나타났다. 한편 10년 전에 비해 완화된 갈등으로는 영남과 호남 간의 지역 갈등, 여성 권리 보호자와 가부장 전통을 강조하는 사람 사이의 갈등, 세대 갈등을 꼽았다. 지난 10년 동안 한국사회가 달성한 발전의 내용을 읽어 낼 수 있으며, 동시에 오늘날 한국사회가 안고 있는 질곡이 무엇인지를 확인할 수 있다.

2) 이념 갈등의 과대 담론화

한국사회에서 이념이 사회 균열의 주요 함수로 여겨진다. 지난 10년 동안 보수와 진보로 구획된 이념 갈등의 골이 깊다는 것은 기정사실화되기까지 하였다. 노사 갈등, 빈부 갈등, 지역 갈등 못지않게 이념 갈등이 현실적인 갈등의 원천이 되고 있는 것이다(한준·설동훈, 2007). 그리고 이에 대한 우려의 목소리도 높다. 한국사회에서 가장 첨예하게 드러나는 갈등이 무엇이냐고 했을 때, 크게 주저함이 없이 보수와 진보 간의 이념 갈등이라고 생각하는 경향이 있다. 그도 그럴 것이 언론에 등장한 갈등에 관한 기사는 유형별로 이념과 관련된 갈등이 가장 크게 부각되기 일쑤다. 언론지상에 선정적으로 보도되는 이념 갈등에 익숙해져 있기 때문이다. 과연 한국사회를 가르는 가장 중심적인 사회적 균열 선은 보수와 진보로 대표되는 이념 갈등인가의 질문을 제기해 본다.

이러한 문제 제기와 관련하여 최근 흥미로운 연구가 있다. 박철현(2005)은 1990년부터 2004년까지 신문에서 기사화된 갈등 유형별 빈도 분석 결과를 제시하였다. 이 기간 동안 한국의 신문은 경제적 이슈인 계급이나 노사 갈등보다 이념 갈등과 관련된 기사를 매년 평균 2-5배나 더 많이 기사화한 것으로 조사되었다(그림 1-4). 평면적으로 해석하면 이념 갈등이 계층 갈등이나 노사 갈등 보다 2-5배 이상 더 심각하거나 더 문제시되는 한국사회의 갈등이라는 것이다. 그리고 이러한 양상은 1998년 김대중 정부를 거쳐 2003년 노무현 정부의 등장 이후 좀더 두드러지게 나타났다. 노사 갈등의 기사화는 90년대 이후 큰 변화는 보이지 않는다. 노사 갈등과 관련된 기사는 일정한 범위 내에서 증감의 양상을 보인다. 성별 갈등에 대한 기사는 90년대 이후 지속적으로 증가하는 추세를 보인다. 흥미로운 것은 노무현 정부 출범의 함수로서 세대의 정치가 많이 언급된 것과는 달리 세대 갈등의 이슈는 신문 기사에서 그리 많이 다루어지지 않은 것으로 나타났다.

한편 앞서 언급한 한국여성개발원의 조사에 의하면, '한국사회에서 어떤 갈등이 심각하다고 생각하냐'는 질문에 대하여 전체 조사자의 32.6%는 경제

그림 1-4. 갈등 유형별 추이 1990-2004(건수)

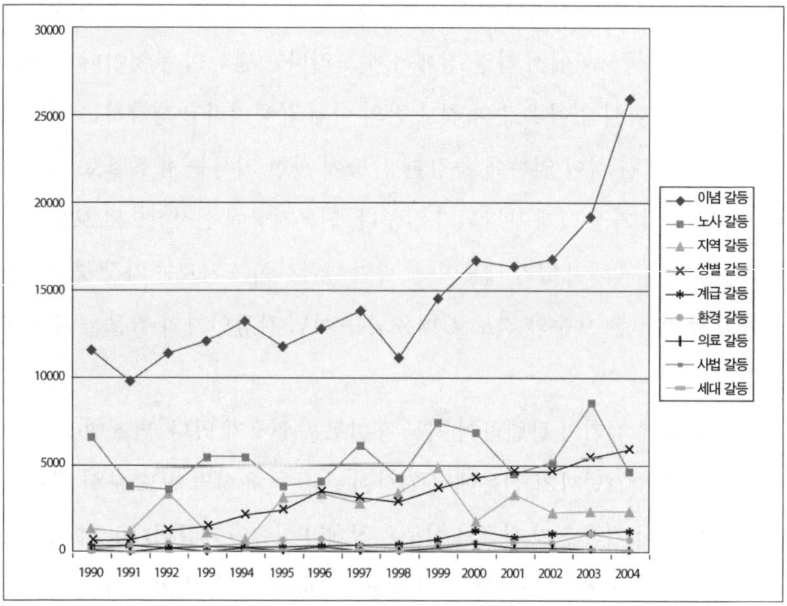

문제를 둘러싼 갈등이 가장 심각하다는 반응을 나타냈다. 반면 이념 갈등이 심각하다는 지적은 6.4%에 지나지 않았다. 또한 집단 간 갈등의 맥락에서도 역시 경제문제를 둘러싼 갈등이 가장 심각하다는 반응을 나타냈다. 이는 한국인들에 있어 이념 갈등은 부차적인 문제일 뿐이고, 실제로 요즘 한국인들에 있어서 가장 중요한 사회 갈등은 경제문제를 둘러싼 계층 갈등이라는 것을 입증한다. 이를 다시 이야기하면 보수와 진보를 둘러싼 이념 갈등이 한국사회의 담론 형성 및 정치, 시민사회의 장에서 실제 이상으로 과대 포장되어 유통되고 있다는 것이고, 이의 중심에 한국의 언론이 있다. 이는 실제로 국민들이 인식하는 갈등과 언론에 기사화된 여론으로 만들어 내는 갈등 사이에 괴리가 있음을 의미한다. 일종의 부정합화decoupling 현상인 것이다. 대다수의 사람들은 계층불평등과 같은 경제적 이슈를 가장 중요한 균열선이자 핵심적인 갈등으로 인식하고 있는 반면, 언론은 이념 갈등을 지나치게 부각하여 이 이슈를 지속적으로 확대재생산해 온 것이다. 이를테면 '이념의 거탑에 갇힌 한국사회'와 같은 선정적인 기사 제목이 대표적인 예라 할 수 있다.

이념 갈등이 과대 포장된 요인으로 언론 못지않게 정당도 언급되어야 할 것이다. 어떤 의미에서 이념 갈등의 최대 수혜자는 정당이었고, 이념의 정치를 끊임없이 활용한 것도 정당이었다. 한국사회에서 이념 갈등은 시민사회 영역보다는 정치사회를 중심으로 정당과 언론이 상호작용하면서 생산되고 소비되는 경향이 강하다. 이념 갈등이 쉽게 사라지지 않는 것은 정당과 언론 모두 자신의 정체성의 정치와 대중 동원에 좌파든 우파든 이념 갈등을 활용해 왔다는 점에서 자유롭지 않기 때문이다.

3) 갈등 기능론적 인식

한국 성인들은 사회 집단 간 갈등을 잘 해결하면 사회발전에 도움이 된다는 갈등기능론적인 인식을 강하게 가지고 있다. 이에 관한 본 조사에서 응답자의

75.8%가 갈등이 잘 해결되면 사회발전에 도움이 된다고 응답한 반면, 20%는 잘 해결된다 해도 사회적 낭비가 크다는 입장을 보였다. 갈등의 기능적 측면을 긍정적으로 평가하는 것이며, 이러한 평가는 갈등이 일상화되는 사회 현실에 익숙해진 결과이기도 하다. 그런가 하면 갈등의 발생 원인에 대해서는 사회발전의 불가피한 과정의 산물인가 아니면 갈등을 부추기는 집단이나 세력의 결과인가의 입장에서는 후자(53.1%)가 전자(43.0%)보다 상회하는 응답을 보였다. 다양한 이슈들이 등장하고 변하는 복잡전환 사회의 자연적인 결과물로서 갈등을 인식하기보다는 갈등을 특정 집단이나 세력에 의해 만들어지는 것으로 인식하는 경향이 다소 강한 것으로 조사되었다.

사회 갈등이 어떤 조건에서 사회적 관계와 사회구조의 유지 및 적응에 도움을 줄 수 있는가 하는 논의에 있어 한국인은 다음과 같은 몇 가지 점에서 흥미로운 응답을 한다. 첫 번째로 갈등 해결의 방안에 관해 당사자 중심의 해결에 더 비중을 많이 두는 경향이 있다. 시간이 걸리더라도 기본적으로 당사자가 해결하여야 한다는 응답이 49.7%로 제3자의 조정에 의한 해결 응답(38.1%)보다 훨씬 많게 나타났다. 최근 한국사회에서 갈등과 분쟁이 폭발적으로 증가하지만 이의 해결은 좀처럼 쉽지 풀리지 않는 현상을 놓고 대안적 분쟁 해결 alternative dispute resolution 방식으로 제3자적인 조정에 관한 논의가 활성화되고 실제로 적용하려는 시도가 있어 왔다. 그러나 이러한 방식을 통한 갈등 해결은 갈등 당사자 간의 해결 방식보다 낮게 나타난다.

다음으로는 사회 갈등과 관련하여 정치지도자의 역할에 대해 다소 갈등이 발생하더라도 당초의 목표 달성에 노력해야 한다는 입장(49.4%)이 소기의 목표 달성을 미루더라도 갈등 해소에 주력해야 한다는 견해(44.3%)보다 다소 높게 나타났다. 집단 간 갈등이 발생했을 때 정부의 역할에 대해 최소 역할의 입장(45.6%)보다 적극적 개입(50.5%)을 약간 선호하는 경향을 보인다. 한국사회에서는 여전히 목표 추구적인 가치관과 정부의 적극적 개입에 대한 선호가 약간 많은 것으로 정리된다. 한국인의 갈등에 대한 이러한 인식과 태도는 향후 갈등 관리의 새로운 거버넌스를 만드는 중요한 재료로 활용되어야 할 것이다.

4. 압축 갈등사회의 전망과 과제

본 연구는 한국사회가 보여 주는 갈등의 양상을 복합전환의 사회변동 속에서 진행되는 압축 갈등으로 규정하면서, 이의 형성에는 전 지구적 전환과 외환 위기 그리고 정치사회적인 권력 이동이 배경으로 작용하였음을 지적하였다. 오늘날 한국사회의 갈등 양상은 매우 심각하며, 일상적이며, 구조화되고 있으며, 고착화됨과 동시에 다층적이며 복합적인 모습으로 드러난다. 이러하기에 갈등은 제거되는 것이 아니라 관리되는 것으로 여겨진다. 문제는 갈등이 존재한다는 사실 그 자체가 아니라, 이것을 질서 있는 참여로 이끌어 그 과정을 통해 갈등을 관리할 수 있는 제도적 능력을 어느 정도로 갖추고 있느냐는 것이다. 갈등은 단지 사회통합을 저해하기만 하는 것이 아니라 때로는 적당한 긴장과 새로운 아이디어를 창출하고 보다 높은 수준에서 사회를 통합하는 순기능을 갖고 있다.

갈등이 문제가 되는 것은 갈등이 존재하는 것 그 자체가 아니라 관리 가능한 범위를 넘어서 점차 통제가 불가능한 수준의 갈등이 빈번하게 발생하기 때문이다. 갈등은 분명 사회균열의 근간으로 작동하지만, 다른 한편으로 갈등은 사회발전에 필요한 적당한 긴장감을 제공하면서 새로운 동력을 창출하고 보다 높은 수준에서 사회를 아우르는 기능의 측면을 갖는다. 따라서 적절한 긴장과 동력으로서의 갈등을 견지하며 이미 현대사회에서 일상화된 갈등을 관리하는 방안의 모색이 그 어느 때보다 적실하게 요구된다.

갈등을 관리할 수 있는 역량의 측면에서 볼 때 한국사회는 그리 긍정적이지 않다. 한국사회의 갈등 양상이 다양한 영역에서 광범하게 퍼져 있고 일상화되었음에도 불구하고 이에 대한 한국인의 대응이나 관리는 적절하지 못한 것으로 나타났다. 문제는 여기에 있다. 어느 사회를 막론하고 갈등이 존재하지 않는 사회는 없다. 그러나 그 사회가 선진사회인가 혹은 성숙사회인가의 여부는 갈등을 어떻게 처리하고 관리하느냐에 있다. 한 조사에 따르면 응답자의 49%가 한국인은 갈등을 잘 처리 못하는 편에 가깝다고 응답한 반면, 잘 처리하는 편에 가깝다는 응답은 17%에 불과하며, 그저 그렇다는 응답이 34%로 나타났다(국정홍보처, 2006). 한국사회에서 갈등 해결을 위한 조정이나 중재, 협의 혹은 협상과 같은 제도 영역에서의 해소 방안은 미약하며, 일상생활에서의 갈등 대응 방식도 미숙하다.

외환 위기, IMF관리 체제, 구조조정으로 이어지는 지난 10년은 한국사회를 일종의 구조적 아노미로 여겨진다. 지난 10년은 '양극화의 10년'이라 불릴 만큼 갈등의 골은 깊어졌으며 그 경험은 여전히 현재 진행형이다. 내부적 모순과 외부적 충격이 상호 결합된 외환 위기는 한국사회에 배태되어 있던 사회갈등의 여러 차원과 모습들을 일거에 표출시켰다.

90년대 이후 한국사회에서 갈등과 분쟁이 폭발적으로 증가하면서 이에 대한 접근으로 등장한 것이 갈등의 제도 과정적 접근이다. 갈등에 대한 사전 예방 및 갈등의 발생 경우 조정 과정을 강조하는 접근이다. 참여, 참여적 의사결정, 거버넌스, 공론참여 등의 이름으로 등장하는 갈등 관리론적 접근이다. 최근 한국사회에서 참여적 의사결정participatory decision making과 대안적 분쟁 해결alternative dispute resolution이 활발하게 논의되는 것도 이러한 제도 과정론적 접근의 경향을 보여 주는 것이다. 이것은 전통적인 강제적 절차에 대신하여 자율적 절차를 강조하며, 갈등 당사자들의 협상과 타협을 지향하기에 사법적 절차보다 더 신속하고 편리하게 접근할 수 있는 방안으로 검토된다(한국여성개발원, 2005). 근자에 들어 사회분화를 넘어 사회통합으로의 길을 모색함에 갈등의 조정과 관리를 강조하는 이른바 갈등의 제도화에 관한 필요성이 제기되고 아울러 실험적인 시도가 있었기는 하지만 아직까지 가시적이고 실효성 있는 가이드라인이라고 평가할 만한 것은 그리 많지 않다.

그런가 하면 갈등이나 분쟁에 대한 개인 혹은 집단 차원에서의 미시적인 대응은 비합리적인 양상으로 나타난다. 자신의 이익과 생대방의 이익이 상충되어 분쟁이 발생했을 때 대화나 협상보다는 실력 행사를 통해 자기의 이익을 관철하려는 것이다. 그 방식이 떼쓰기식, 밀어붙이기식, 할 테면 해 보라는 식으로 나타난다(김태기, 2005). 이런 형태의 갈등 접근 방식은 단기적으로는 소정의 이득을 얻을 수는 있을지는 몰라도 갈등의 조정과 관리를 더욱 어렵게 만든다.

이러한 비합리적인 행태가 등장하는 것은 공정성이 담보된 규칙이 미비하거나, 규칙이 있다고 하더라도 적용 방식에 대한 신뢰의 부재에서 비롯한다. 민주화에 따른 갈등과 갈등을 조정하는 제도가 정착되기 이전의 사회에서 공통적으로 목격되는 민주화의 덫과 같은 양상이 전개되고 있는 것이다. 한국사회에서는 경제성장에 걸맞은 사회시스템의 정착이 지연되면서 각 사회집단들이 나름의 문제 해결 방식을 추구하고 있으나 소통에 기반을 둔 합리적 협상과 이익의 조화보다는 감정적 대립과 이익의 극대화를 우선시하는 결과 중심의 접근이 주요 경향으로 구조화되고 있다.

한국사회는 서구사회와 같은 정당정치를 통한 갈등의 제도화를 기대하기 어렵다. 한국사회는 정당정치가 제 기능을 못하는 사회다. 한국사회에는 정당정치가 존재하지 않는다고 보는 것이 정확할 것이다. 정당정치가 없는 사회에 갈등의 제도화를 어떻게 구축할 것인가의 과제는 그리 간단치 않다. 한국사회는 권위주의 시대를 넘어선 합리적이고 민주적 권위 구조 형성에 실패하면서, 사회 갈등을 조정하거나 관리하는 데 성공적이지 못하다.

이러한 상황에서 먼저 지적해 두어야 할 것은 사회질서의 근간으로서 권위의 실종에 따른 갈등의 문제다. 한국사회는 구래의 권위주의를 극복하는 데는 일정 부분 성공하였다. 과거의 비민주적이고 가부장적이며 군사적인 권위주의를 극복하는 데는 성공하였지만 새로운 권위를 만들어 내는 데는 성공적이지 못하다. 전통에 의한, 사람에 의한 권위구조를 붕괴시켰지만 제도나 시스템, 절차에 의한 권위구조를 만들어 내지 못하는 탈권위의 함정에 빠져 있는 것이다(박길성, 2006).

사회질서의 형성에 있어 가장 중요한 것은 권위다. 제도에 의한 것이든, 역사에 의한 것이든, 연륜에 의한 것이든 권위를 상실한 사회의 모습은 무정부 상태이며 나의 목소리만을 앞세우며 밀리면 진다는 천박한 경쟁만이 판을 친다. 지금 한국사회에는 분쟁이나 갈등을 조정할 사람이 없다고들 한다. 권위가 없다는 얘기다. 법치주의가 실행되지 않는다고 한다. 법치주의가 제대로 되지 않고서는 갈등을 넘어서는 합의와 조정은 불가능하다. 법의 권위가 없다는 얘기다(박원순, 2006).

한국사회에서 진행되는 갈등의 양상을 간단하게 일별해 보면, 계층 갈등은 좀처럼 약화될 기미를 보이지 않는다. 향후 상당 기간 강력하게 진행될 신자유적 시장질서 속에서 빈부를 둘러싼 갈등이 완화될 것이라 기대하기는 어려워 보인다. 외형적으로 요란해 보이는 이념 갈등은 과대 포장되어 있다. 정당과 언론이 정체성의 정치와 대중의 동원에 좌파든 우파든 이념 갈등을 활용한 측면이 강하다. 세대 갈등 역시 우려되는 바가 적지 않다. 인터넷 세대, 88만원 세대, 2.0세대, 역세대화 등의 표현이 암시하듯이 결코 쉬운 문제가 아니며, 세대교체에 따른 인구학적 변화에 의해 자연스럽게 극복될 것으로 전망하는 것은 문제를 단순하게 독해하는 것이다. 공공성을 둘러싼 갈등은 복합전환의 시대에 있어 더 빈번하게 등장할 것으로 전망된다.

앞의 조사 자료에서도 나타났듯이 한국사회 갈등의 근본은 역시 고용, 소득, 분배 등과 관련된 경제적 변화다. 한국사회에서 분배와 균형에 대한 요구는 오랜 역사적 연고를 가진 개념임을 지적해 두어야 할 필요가 있다. 과거 고도성장의 시대에 있어 분배와 균형발전에 대한 요구는 시대의 정의로움으로 인정되었으며, 민주화의 물결은 이에 대한 법적 정당성까지 부여하였다. 이를테면 다른 분야 예산을 줄여서라도 복지 예산을 늘려야 한다는 것에 국민의 절대 다수가 동의 하였다. 그러나 최근의 한 여론조사에서는 오히려 경제성장이 분배보다 중요하다는 의견이 과반을 넘게 나타났다. 지난 여러 해 동안 경기 불황 때문에 고통받고 있는 국민들이 분배보다는 성장을 더 우위에 두는 것은 자기 보호적인 그 나름의 합리적 선택이다. 이를 나무랄 수는 없다. 저성장의 시대에서 성장을 갈구하는 것은 극히 당연한 일이다.

그러나 성장을 향한 과도한 쏠림이 오래 지속되어서는 안 될 것이다. 그 이유는 이제 한국사회도 사회구조적으로 저성장 시대의 사회시스템을 받아들여야 하기 때문이다. 그러나 보다 근본적으로 성장에 대한 과도한 요구를 우려하지 않을 수 없는 것은 오늘날 한국사회에서 진행되는 양극화가 단순한 우려의 단계를 넘어서고 있기 때문이다. 성장의 동력 자체를 발목잡고 끌어내리는 위험한 수준에까지 근접한 것이다.

오늘의 한국사회가 안고 있는 문제는 권위주의를 몰아낸 자리에 새로운 권위를 만들어내지 못하고 있으며, 한국형의 발전모델은 분명 폐기하였지만 대안모델은 부재하며, 국가와 제도에 대한 불신은 커지지만 이를 줄일 수 있는 마땅한 방안은 없으며, 공동체에 대한 신뢰 역시 그리 높지 않다. 갈등은 있으나 이를 조정하고 통합할 기제는 좀처럼 찾아지지 않으며, 사적 이해의 과도한 요구에 따라 공적 이해를 담아내는 공공선의 창출은 대단히 취약한 양상을 보인다(박길성, 2003). 갈등이 구조화되고 있는 것이다. 한국사회에서 갈등사회의 구성이 향후 상당 기간 지속될 것으로 전망하는 근거다.

IMF 체제의 10년은 효율성의 가치가 지배적이며, 실용성만이 극단적으로 강조되는 사회로의 편입으로 나타났다. 이런 편입 속에서 갈등의 양상은 좀처럼 수그러들지 않으며, 신뢰의 양상은 점점 더 취약해진다. 근자에 들어 신뢰를 향한 책임성과 투명성의 문제가 강조된다. 오늘날 한국사회가 안고 있는 고 갈등과 저신뢰 그리고 권위 부재의 사회구조를 넘어설 수 있는 갈등 관리와 소통의 거버넌스 구축이 그 어느 때보다 절실하게 요구된다.

오늘의 한국사회 갈등은 물질적 기반이 배제된 구조 위에 소통이 차단된 상황과 정체성이 상실된 상황이 맞물린 복잡한 양상이다. 한국사회 갈등을 단순히 물질적 조건의 개선만으로는 접근하기 어려운 까닭이 여기에 있다. 다시 말해 물적 수준의 통합, 소통적 수준의 통합, 정체성 수준의 통합을 함께 아우르는 과제를 안고 있는 것이다. ■ 박길성

제2장

갈등 의식, 갈등 경험 및 갈등 대처 양식의 일반적 특징

이 장에서는 갈등 의식 조사에서 발견한 한국인의 갈등 의식과 관련 행동의 일반적 특징을 설명하기로 한다. 먼저 갈등 의식 조사의 개요를 조사 설계 중심으로 간략히 밝히고 주요 조사 결과를 갈등 의식, 갈등 경험 및 갈등 대처 양식의 주제로 정리하여 기술한다. 조사 개요에서는 조사 연구의 목적을 간략히 설명한 다음, 모집단 규정과 표본 추출 및 자료수집 방법을 설명하고 이어서 조사대상자의 인구학적, 사회경제적 특성을 제시하고 주요 조사 항목을 소개한다. 주요 조사 결과는 아래와 같은 주제로 요약 · 정리한다.

첫째, 사회 갈등에 대한 의식의 특징을 통해서 한국사회 갈등의 특성을 정리한다. 사회 성원의 의식은 객관적 현실을 반영하지만 동시에 인식을 통해서 현실을 구성한다는 점에서 객관적 현실 못지않게 갈등사회의 특징을 드러내주는 근거이다. 전반적 갈등을 비롯하여 여러 사회집단 간 갈등과 이념적 갈등, 그리고 사회 갈등의 원인, 기능 및 바람직한 해결 방안에 관한 인식의 특징을 기술하기로 한다.

둘째, 공적 및 사적 기관과의 갈등 양상을 포함하여 일상생활에서 실제 경험하고 있는 갈등의 특징을 요약한다. 경험으로서의 갈등은 한국사회 갈등 양상에 대한 보다 현실적 상을 보여 줄 것이다. 공적 및 사적 기관과의 이해상충 경험과 이의 제기 경험, 그리고 가족 관계, 직장 관계, 이웃의 3대 생활 영역에서 경험하는 갈등 형태의 일반적 특징에 대해서 요약한다.

셋째, 갈등 경험 시 어떻게 대처하고 있는지의 갈등 대처 양식에 대한 설명이다. 일상생활에서 경험하는 갈등에 대한 대처 양식을 중심으로 바람직한 대처 양식 등 한국인의 갈등 대처 양식의 특징을 정리한다.

1. 조사 개요

1) 조사 연구의 목적

'한국인의 갈등 의식 조사'는 한국사회의 갈등 양상을 실증적으로 분석하고 이를 기초로 갈등사회를 총체적으로 진단하고자 기획하였다. 고려대학교 한국사회연구소와 사회학과 BK21갈등사회교육연구단이 공동 기획한 장기연구 프로젝트의 일환으로 2007년도에 제1차 조사를 실시하였다. 조사 결과는 2008년 5월에 '갈등사회의 도전과 전망'이라는 주제로 개최된 심포지엄에서 발표되었으며 여기 수록한 글은 심포지엄에서 발표한 논문을 수정·보완한 것이다. 한국인의 갈등 의식 조사 연구는 아래와 같은 의도로 기획하였다.

첫째는 한국사회의 다양한 사회적 갈등 양상에 대한 입체적이고 과학적 진단을 하기 위해서이다. 탈권위사회의 전환기에 들어서고 있는 한국사회에서 여러 집단 갈등이 격화되고 있으며 일상생활 영역에서 경험하는 갈등 양상도 예사롭지 않다. 또한 전통적인 사회 갈등과 함께 새로운 갈등 요인이 내연하고 있기도 하다(이 책의 제1장 내용 참조). 이와 같은 복합적 갈등 현상의 규명을 위해서는 적실성 있는 설명 이론을 개발하는 노력과 함께 다양한 갈등 현상을 포착하기 위한 정밀한 관찰 작업이 요구된다. 본 조사 연구는 한국사회 전체 인구를 대표하는 표본을 대상으로 갈등 인식과 갈등 경험에 대한 체계적 탐구를 시도함으로써 갈등 연구를 위한 토대를 제공할 것으로 기대한다.

둘째는 갈등 트렌드 분석을 위한 시계열 자료의 확보를 위해서이다. 갈등에 관한 대규모 조사 연구가 여러 차례 있었지만 대부분 단기성 조사에 그쳐 갈등 변화 추이를 추적하고 나아가 향후 전개 양상을 예측하는 데 한계가 많았다. 주기적인 트렌드 조사를 통한 시계열적 조사가 이루어질 때 사회 갈등의 동학과 변동 과정에 대한 진단이 현실적인 설득력을 지닐 수 있다. 향후 매 2년마다의 트렌드 조사로 기획된 시초 연구로서 이번 조사 연구는 시계열 자료 축적이 시작된다는 의미를 지닌다.

셋째는 갈등 해소를 위한 효과적 방안을 모색하기 위해서이다. 오늘날 한국 사회의 갈등은 갈등 당사자 노력만으로 해결하기 어려운 면이 있어 제3자의 합리적 개입 방안에 관한 제도 도입이 적극 모색되어야 할 시점에 이르고 있다. 이를 위해서 갈등 당사자의 갈등 해결 방식에 관한 실태를 비롯하여 바람직한 해결을 위한 국민의 요구와 여론을 수집하는 작업이 선행되어야 한다. 이 같은 배경에서 본 조사 연구에서는 경험하고 있는 갈등과 대응 양식에 관한 실태를 비롯하여 바람직한 갈등 해결 방안에 관한 의견을 파악하기 위한 설문 내용을 다각도로 포함하였다.

2) 표본 설계와 자료 수집

본 조사의 모집단은 제주도를 제외한 전국의 만 20세 이상 59세 이하 성인남녀이다. 60세 이상 연령층을 제외한 것은 조사 문항에 직장 경험과 관련한 사항이 다수 포함되어 있으며 설문 문항의 난이도가 높다고 보아 이를 고려한 것이다. 따라서 조사 표본은 60세 이상 연령층을 포함한 표본과 조사 결과에 있어서 다소 편차를 보여 줄 가능성이 있다. 예컨대 연령 효과에 비추어 볼 때 고연령층은 보수주의적 태도나 의식을 나타낸다는 점에서 본 조사 결과는 60대 이상이 포함된 조사에 비해서 다소 급진적 성향을 높게 나타날 가능성이 있다.

표본의 수는 적정 표본을 고려하여 1,500명으로 정했으며 최대 허용 표본 오차는 95% 신뢰수준에서 ±2.5%포인트이다. 표본 추출 방법은 다단층화무작위추출법Multi-Stage Stratified Sampling을 적용하였다. 먼저 전체 표본을 지역별, 성별, 연령별로 비례 할당한 후 3단계로 층화한 후 최종 응답자를 무작위로 선정하였다. 구체적 표본 추출 과정으로는 1단계로 2006년 12월 기준 행정자치부 주민등록인구통계의 만20세 이상에서 만 60세 미만 인구를 시도별, 성별, 연령별로 정리한 후, 2단계로 전국 16개 시도별로 인구규모를 고려한 비례할당을 실시하였으며, 3단계로 최종 조사 지점에서 성×연령 할당에 따라 조사 대상자를 추출하였다. 이 과정에서 응답자의 성, 연령 특성이 다른 변인(교육 수준, 가구 소득 수준, 직업 등)에 우선하여 고려된 관계로 지역, 성, 연령 이외의 다른 특성들은 모집단 구성비와 차이가 있을 수 있다.

실사는 전문조사기관인 (주)리서치21이 담당하였다. 조사에 앞서 면접원 교육이 이루어졌으며 실사는 구조화된 질문지를 사용하여 일 대 일 개별 방문에 의한 개별면접의 방법으로 시행되었다. 조사 기간은 2007년 11월 10일부터 11월 30일까지로 3주에 걸쳐 실시되었다.

3) 조사 대상자 특성

〈표 2-1〉은 조사 대상자의 특성을 요약한 표이다. 먼저 응답자들의 성별 분포는 전체 1,500명 중 남성이 50.1%(752명), 여성이 49.9%(748명)이며 연령별로는 20대 26.3%, 30대 28.9%, 40대 27.9%, 50대 16.9%이다. 이 같은 성별 연령별 분포는 2005년도 통계청에서 실시한 인구 총 조사의 60세 미만의 연령별·성별 분포와 거의 일치하는 것이다.

지역별로는 서울·경기지역이 42.1%, 영남지역 28.4%, 충청지역이 9.6%, 강원이 3.7%, 호남이 9.7%로 구성되었다. 학력은 전문대를 포함한 대학 이상이 47.6%인 반면에 고졸 이하는 52.4%의 분포를 보였다. 지역별, 학력별 구성

표 2-1. 응답자의 특성(단위 : 명, 백분율)

전체		1,500	100.0
성별	남자	752	50.1
	여자	748	49.9
연령	만 20-29세	394	26.3
	30-39세	434	28.9
	40-49세	418	27.9
	50-59세	254	16.9
지역	서울	301	20.1
	부산	119	7.9
	대구	82	5.5
	인천	98	6.5
	광주	37	2.5
	대전	44	3.0
	울산	38	2.5
	경기	331	22.0
	강원	55	3.7
	충북	36	2.4
	충남	63	4.2
	전북	54	3.6
	전남	54	3.6
	경북	101	6.7
	경남	87	5.8
혼인상태	미혼	448	29.9
	기혼	998	66.6
	이혼/사별	54	3.6
학력	고졸 이하	786	52.4
	대학 이상	714	47.6
소득	200만 원 미만	434	28.9
	200-300만 원 미만	362	24.1
	300-400만 원 미만	271	18.1
	400-500만 원 미만	222	14.8
	500만 원 이상	211	14.1
직업	경영관리직	28	1.9
	전문자유직	45	3.0
	사무기술직	579	38.6
	블루칼라	212	14.1
	자영업	144	9.6
	가정주부	257	17.2
	학생	106	7.1
	기타	129	8.6

도 20세 이상 60세 미만의 성인 모집단 특성과 거의 차이가 없다.

직업별로는 전체 38.6%를 차지하는 사무/기술직이 가장 많았고, 블루칼라 근로자 14.1%, 전업주부 17.2%, 학생, 무직 및 기타로 응답한 사람이 17.7% 순이다. 조사 시점인 2007년 한국사회의 전체 직업분포를 기준으로 볼 때 화이트칼라 비율이 다소 높은 반면 자영업의 비율이 낮게 반영되었다. 이는 60세 미만으로 규정한 조사모집단 특성, 성과 연령을 기준으로 표집한 표본설계, 그리고 최종 응답자 선정 시 직업 특성을 고려하지 않은 데서 연유하는 편차로 판단된다.

한편 가구 월평균 소득은 200만 원 미만이라고 응답한 사람이 28.9%로 가장 많았고, 201만 원-300만 원이 24.1%, 300만 원 이상 400만 원 미만인 응답자는 전체 18.1%를 차지하였다. 400만 원 이상 500만 원 미만과 500만 원 이상인 응답자는 각각 14.8%와 14.1%로 나타났다. 이 같은 소득 분포는 실제 모집단의 소득분포와 큰 차이가 없다〔통계청에서 전국 전 가구 대상으로 조사한 2007년도 3/4분기 가구총소득 평균은 3,282,413원이다. 5분위별 소득분포에서 하위 1분위(0-20%) 소득평균은 90만 원, 2분위(20-40%)는 199만 원, 3분위(40-60%)는 286만원, 4분위수(60-80%)는 391만 원, 5분위(80-100%)는 676만 원이다〕.

한편 응답자의 혼인상태는 전체 응답자 중 66.6%가 기혼인 반면에 미혼의 경우는 29.9%로, 이혼이나 사별의 경우는 3.6%로 나타났다.

4) 조사 영역과 주요 조사 항목

본 조사의 주요 조사 내용을 조사 영역과 항목으로 구분하여 정리한 것이 〈표 2-2〉이다. 조사 영역은 크게 갈등 일반과 인접 주제 부분으로 대별된다. 갈등 일반 부분은 갈등 의식, 갈등 경험 및 갈등 대처 양식의 세 가지 영역이다. 갈등 의식 영역은 1) 갈등 수준 인식, 2) 사회 갈등의 원인, 기능 및 해결 방안, 3) 갈등 관련 사회단체와 기관에 대한 평가의 3개 하위차원을 포함하고 있다.

표 2-2. 주요 조사 영역과 조사 항목

조사 영역			주요 조사 항목
갈등 일반	갈등 의식	갈등 수준 및 심각성	전반적 갈등 수준, 10년 전(IMF이전)과의 비교 가장 심각한 사회 갈등
			사회집단별 갈등 수준
			이념 갈등 수준
		사회 갈등의 원인, 기능 및 해결 방안	사회 갈등의 원인
			사회갈등의 기능과 역기능
			사회 갈등의 바람직한 해결 방안, 갈등 해결을 위한 리더십과 정부의 바람직한 역할
		갈등 관련 사회단체와 기관 평가	갈등에 책임 있는 단체와 기관
			갈등 해결을 위해 노력하는 단체와 기관
	갈등 경험		일상생활 영역(가족, 직장. 이웃)에서의 대인갈등 경험
			공적/사적 조직과의 갈등 경험
	갈등 대처 양식		일상생활 영역 갈등의 대처 양식
			공적/사적 조직과의 갈등 시 대처 양식
인접 주제	공익의식		사적 이익과 공공 이익 상충 시 선택
			공익에 대한 태도와 의식
	환경의식과 환경 갈등		환경보호, 환경산업, 환경오염에 대한 의식과 태도
			환경단체들에 대한 신뢰
	차별과 관용		사회적 특성, 배경 등으로 인한 차별 경험
			소수집단에 대한 태도
	사회집단 및 공공기관에 대한 신뢰		사회집단/사람 및 공공기관에 대한 신뢰
응답자 특성	성, 연령, 지역. 혼인상태, 직업, 교육 수준, 소득, 주관적 사회계층		

1) 갈등 수준 인식 : 현재 사회전반의 갈등 수준을 어느 정도 심각하게 보는가, 과거와 비교해서 어떠한가, 여러 집단갈등 중 가장 심각한 갈등은 무엇인가? 사회집단 간 갈등 수준을 각각 어떻게 평가하는가, 그리고 여러 이념 갈등의 수준에 대한 평가 등이 주요 조사 항목이다.

2) 사회 갈등의 원인, 기능 및 해결 방안 인식: 사회 갈등의 원인을 어떻게 보고 있는지, 사회 갈등의 사회에 미치는 순기능과 역기능이 무엇이라고 인식하는지 그리고 사회 갈등을 해결하기 위한 바람직한 정치적 리더십과 정부의 역할에 관한 항목들이 포함되었다.

3) 갈등 관련 사회단체와 기관에 대한 평가 : 사회 주요 단체와 기관이 사회 갈등에 얼마만큼 책임이 있는지 그리고 갈등 해결을 위한 노력해야 할 단체나 기관에 관한 항목이다.

갈등 경험 영역은 ① 지난 1년간 가족, 직장, 이웃의 일상생활 영역에서의 대인갈등 경험, ② 공적 및 사적 조직과의 갈등 경험을 포함하였다. 갈등 대처 양식은 ① 일상생활 영역에서의 갈등 대처 양식, ② 공적/사적 조직과의 갈등 해결 방식에 관한 내용이다.

갈등 인접 영역은 ① 공익의식, ② 환경의식과 환경 갈등, ③ 차별과 관용, ④ 사회집단 및 공공기관에 대한 신뢰의 하위 영역별로 구체적 항목을 조사하였다.[1)] 응답자 특성으로는 성, 연령, 지역. 혼인 상태, 직업, 교육수준, 소득, 주관적 사회계층이 포함되었다.

1) 조사 영역 중 갈등 관련 사회단체와 기관에 대한 평가의 내용은 제3장에서, 일상적 갈등 경험의 세부 내용은 제4장에서, 환경의식과 환경 갈등 영역은 제5장에서 자세히 다루어진다. 여기서는 갈등 의식을 중심으로 일반적 특징에 대해서 기술한다.

2. 의식으로서의 한국사회 갈등

1) 갈등 수준과 심각성

(1) 전반적 평가

한국인이 평가하고 있는 한국사회 집단 갈등의 심각성은 100점 만점에 73.8점으로 조사되었다. 아주 심각한 수준을 10점, 전혀 심각하지 않은 수준을 0이라고 할 때 한국인이 인식하는 사회 갈등 수준은 평균 7.38점으로 매우 높은 수준임을 알 수 있다. 또한 전체의 7할 정도인(71.0%) 대다수가 100점 만점에 70점에서 90 점 사이로 갈등 수준을 인식하고 있어 응답자 간 인식의 편차도 매우 적다(표준편차는 10점 만점 기준으로 1.44점임).

갈등 수준을 '심각하지 않음', '보통', '심각함'의 3개 범주로 나누어 보면 갈등이 심각하지 않다고 생각하는 사람들은 전체의 3.0%에 불과하고, 보통이라고 생각하는 사람들도 7.4%에 그친 반면 심각하다는 응답은 89.6%에 달했다. 이 같은 결과는 2년 전인 2005년 여성정책연구원이 실시한《국민통합을 위한

그림 2-1. 한국사회 전반적 사회 갈등 수준(단위 : %)

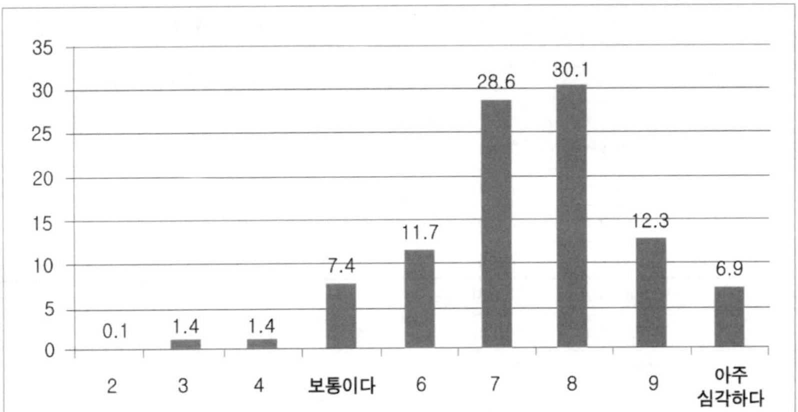

주 : 0점에서 10점으로 갈수록 심각함. 0="전혀 심각하지 않음", 5= "보통", 10="아주 심각"

그림 2-2. 10년 전과 비교한 사회 갈등의 심각성(단위 : %)

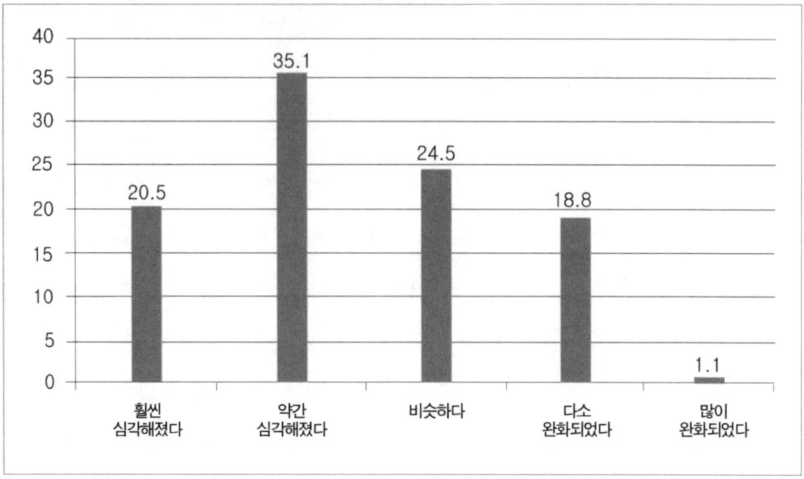

사회 갈등 해소 방안 연구》에서 전체 응답자 1,000명 중 92%가 한국사회의 갈등이 심각한 수준이라고 응답한 비율과 크게 다르지 않은 수준이다.

10년 전과 비교할 때 현재 갈등 수준이 더욱 심각해졌다고 인식하는 사람이 훨씬 더 많다. 10년 전에 비교해서 완화되었다고 생각하는 사람들은 18.8%,

표 2-3. 연령, 교육 수준, 소득 수준별 현재 및 10년 전과 비교한 사회 갈등의 수준

구분		현재 갈등 수준			10년 전과 비교한 갈등 수준		
		평균	F값	유의도	평균	F값	유의도
연령	20대	7.245	1.96	.118	3.485	2.453	.062
	30대	7.399			3.633		
	40대	7.488			3.596		
	50대	7.382			3.450		
교육 수준	고졸 이하	7.249	14.189	.000	3.432	22.210	.000
	대학 이상	7.529			3.686		
소득 수준	200만 원 이하	7.293	1,968	.140	3.431	7.927	.000
	200만-400만 원	7.372			3.530		
	400만 원 이상	7.486			3.708		

그림 2-3. 한국사회에서 가장 심각하게 인식된 사회갈등 유형(단위 : %)

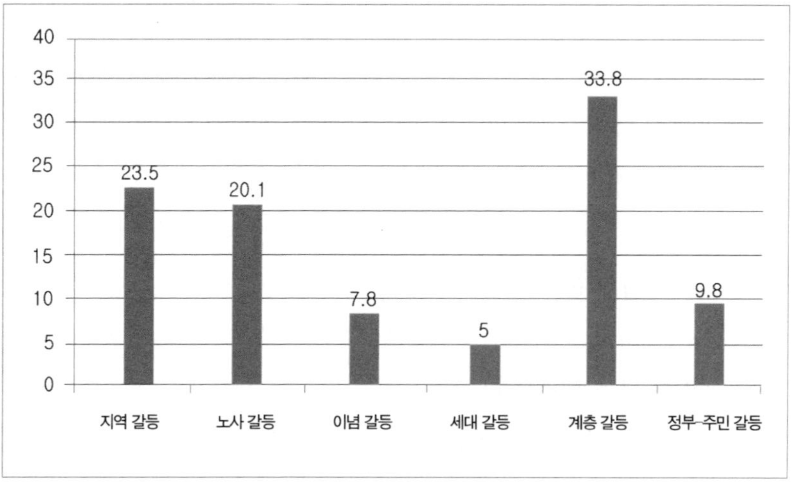

비슷하다고 생각하는 사람들은 24.5%인 데 비해서 더욱 심각해졌다고 생각하는 사람들은 전체의 거의 6할 정도(55.6%)에 이른다.

이 같은 갈등 수준 인식이 연령, 교육 수준, 소득수준의 객관적인 배경 요인에 따라 차이가 있는가를 비교한 결과, 교육과 소득의 계층 요인에 따른 격차를 일부 발견할 수 있다. 교육 수준이 대학 이상, 수입이 400만 원이 넘는 층이 갈등 수준을 더 심각하게 보고 있다. 격차가 크지는 않지만 대체로 상층에서 갈등 수준에 대한 심각성에 대한 우려가 더 크다는 것을 알 수 있다.

여러 사회 갈등 가운데 가장 심각한 사회 갈등으로 인식하고 있는 갈등이 무엇인가? 계층, 지역, 노사, 이념, 세대, 정부와 지역주민 갈등의 한국사회가 경험하고 있는 대표적 사회 갈등 중에서 가장 심각한 갈등으로 계층 갈등을 가장 많이 꼽고 있다(33.8%). 그 다음으로는 23.5%가 지역 갈등을 심각한 사회 갈등으로 인식하였다. 세 번째로 노사 갈등을 지적하여 계층, 지역, 노사 갈등의 삼대 갈등이 전체의 3/4 이상(77.4%)을 차지하고 있다. 세 가지 갈등 이외에는 이념 갈등, 정부(혹은 지자체)와 지역 주민 간 갈등, 세대 간 갈등의 순으로 많이 지적하고 있는데 그 비율은 높지 않다.

가장 심각한 갈등으로 계층 갈등이 가장 높게 나타난 것은 한국사회에서 경제적 불평등이 심화되고 있는 현실은 반영하는 결과이다. 또한 지역 갈등을 지적한 비율이 노사 갈등에 비해서 오히려 많은 반면 이념 갈등을 비롯한 정부 주민 갈등이나 세대 갈등을 꼽은 경우는 소수에 그치고 있다. 빈부격차를 심각한 갈등으로 인식하지만 이념 갈등은 상대적으로 그리 심각하게 평가하고 있지 않으며, 지역 갈등을 노사 갈등에 비해서 더 심각하게 평가하고 있어 이념적이고 추상적 갈등보다 경제 문제나 지역불균형과 같은 현실적이고 피부로 느낄 수 있는 갈등을 더욱 중요하게 인식하고 있음도 보여 준다.

응답자의 사회경제적 특성에 따라서 갈등 인식에 차이가 있는가? 연령, 교육 수준, 소득 수준의 요인별로 갈등 인식을 비교해 보면 차이를 일부 관찰할 수 있다(표 2-4 참조). 연령에 있어서 50대를 제외한 모든 연령층에서 계층 갈등을 가장 심각한 사회 갈등으로 보고 있으며, 특히 30대에서 계층 갈등을 지적한 비율이 가장 높아 계층불평등에 가장 민감한 연령대로 나타나고 있다. 반면

표 2-4. 연령, 교육 수준, 소득 수준별 현재 및 10년 전과 비교한 사회갈등의 수준(단위 : %)

		지역 갈등	노사 갈등	이념 갈등	세대 갈등	계층 갈등	정부-주민 갈등	합계
연령	20대	18.3	25.1	8.4	4.6	29.2	13.5	100.0
	30대	21.2	18.2	6.7	4.1	40.8	9.0	100.0
	40대	23.9	20.1	8.1	7.2	32.1	8.6	100.0
	50대	35.2	15.8	8.3	3.2	32.0	5.5	100.0
교육 수준	고졸 이하	26.3	19.5	6.2	5.5	31.4	11.1	100.0
	대학 이상	20.4	20.8	9.7	4.5	36.4	8.3	100.0
소득 수준	200만 원 이하	21.7	21.9	7.6	6.2	29.3	13.4	100.0
	200만-400만 원	22.6	20.7	7.6	4.1	36.0	9.1	100.0
	400만 원 이상	26.8	17.6	8.5	4.8	35.1	7.2	100.0

50대는 지역 갈등을 가장 심각한 사회 갈등으로 꼽고 있다. 20대에서 노사 갈등과 정부와 주민 갈등을 꼽은 비율이 타 연령층보다 다소 높다. 교육 수준과 소득수준별로는 대체로 중층 이상에서 하층보다 계층불평등을 꼽은 의견이 다소 많다. 200만 원이 넘은 소득층이 200만 원 이하 소득층에 비해서 그리고 교육 수준이 대학 이상인 층이 고졸 이하 층에 비해서 계층 갈등을 지적한 의견이 5~6% 포인트 많다. 반면 교육 수준이 낮은 층에서는 지역 갈등을 꼽은 경우가 약간 많다.

(2) 사회집단 갈등별 인식

여기서는 보다 구체적인 집단 갈등에 대한 인식을 살펴보자. 〈표 2-5〉에 제시되어 있는 13개 한국사회의 대표적인 사회집단 갈등 가운데 여당과 야당 간의 갈등(평균 4.33점)을 가장 심각한 갈등으로 인식하고 있다. 그 다음으로 가난한

표 2-5. 사회 갈등 유형별 갈등 수준 인식

갈등 유형	심각하지 않음	보통	심각함	평균값	표준 편차
여당과 야당	1.6	14.4	84.0	4.33	.78
가난한 사람과 부유한 사람	1.4	8.5.	90.1	4.23	.66
정규직 근로자와 비정규직 근로자	2.0	14.1	83.9	4.15	.73
경영자와 노동자	0.8	16.2	83.1	4.07	.66
강남 거주자와 강북 거주자	5.4	31.7	63.0	3.72	.80
노동자층과 중산층	3.2	33.4	63.4	3.72	.71
대기업 근로자와 중소기업 근로자	3.6	37.2	59.2	3.70	.76
도시 주민과 농어촌 주민	6.1	38.0	55.9	3.64	.81
많이 배운 사람과 적게 배운 사람	6.6	37.7	55.7	3.64	.82
영남 지역 주민과 호남 지역 주민	7.8	39.2	53.0	3.61	.86
주택 소유자와 무주택자	8.5	39.75	51.8	3.60	.88
수도권 주민과 지방 주민	8.7	41.3	50.1	3.51	.82
젊은 사람과 나이든 사람	11.6	47.7	40.7	3.35	.79

주 : 갈등 수준은 1='거의 심각하지 않음', 2='심각하지 않은 편', 3='보통', 4='심각한 편', 5='매우 심각함'으로 측정함.

사람과 부유한 사람 갈등(4.23점), 정규직 근로자와 비정규직 근로자 갈등(4.15점), 경영자와 노동자 갈등(4.07점)의 평균 4점 이상으로 심각성이 높은 집단 갈등으로 나타나고 있다. 강남 거주자와 강북 거주자(3.72점), 대기업 근로자와 중소기업 근로자(3.70점), 도시 주민과 농어촌 주민(3.64점), 영남지역 사람과 호남지역 사람(3.61점) 간 갈등 수준은 평균 3.5~4점에 위치하는 것으로 나타났다. 반면에 젊은 사람과 나이 든 사람 간 갈등은 심각성이 가장 낮게(3.35) 평가되었다. 이 같은 결과들은 경제적 불평등과 관련된 갈등들을 보다 심각하게 간주하고 있음을 보여 주는 것이다. 동시에 경제적 계층과 관련된 갈등을 다른 갈등에 비해서 전반적으로 심각하게 보고 있지만 여당과 야당의 정치적 갈등을 가장 심각하다고 평가하고 있어 주목된다. 여당과 야당 간 경쟁이나 대립이 기본적으로 정치제도의 틀 내에 진행되고 있음에도 이를 가장 심각한 갈등으로 인식하고 있다는 것은 그만큼 정당의 정치활동에 대한 인식이 부정적임을 의미한다.

한편 표준편차를 기준으로 응답자 인식의 편차를 비교해 보면 경영자와 노동자, 가난한 사람과 부유한 사람, 정규직노동자와 비정규직 노동자와 같은 경제적 계급요인에 대한 인식의 격차에 비해서 주택 소유자와 비소유자, 영남지역과 호남지역 거주자. 수도권 주민과 지방 주민의 거주지역이나 지역요인에 따른 갈등에 대한 인식 격차가 상대적으로 크다. 즉 경제적 불평등으로 인한 갈등은 심각성 수준이 높을 뿐만 아니라 공유 수준도 상대적으로 높다.

현재 전반적으로 갈등을 심각하게 보는 사람들이 특히 어떤 집단 갈등을 근거로 평가하는가를 알아보기 위해서 양자 간 상관성을 분석한 결과가 〈표 2-6〉이다. 현재 갈등을 심각하게 보는 사람일수록 경영자와 노동자(r=.261), 가난한 사람과 부유한 사람(r=.217), 여당과 야당의 갈등(r=.181)의 순서로 심각하게 평가하고 있다. 즉 경영자와 노동자 간 갈등 정도가 현재의 사회 전반의 갈등 수준을 평가하는 데 가장 영향을 많이 미치는 갈등임을 알 수 있다. 이어

표 2-6. 세부 사회 갈등별 갈등 수준과 전반적 갈등 수준의 상관성

갈등 유형	현재의 전반적 갈등 수준	10년 전과 비교한 전반적 갈등 수준
여당과 야당	,181	117
가난한 사람과 부유한 사람	,217	192
정규직 근로자와 비정규직 근로자	,082	114
경영자와 노동자	,261	105
강남 거주자와 강북 거주자	,085	115
노동자층과 중산층	,160	073
대기업 근로자와 중소기업 근로자	,169	120
도시 주민과 농어촌 주민	,137	092
많이 배운 사람과 적게 배운 사람	,157	050
영남 지역 주민과 호남 지역 주민	,150	064
주택 소유자와 무주택자	,097	079
수도권 주민과 지방 주민	,092	103
젊은 사람과 나이 든 사람	,146	025

주: 수치는 단순상관계수

서 가난한 사람과 부유한 사람과의 갈등이 다음으로 사회 전반적 갈등을 평가하는 갈등 요인으로 나타나 경제적 계급 갈등이 사회 전반의 갈등을 평가하는 주요 요인임을 확인할 수 있다. 여당과 야당 갈등은 갈등 심각성 자체는 가장 높았지만 사회 전반의 갈등을 평가에 있어서는 경영자와 노동자, 가난한 사람과 부유한 사람 갈등과 같은 계급 갈등 다음으로 고려되고 있다. 즉 정치 갈등은 계급 갈등에 비해서 갈등 수준은 높지만 갈등의 고저高低가 사회 전체 차원에서 갈등의 가시성에 미치는 파급성은 상대적으로 적다는 것을 시사한다.

동일한 방법으로 과거 10년 전과 비교한 갈등 평가에 영향을 미치는 집단갈등을 비교분석한 결과 가난한 사람과 부유한 사람 간 갈등의 영향력이 가장 크게 나타나고 있다. 즉 현재 가난한 사람과 부자의 갈등 수준이 과거에 비해 현재의 전반적 갈등이 얼마만큼 심각한지를 평가하는 가장 대표적인 근거라는 것이다. 반면 젊은 사람과 나이 든 사람, 많이 배운 사람과 적게 배운 사람,

영호남 지역주민, 도시와 농어촌 주민 갈등 수준은 10년 전과 비교한 전반적 갈등 평가에 거의 영향을 미치지 못하고 있다.

다음으로 13가지의 집단갈등에 대한 인식을 근거로 집단갈등의 차원을 확인해 보기로 한다. 이를 위해서 13개 집단 갈등의 인식을 대상으로 요인 분석을 한 결과가 〈표 2-7〉이다. 요인 분석의 결과는 집단갈등이 4개의 하위 차원으로 요약되고 있음을 보여 준다. 첫 번째 요인은 노동자와 중산층, 가난한 사람과 부유한 사람, 경영자와 노동자, 정규직과 비정규직 노동자, 대기업과 중소기업 노동자의 5개 항목에서 요인 부하량이 높게 나타나고 있는 경제적 계급요인이다. 두 번째 요인은 젊은 사람과 나이 든 사람, 많이 배운 사람과 적게 배운 사람, 주택 소유자와 비소유자 간 갈등 요인으로 일반적 사회 계층요인으로 주로 비경제적 계층 요인을 의미한다. 세 번째 요인은 도시주민과 농어촌 주민, 수도권 주민과 지방주민, 강남과 강북 거주자의 3개 항목에서 부하량

표 2-7. 세부 사회 갈등의 요인 분석 결과

	경제적 계급 요인	비경제적 계층 요인	거주 지역 요인	정치적 요인
노동자와 중산층	**0.7213**	0.0382	0.1263	-0.0325
가난한 사람과 부유한 사람	**0.6502**	0.0177	0.2282	0.0817
경영자와 노동자	**0.5566**	0.2548	-0.2459	0.3975
정규직과 비정규직 노동자	**0.5232**	0.2543	0.1032	0.1384
대기업과 중소기업 노동자	**0.5135**	0.4967	0.1519	-0.1673
젊은 사람과 나이 든 사람	-0.1200	**0.7120**	0.1071	0.1979
많이 배운 사람과 적게 배운 사람	0.2869	**0.6473**	0.1992	0.0388
주택소유자와 비소유자	0.2162	**0.6405**	0.1687	0.0682
도시 주민과 농어촌 주민	0.2021	0.2710	**0.7730**	0.0265
수도권 주민과 지방 주민	0.0717	0.2905	**0.7587**	0.0758
강남과 강북 거주자	0.3205	-0.0119	**0.4777**	0.3984
야당과 여당	-0.0096	0.1697	-0.0406	0.8040
영남 주민과 호남 주민	0.1178	0.0055	0.3703	**0.6354**

주: 수치는 요인부하량

이 높은 갈등으로 거주지역 요인에 따른 갈등 차원이다. 네 번째 요인은 여당과 야당, 영남 주민과 호남 주민 간 갈등으로 정치적 갈등 차원을 뜻한다.

이 같은 집단갈등의 차원에 대한 분석 결과는 국민들의 갈등에 대한 경험적 인식이 이론적 구분과 크게 다르지 않음을 보여 준다. 즉 응답자들이 다양한 사회적 갈등을 인식함에 있어서 갈등마다 그 원인과 특성을 매우 합리적으로 고려하고 있음을 실증하는 결과이다.

네 가지 갈등 차원별 평가가 응답자의 연령, 교육 수준 및 수입에 따라서 차이가 있는지 알아보자. 대체로 집단별 경제적 계급요인에 대한 인식의 차이는 없다. 비경제적 계층요인과 정치적 갈등의 비경제적 갈등 차원에 있어서 20–30대에 비해서 40–50대의 심각성 수준이 다소 높다. 교육 수준별로는 교육 수준이 낮은 층에서 비경제적인 계층갈등을 보다 심각하게 보지만 그 외의 갈등 차원에 있어서 인식 차이는 없다. 소득 수준별로는 정치적 요인을 제외한 차원에서 월 소득이 200만 원에서 400만 원 사이인 중간층의 심각성 수준이 타 집단에 비해서 다소 높다. 전반적으로 경제적 계급 갈등 차원의 인식은 하위집단별로 차이가 거의 없는 데 비해서 정치적 갈등 차원은 나이가 많은

표 2-8. 연령, 교육 수준, 소득 수준별 사회 갈등 차원의 갈등 수준 인식

구분		경제적 계급 갈등			비경제적 계층 갈등			거주 지역 갈등			정치적 갈등		
		평균	F점수	유의도	평균	F점수	유의도	평균	F점수	유의도	평균	F점수	유의도
연령	20대	3.96	1.16	.32	3.45	4.42	.00	3.56	2.47	.06	3.90	3.12	.03
	30대	4.01			3.53			3.68			3.85		
	40대	3.97			3.61			3.62			4.01		
	40대	3.95			3.54			3.63			4.03		
교육 수준	고졸 이하	4.00	2.64	.11	3.59	15.63	.00	3,65	2.30	.12	3.97	.00	.98
	대학 이상	3.95			3.47			3.60			3.97		
소득 수준	200만 이하	3.96	3.19	.04	3,49	3.42	.03	3.61	2.59	.08	3.88	5.15	.01
	200–400만	4.01			3.58			3.67			3.99		
	400만 이상	3.94			3.50			3.58			4.01		

층과 경제적 중층 이상에서 보다 심각하게 인식하고 있다.

(3) **이념 갈등**

앞에서 살펴본 다양한 갈등들은 물질적 욕구를 둘러싼 이해관계의 충돌에 기인하기도 하지만 가치관과 이념의 차이에 기인하기도 한다. 이념 갈등은 현재 한국사회의 균열의 주요 축을 이루고 있으며 최근 들어 북한 및 통일문제, 양극화, 교육정책, 부동산 정책, FTA 협상, 호주제 등 사회적. 정치적 이슈에서 보수–진보 대립이 첨예하게 재연되고 있다. 물질적인 이해관계와 관련한 갈등은 협상으로 해결이 가능하지만 가치와 이념 차이에 의한 갈등은 타협으로 해결이 용이하지 않기 때문에 특별한 관심이 필요하다.

아래의 〈표 2-9〉에 열거되어 있는 경제, 환경, 미국, 여성, 교육 등을 둘러싼 8가지 구체적 이념 갈등 수준에 대한 인식을 조사한 결과, 모든 분야의 이념 갈등을 심각한 수준으로 인식하고 있으며 특히 경제개방(한미 FTA 등)을 둘러싼 갈등을 가장 심각하게 보고 있다(응답자의 73%가 심각하다고 인식). 그 다음으

표 2-9. 이념 갈등별 인식 수준(단위 : %)

이념 갈등 집단	심각하지 않음	보통	심각함	합계	평균값	표준 편차
진보주의자와 보수주의자	2.7	31.4	65.9	100.0	3.76	.74
경제적 평등을 우선시 하는 사람과 경제 성장을 우선시 하는 사람	2.7	40.9	56.4	100.0	3.62	.71
경제개방(한미 FTA 등)을 찬성하는 사람과 반대하는 사람	2.7	23.5	73.8	100.0	4.0	.80
환경보호를 우선하는 사람과 개발을 우선하는 사람	3.6	31.7	64.7	100.0	3.76	.77
반미 세력과 친미 세력	4.7	34.1	61.3	100.0	3.71	.80
친북 세력과 반북 세력	6.9	37.2	55.9	100.0	3.65	.87
여성의 권리를 보호하려는 사람과 가부장적 전통을 강조하는 사람	7.9	42.5	49.6	100.0	3.56	.83
교육의 경쟁을 강조하는 사람과 교육 평등을 주장하는 사람	5.9	45.3	48.9	100.0	3.53	.76

주 : 갈등 수준은 1='거의 심각하지 않음', 2='심각하지 않은 편', 3='보통', 4='심각한 편', 5='매우 심각함'으로 측정함.

로 진보주의와 보수주의자, 환경보호자와 환경개발자 간의 갈등이 순으로 심각성이 높다. 상대적으로 여성의 권리와 교육을 둘러싼 이념 갈등은 다른 갈등에 비교할 때 다소 덜 심각하게 평가하고 있다. 경제개방을 둘러싼 갈등이 가장 심각하게 평가한 것은 다른 이념 갈등에 비해서 각자의 입장에 따른 이해관계가 명확하게 드러나는 현실적 과제라는 점에서 이해될 수 있다. 한편 응답자의 의견의 편차는 거의 비슷한 수준인데(표준편차 .71-.87) 친북세력과 반북세력 간 갈등 수준 인식의 격차가 상대적으로 가장 크다.

사회집단 간 이념 갈등에 대한 인식은 자신의 이념성에 따라서 영향을 받을 수 있다. 집단 간 이념 갈등은 일반 국민들의 이념성을 반영할 수도 있지만 양자 간 불일치가 존재할 수도 있다. 한국사회에서 일반 사회성원의 이념 차이에 비해서 사회단체나 정치집단 간 이념 갈등이 과잉되어 있다거나 현실적 적실성이 적다는 지적들이 있어 왔다(이 책의 1장 내용 참조).

본 조사에서 응답자의 이념적 지향이 집단 간 이념 갈등의 평가에 어떠한 영향을 미치는지를 알아보자. 먼저 응답자의 이념 성향을 살펴보면 '보통'을 기준으로 보수적이라고 생각하는 사람들이 29.2%, 진보적이라고 생각하는 사람들이 43.9%로 진보 성향을 가진 사람들이 보수 성향을 가진 사람들보다 14.7% 포인트 많다.[2)] 진보 성향이 다소 높게 나타난 것은 본 상대적으로 보수층이 많은 60대 이상이 조사 대상자에 포함되지 않은 데서 주로 기인한다고 판단된

2) 한국인의 이념 성향을 조사한 2003년 KGSS(한국종합사회조사) 조사 결과에 따르면 한국인의 정치 성향을 보수-진보의 차원에서 볼 때 다소 보수적인 성향을 가진 사람들이 32.2%로 중도 성향을 가진 사람들(25.4%)과 다소 진보적인 성향을 가진 사람들(24.6%)보다 약간 많은 것으로 조사됐다. 2004년 KGSS 자료에서는 보수 성향을 가진 사람들의 비율(34.5%)이 진보 성향을 가진 사람들의 비율(31.8%)보다 약간 많았으나 그 차이는 2003년에 비교해서 6.7% 포인트만큼 줄었다. 2006년 국정홍보처에서 실시한 한국인의 의식·가치관 조사에 따르면 자신의 이념 성향을 '중도'라고 생각하는 사람들이 42.4%로 가장 많고, '보수'라고 생각하는 사람들이 28.1%, '진보'라고 생각하는 사람들이 24.7%로 나타났다. 위의 조사 결과들을 종합하면 한국인의 정치 또는 이념 성향은 보수나 진보로 치우치기보다는 대체로 중도에 가까운 것으로 볼 수 있다(윤인진·송영호, 2007).

다. 그런데 보수-진보 성향의 전체 평균점수는 0점(매우 보수적)-5점(보통)-10점(매우 진보적)의 범위에서 5.32로 거의 중도에 가까운 성향을 띠고 있다.

'보수' '중도' '급진'으로 3분된 응답자의 이념성에 따른 사회집단 간 이념 갈등의 인식수준을 분석한 결과가 〈표 2-10〉이다. 분석 결과 8개 이념 갈등 중 여성의 권리를 둘러싼 갈등을 제외하고 응답자의 이념성에 따른 인식 차이를 보여 주는 항목은 없다. 즉 응답자의 이념성은 사회적 이념 갈등의 수준과 심각성을 평가하는데 거의 영향을 미치고 있지 않고 있다. 물론 갈등 수준에 대한 평가가 이념적 정체성과 직결되는 변인은 아니지만 이념적 정체성이 다양한 사회집단 간 이념 갈등을 바라보는 시각에 어떠한 유의미한 관련성도 보여 주지 않는다는 사실은 사회적 차원에서 집단갈등으로 표출된 이념성과 개개인의 이념적 정체성 간에 불일치가 존재하고 있음을 시사한다.[3)]

표 2-10. 응답자 이념성에 따른 이념 갈등의 수준 인식

갈등 수준	집단 구분			F값	유의도
	보수	중도	급진		
진보주의자와 보수주의자	3,756	3.748	3.782	.723	.485
경제적 평등을 우선시 하는 사람과 경제 성장을 우선시 하는 사람	3.622	3.590	3.626	.814	.443
경제개방(한미 FTA 등)을 찬성하는 사람과 반대하는 사람	4.000	3.981	4.003	.203	.817
환경보호를 우선하는 사람과 개발을 우선하는 사람	3.758	3.773	3.755	.129	.879
반미 세력과 친미 세력	3.709	3.733	3.712	.505	.603
친북 세력과 반북 세력	3.648	3.648	3.638	.118	.889
여성의 권리를 보호하려는 사람과 가부장적 전통을 강조하는 사람	3.560	3.625	3.565	3.211	.041
교육의 경쟁을 강조하는 사람과 교육 평등을 주장하는 사람	3.530	3.556	3.534	.622	.537

3) 물론 한편으로는 응답자 스스로의 이념적 정체성이 명확하지 않거나 이념의 영향이 교육 수준, 연령 등과 같은 요인과 혼재되어 드러나지 않았을 가능성도 있다.

2) 사회 갈등의 원인, 기능 및 해결 방안

(1) 사회 갈등의 원인

한국인은 사회 갈등의 가장 대표적인 원인으로 갈등 당사자들 간의 이기주의를 꼽았다. 전체의 59.7%가 서로 자신만의 이익이나 주장만을 앞세우기 때문에 갈등이 발생하는 것으로 인식하고 있다. 그 다음 원인으로 '기존에 가진 사람이나 집단들이 양보하지 않아서'(15.3%), 갈등을 효과적으로 조정할 수 있는 제도의 미비(12.5%), 서로에 대한 이해 부족(7.5%), 갈등을 부추기는 사람들 때문에(5.1%) 등이 꼽혔다. 종합적으로 볼 때 한국인은 자신이나 자기 집단만의 이익을 우선하는 이익 추구 동기가 갈등 발생의 주된 원인으로 인식하고 있음을 알 수 있다.

또한 사회집단 간 갈등이 사회발전 과정에서 불가피하게 발생하는가 아니면 갈등을 부추기는 집단이나 세력 때문에 주로 발생하는가의 양자택일 질문에 대해서 응답자의 53.1%는 갈등을 부추기는 집단이나 세력 때문에 발생하

표 2-11. 갈등 발생의 원인

원인 1	사례 수	백분율
서로 자신만의 이익이나 주장만 앞세워서	895	59.7
기존에 가진 사람이나 집단들이 양보하지 않아서	229	15.3
갈등을 효과적으로 조정할 수 있는 제도가 미비해서	188	12.5
서로에 대한 이해의 부족으로	112	7.5
갈등을 부추기는 사람들 때문에	76	5.1
합계	1,500	100.0

원인 2	사례 수	백분율
사회발전 과정에서 불가피하게 발생한다	646	43.0
갈등을 부추기는 집단이나 세력 때문에 주로 발생한다	797	53.1
잘 모르겠다	58	3.8
합계	1,500	100.0

표 2-12. 갈등 원인별 갈등 수준 평가

갈등의 원인	갈등 수준	F값	유의도
서로 자신만의 이익이나 주장만 앞세워서	7.407	2.566	.037
기존에 가진 사람이나 집단들이 양보하지 않아서	7.467		
갈등을 효과적으로 조정할 수 있는 제도가 미비해서	7.172		
서로에 대한 이해의 부족으로	7.189		
갈등을 부추기는 사람들 때문에	7.696		

는 것으로 인식하는 반면 43.0%는 사회발전 과정에서 불가피하게 발생하는 것으로 응답해 갈등을 자연스러운 사회적 과정으로 보는 의견보다 정치적 요인이나 외부 세력에 의해 생산되거나 증폭되고 있다는 반응이 더 많다.

갈등의 원인을 어떻게 보는가는 갈등 수준의 평가에도 영향을 미치고 있다. 갈등의 원인이 외부에 있다고 보는 사람일수록 갈등을 더 심각하게 보는 경향이 있다. 반면 효과적으로 갈등을 조정할 수 있는 제도가 없어서이거나 서로에 대한 이해가 부족하기 때문이라고 보는 사람들은 상대적으로 갈등 수준을 덜 심각하게 평가한다(표 2-12 참조).

(2) 갈등의 기능과 해결 방안

사회 갈등이 사회발전에 순기능인가 아니면 역기능인가에 대해서는 순기능을 강조하는 의견이 크게 앞선다. 사회집단 간 갈등이 잘 해결되면 사회발전에 도움이 되는 면이 많다고 생각하는 사람이(75.8%) 갈등은 잘 해결된다고 해도 사회적 낭비가 크다고 생각하는 사람(20.1%)보다 월등히 많다.

사회 갈등을 해결하는 바람직한 방법으로는 시간이 걸리더라도 기본적으로 당사자들에게 맡겨두어야 한다고 의견(49.7%)이 제3자에 의한 해결이 효과적이라고 생각하는 의견(38.1%)에 비해서 다소 많다.

갈등을 매우 심각하게 평가하고 있음에도 불구하고 갈등의 순기능을 강조하고 제3자 개입보다 당사자 해결을 선호하고 있어 갈등의 기능과 해결을

표 2-13. 사회 갈등의 기능과 바람직한 해결 방안

사회집단 간 갈등의 기능	사례 수	백분율
잘 해결되면 사회 발전에 도움이 되는 면이 많다	1,137	75.8
잘 해결된다 해도 사회적 낭비가 크다	301	20.1
잘 모르겠다	62	4.1
합계	1,500	100.0
바람직한 갈등해결 방안	**사례 수**	**백분율**
시간이 걸리더라도 기본적으로 당사자들에게 맡겨두어야 한다	745	49.7
제3자에 의한 해결이 효과적이다	571	38.1
잘 모르겠다	184	12.2
합계	1,500	100.0

낙관적으로 보는 경향이 우세하다. 그런데 갈등의 결과를 순기능적으로 보는가 아니면 부정적으로 보는가에 따라서 바람직한 갈등 해결 방법에 차이를 가져올 수 있다. 논리적으로 본다면 갈등의 사회적 결과를 부정적으로 인식할수록 당사자보다는 제3자에 의한 해결을 효과적으로 생각할 가능성이 크다.

갈등의 사회적 효과와 해결 방안을 교차 분석한 결과는 갈등의 기능을 부정적으로 보는 경우에 제3자에 의한 해결을 선호하는 의견이 약간 많기는 하지만 양자 사이에 상관성이 크다고 보기 어렵다. 즉 갈등을 바라보는 두 가지 관점은 상호 독립적으로 작용한다.

이와 같은 갈등에 대한 두 가지 인식 차원을 교차하여 네 가지 갈등 인식

표 2-14. 갈등의 사회적 기능과 해결 방안에 따른 갈등 인식 유형

	순기능	역기능
당사자 해결	당사자 해결을 통한 갈등의 순기능 제고(46.2%)	갈등의 역기능에도 불구하고 당사자 해결 불가피(10.3%)
제3자에 의한 해결	긍정적 기여를 위한 갈등의 효율적 관리(33.4%)	3자 해결의 효율적 관리를 통한 갈등의 역기능 해소(10.1%)

유형을 상정해 볼 수 있다(표 2-14 참조). 첫째는 갈등의 순기능을 강조하고 당사자 해결을 선호하는 유형이며 전체의 46.2%로 가장 많다. 이 유형은 당사자 간 해결을 통해서 갈등의 순기능이 유지될 수 있다고 보는 갈등 해결에 대해서 가장 낙관적 입장이다. 두 번째 유형은 순기능을 강조하면서 제3자 해결을 선호하는 유형으로 갈등 해결에 있어서는 제3자 해결을 통한 효율적 관리를 강조하는 유형으로 볼 수 있다. 전체의 1/3 정도가(33.4%) 여기에 해당한다. 세 번째 유형은 갈등을 역기능적으로 간주하지만 당사자 해결을 선호하는 유형으로 전체의 10% 정도이다. 즉 갈등이 역기능적이지만 제3자에 의한 관리보다는 당사자에 의한 해결이 불가피하다고 보는 입장이다. 넷째 유형은 갈등의 역기능을 강조하면서 제3자 해결을 선호하는 유형으로 전체의 10% 정도가 여기에 해당한다. 어느 정도 갈등의 역기능이 3자 해결을 통해 극복될 수 있을 것으로 보는 입장이다.

(3) 갈등 해결과 정부의 역할

한편 갈등 해결에 있어서의 정부의 적극적 개입에 대해서는 찬반 의견이 비슷하다. 정부가 가능한 한 적극적으로 개입해야 한다는 의견과(50.5%) 정부는 최소한 역할에 머물러야 한다고 생각하는 의견(45.6%)은 큰 차이가 없다.

또한 정치지도자가 정책 추진 과정에서 갈등을 최우선으로 해결해야 하는가에 대해서도 찬반의견의 차이가 크지 않다. 다소 갈등이 발생하더라도 당초 목표 달성을 위해 노력해야 한다고 생각하는 사람이(49.4%) 소기의 목표 달성을 미루더라도 갈등 해소에 주력해야 한다고 생각하는 사람보다(44.3%) 약간 많기는 하지만 의미 있는 차이는 아니다.

정리하면 한국인은 사회집단 간 갈등이 피할 수 없는 것이라기보다는 미연에 방지할 수 있는 것이고, 사회 갈등은 잘 관리하면 순기능을 발휘할 수 있는 것으로 인식하고 있다. 갈등 해결은 기본적으로 당사자들에게 맡겨야 한다고 생각하지만 정부의 갈등 해결을 위하해 적극적으로 개입에 대해서는 긍정적

표 2-15. 갈등 해결을 위한 바람직한 정치지도자와 정부의 역할

바람직한 정치지도자의 역할	사례 수	백분율
다소 갈등이 발생하더라도 당초 목표 달성을 위해 노력해야 한다	741	49.4
소기의 목표 달성을 미루더라도 갈등 해소에 주력해야 한다	664	44.3
잘 모르겠다	95	6.3
합계	1,500	100.0
집단 갈등 발생 시 정부의 역할	**사례 수**	**백분율**
적극적으로 개입해야 한다	757	50.5
최소한 역할에 머물러야 한다	684	45.6
잘 모르겠다	59	3.9
합계	1,500	100.0

의견이 오히려 많아 합리적 조정이 이루어진다면 제3자에 의한 해결도 효과적일 수 있음을 시사하는 결과로 해석된다.

3. 경험적 갈등 양상

1) 공적 및 사적 조직과의 갈등

지난 1년 간 공적 및 사적 기관으로부터 자신의 이익이나 권리를 침해받은 경험을 알아본 결과, 공공기관으로부터는 응답자의 6.0%, 사적 기관으로부터는 응답자의 7.5%가 침해를 받은 것으로 보고하여 두 기관으로부터의 침해 경험률은 비슷하다.

공적 및 사적 기관으로부터 이익이나 권리를 침해당한 경험률은 전체적으로 볼 때 높은 수준은 아니지만 나이가 젊은 층에서 상대적으로 높다. 관청이나 공공기관으로부터 이익이나 권리를 침해받은 경험은 20–30대의 젊은 층

표 2-16. 공적 및 사적 조직으로부터 이익 및 권리 침해 경험(단위 : %)

구분	없다	있다	합계
관청이나 공공 기관으로부터 이익이나 권리 침해 경험	94.0	6.0	100.0
사기업이나 사적 기관으로부터 이익이나 권리 침해 경험	92.5	7.5	100.0

이 40-50대에 비해서 상대적으로 많고(20대 6.8%, 30대 7.2%, 40대 4.8%, 50대 4.5%) 사기업이나 사적 기관으로부터 이익이나 권리를 받은 경험도 20대에서 가장 높다(20대 9.4%, 30대 6.0%, 40대 7.1%, 50대 7.7%). 또한 교육 수준이 높은 층에서 공적 및 사적 기관으로부터의 침해 경험이 상대적으로 많다(공적 기관으로부터 침해 경험 : 고졸 이하 4.7%, 대학 이상 7.4%, 사적 기관으로부터 침해 경험 : 고졸이하 6.3%, 대학 이상 8.8%). 이 같은 차이는 나이가 젊고, 교육 수준이 높을수록 권리의식이 상대적으로 높아서 침해에 대한 인식이 강하기 때문에 나타난 결과로 볼 수 있다.

한편 공적 및 사적 기관에 항의나 이의를 제기한 경험은 공적 기관이 24.3%, 기업이나 사적기관이 29.3%로 비교적 높은 수준이다. 항의와 이의 경험 역시 권리 침해 경험과 마찬가지로 교육 수준이 높을수록 경험률이 크게 증가하며 특히 공적기관에 대한 항의와 이의제기의 경우 교육 수준에 따른 경험률 격차가 크다(공적 기관에 대한 항의 및 이의 제기 경험률 : 고졸 이하 18.7% 대학 이상 30.4%, 사적 기관에 대한 항의 및 이의 제기 경험률 : 고졸 이하 23.8%, 대학 이상 35.3%).

표 2-17. 공적 및 사적 기관에 항의 및 이의 제기 경험(단위 : %)

갈등 유형	없다	있다	합계
관청이나 공공 기관에 항의나 이의 제기 경험	75.7	24.3	100.0
기업이나 사적 기관에 항의나 이의 제기 경험	70.7	29.3	100.0

2) 일상적 관계의 갈등 경험

본 조사에서 갈등 경험은 인지, 감정, 행동의 차원을 포함하는 광의의 갈등 규정에 입각하여 1) 인지적 차원에서 심각한 의견대립, 2) 타인으로부터의 방해와 피해 경험, 3) 감정적 차원으로 타인에 대한 노출되지 않은 부정적 느낌의 지속으로서의 심리적인 부정적 감정 경험, 4) 부정적 느낌을 상대방에게 행동으로 노출한 감정 표출 경험, 그리고 5) 물리적 방법으로 상대에게 부정적 행동을 행사한 경험으로 갈등 형태로 갈등 경험을 조사하였다. 가족, 이웃, 직장 관계의 순서로 갈등 경험의 일반적 특징을 설명하기로 한다.

(1) 가족 관계의 갈등

가족 관계에서 발생할 수 있는 네 가지 갈등 형태 중(위에서 지적한 다섯 가지 갈등 형태 중 단순한 인지적 차원에서의 의견대립은 제외함) 심리적으로 부정적 감정이 지속된 경험이 58.4%로 가장 높고, 심한 말다툼 등 감정이 상하는 말들이 오간 경우도 53.2%에 이르고 있어 감정적 갈등이 가족 관계 갈등의 가장 높은

표 2-18. 가족 및 친척 간의 갈등 수준과 유형(단위: %)

가족 관계	생활이나 일에 심각한 피해나 지장을 받음	심리적으로 좋지 못한 감정이 지속됨	심한 말다툼 등 감정이 상하는 말들이 오감	육체적 마찰이나 폭력적 행동이 발생
본인의 부모나 형제/자매	18.9	21.5	21.4	4.8
배우자	13.8	15.4	19.1	3.3
본인의 부모와 형제/자매 이외의 친척	10.9	11.5	8.2	2.3
배우자의 부모나 형제/자매	10.2	11.3	5.7	1.5
배우자의 부모와 형제/자매 이외의 친척	8.5	9.0	4.9	0.5
자녀, 손자손녀	3.0	3.1	4.1	0.1
누구와도 경험 없음	50.8	41.6	46.8	88.7
합계	100.0	100.0	100.0	100.0

비율을 차지하고 있다.

이외에도 생활상 심각한 피해나 지장을 받은 사례도 그렇지 않은 경우와 비슷하다. 반면 육체적 마찰이나 폭력적 행동에 이른 경우는 11.3%로 소수이다. 가족 관계별로는 배우자나 부모, 형제/자매 등 가까운 관계에서 감정적 마찰이 상대적으로 많은 반면 그 외 친척 간의 관계에서는 일에 대한 피해나 지장을 받은 사례가 상대적으로 많다.

가족 갈등의 원인으로는 서로의 입장이나(27.1%)이나 의견과 가치관(19.6%)의 차이와 이해 부족이 가장 많이 지적되었다. 기족 관계의 특성상 빈번한 접촉이 이루어지고 정서적 교류에도 불구하고 이해 부족이 갈등 요인으로 가장 두드러진다. 경제적 문제를 지적한 경우도 적지 않았다(21.1%).

표 2-19. 가족 갈등의 이유(단위: %)

서로 입장을 이해 못해서	경제적 문제 때문에	의견이나 가치관의 차이	대화 부족 대화 방법 잘못	성격 차이 등 심리적 문제	기타	합계
27.1	21.1	19.6	16.1	14.8	1.2	100.0

(2) 이웃 갈등

가족 관계에 비해서 이웃과의 갈등 수준은 낮은 편이나 심리적인 부정적 느낌의 갈등이 1/3정도에(34.1%) 이르고 있어 가족 관계와 마찬가지로 심리적인

표 2-20. 이웃과의 갈등 경험(단위 : %)

갈등 유형	없다	있다	합계
심각한 의견 대립이 있었다	81.7	18.3	100.0
상대방 때문에 일이나 생활에 피해를 입거나 불이익을 받았다	70.2	29.8	100.0
심리적으로 좋지 못한 감정이 지속되었다	65.9	34.1	100.0
심한 말다툼 등 감정이 상하는 말들이 오갔다	82.2	17.8	100.0
육체적 마찰이나 폭력적 행동이 발생했다	96.7	3.3	100.0

부정적 감정이 지속된 형태가 가장 많다. 또한 상대방 때문에 일이나 생활에 피해를 입거나 불이익을 받은 비율도 3할 정도나 된다(29.8%). 그 다음으로 심각한 의견 대립, 심한 말다툼의 순서이며 이웃과 육체적 마찰이나 폭력적 행동이 발생하는 경우는 소수이다.

이웃과 갈등이 발생하는 원인은 예상대로 소음, 진동, 주차 등 생활상의 문제가 가장 크다. 응답자의 49.5%가 이런 생활상의 문제로 인해 이웃과 갈등을 경험한 것으로 보고하였다. 그 다음으로는 기타 사소한 문제, 의견이나 견해 차이로 갈등을 경험한 것으로 나타났다.

표 2-21. 이웃 갈등의 이유(단위 : %)

소음, 진동, 주차 등 생활상 문제	평소 감정이 좋지 않아	재산 문제 등 경제적 이유	의견이나 견해 차이로	자녀 문제	기타 사소한 문제로	계
55.1	3.6	6.8	15.3	2.5	16.8	100.0

(3) 직장 내 갈등

직장 내 갈등 경험은 대체로 가족 관계의 갈등과 비슷한 수준이다. 심리적으로 좋지 못한 감정이 지속된 경우가 58.4%로 가장 많았고 일이나 생활의 피해, 불이익 경험도 48.2%로 가족 관계 갈등 수준과 비슷하다. 감정이 상하는 말이 오간 경험은 가족 관계에 비해서 상대적으로 적었다. 일상생활의 가장 대표적 영역인 가족과 직장에서 보여 주는 높은 갈등 경험은 한국사회에서 사회관계

표 2-22. 직장 내 갈등 경험(단위 : %)

갈등 유형	없다	있다	합계
상대방 때문에 일이나 생활에 피해를 입거나 불이익을 받았다	51.8	48.2	100.0
심리적으로 좋지 못한 감정이 지속되었다	41.6	58.4	100.0
심한 말다툼 등 감정이 상하는 말들이 오갔다	67.3	32.7	100.0
육체적 마찰이나 폭력적 행동이 발생했다	95.9	4.1	100.0

갈등이 일상화 수준에 이르고 있음을 보여 주는 우려할 만한 결과로 보인다.

4. 갈등 대처 양식

1) 공적 및 사적 기관과의 갈등 시 해결 방안

당사자끼리의 합의를 통한 해결 방법이 가장 바람직하지만 당사자 간 해결이 쉽지 않을 때가 많다. 이럴 때 대안적 해결 방안으로 무엇이 가장 바람직한 해결 방안인가에 대해서는 갈등 대상이 개인인지 조직인가에 따라 다를 수 있다. 조직과의 갈등 시 대처 양식으로는 크게 법적 해결과 비공식적 합의 방식이 있으며 제3자를 통한 조정 방식이 후자의 대표적인 방안으로 고려될 수 있다. 또한 비합법적 방법을 포함한 여러 방법들이 법적 해결이나 조정을 위한 과정에서 자신들의 입장을 강화하기 수단으로 선호되기도 한다.

공적 조직과 사적 조직의 경우로 구분하여 당사자 간 해결이 쉽지 않은 경우의 바람직한 해결 방식에 대한 선호도를 조사한 결과, 공적 및 사적 조직 모두 제3자를 통한 조정과 화해의 방식을 가장 바람직하게 생각하고 있다. 공적 조직과의 분쟁 시에는 54.1%가, 사조직과의 분쟁 시에는 이보다 다소 적지만

표 2-23. 당사자 간 해결이 쉽지 않은 경우의 바람직한 갈등 해결 방안(단위 : %)

갈등 해결 방안	국가기관이나 국가정책	사기업이나 사적 기관
그래도 끝까지 당사자끼리의 합의를 통해서 해결하겠다	11.2	12.6
비합법적 방법을 포함하여 모든 수단을 동원하여 해결한다	5.3	6.3
전문가 등 제3자를 통한 조정과 화해를 시도한다	54.1	45.9
법적으로 해결한다	29.5	35.2
합 계	100.0	100.0

45.9%가 제3자에 의한 조정 방식을 선호하고 있다. 다음으로는 법적 해결 방식으로 공적 조직의 경우에는 29.5%, 사적 조직은 35.2%로 사적 분쟁 시 선호도가 다소 높다. 반면 비합법적 방법을 포함한 모든 수단의 동원이나 끝까지 당사자 해결을 원한다는 응답은 20%에 못 미치고 있다. 갈등 해결 시 당사자 해결이 가장 바람직하다고 인식하고 있음은 이미 설명한 바 있지만 당사자 해결이 어렵다면 법적 해결보다는 전문가 등 제3자에 의한 조정 제도를 보다 합리적 대안으로 적극 간주하고 있다.

그런데 조직과의 갈등을 경험한 경우에 보다 선호하는 갈등 해결 방안은 무엇일까? 한국사회에서 공적. 사적 조직과의 갈등은 일회성에 그치기보다 상당한 기간 반복되는 사례가 많고 일단 갈등 상황을 경험한 후에 대안적 해결을 시도하기 때문에 갈등 경험자들이 효과적으로 보는 갈등 해결 방안에 관심을 둘 필요가 있다.

조직과 갈등을 경험한 갈등 경험자와 비경험자의 바람직한 갈등 해결 방안을 비교한 결과가 〈표 2-24〉이다. 결과는 갈등 경험자는 법적 해결을 덜 선호하는 반면 비합법적 방법을 더 많이 선호한다는 것이다. 물론 두 집단 모두 제3자를 통한 조정 방식을 가장 선호하기는 하지만 갈등 경험자들은 비경험

표 2-24. 갈등 경험 여부에 따른 당사자 간 해결이 쉽지 않은 경우 바람직한 갈등 해결 방안(단위: %)

갈등해결 방안	국가 기관			사기업이나 사적 기관		
	경험자	비경험자	전체	경험자	비경험자	전체
그래도 끝까지 당사자끼리의 합의를 통해서 해결하겠다	13.2	11.8	11.2	10.1	12.3	12.6
비합법적 방법을 포함하여 모든 수단을 동원하여 해결한다	11.1	4.9	5.3	12.4	5.8	6.3
전문가 등 제3자를 통한 조정과 화해를 시도한다	54,4	53,5	54.1	51.7	45.9	45.9
법적으로 해결한다	21.1	29.9	29.5	25.8	35.9	35.2
합 계	100.0	100.0	100.0	100.0	100.0	100.0

자에 비해서 비합법적 방법에 대한 선호도가 상대적으로 높다.

이 같은 차이가 갈등 경험의 순수 효과인지 아니면 연령이나 다른 요인에 의한 허구적 관계인지에 대해서는 보다 정교한 분석이 필요하지만, 적어도 갈등 경험으로 이후에 법적 해결에 대한 의존이 커지거나 비합법적 방법의 동원이 감소하지 않는 것은 분명하다. 법에 대한 낮은 신뢰, 법적 해결의 비현실성, 그리고 그동안 비합법적 방법에 의존해 왔던 경로 의존성 등 다양한 이유를 들 수 있겠지만 이유가 무엇이건 간에 효과적인 갈등 조정 기제로서 법적 수단의 한계를 보여 주는 결과임에는 틀림이 없다.

2) 일상적 관계에서의 갈등 대처 양식

인간관계에서 발생하는 갈등에 대처하는 가장 일반적 유형은《이중고려 이론 *dual concern theory*》(Pruitt and Eubin, 1986)에 입각한 다섯 가지 유형으로 문제 해결problem solving, 강요forcing, 회피aviding, 수용 혹은 굴복yield 타협comprising이 그것이다. 즉 자신의 입장에 고려 정도와 타인의 입장(요구)에 대한 고려 정도의 두 차원을 기준으로 ① 문제 해결 : 자신과 타인의 고려 정도 모두 높음, ② 강요 : 자신의 고려 정도 높고 타인 고려 정도 낮음, ③ 회피 : 자신과 타인의 고려 정도 모두 낮음, ④ 수용 : 타인 고려 정도 높고 자신 고려 정도 낮음, ⑤ 타인과 자신의 고려 정도 모두 중간의 5개 유형으로 구분한다.

본 연구에서는 위의 5가지 유형에 제3자 개입을 요청하는 중개 요청 유형을 추가하여 모두 6개 유형으로 갈등 대처 양식을 구분하여 조사하였다. 각 유형의 문항은 다음과 같다. ① 수용 : 되도록 상대방의 입장이나 의견을 받아들인다, ② 타협: 서로 양보하여 타협을 시도한다, ③ 문제 해결 : 대화와 토론을 통해서 모두에게 도움이 되는 해결책을 찾는다, ④ 강요 : 여러 방법을 동원하여 상대로 하여금 내 주장을 받아들이도록 한다, ⑤ 회피 : 가능하면 논쟁이나 토론을 피한다, ⑥ 중개 요청 : 제3자에게 도움을 요청한다. 이와 같은 갈등

표 2-25. 가족 관계의 갈등 대처 양식(단위 : %)

갈등 대처 양식	자주 그렇게 함	그렇게 한 경우 있음	거의 그렇게 하지 않음	합계
되도록 상대방의 입장이나 의견을 받아들인다(수용)	23.6	63.7	12.6	100.0
서로 양보하여 타협을 시도한다(타협)	9.3	52.5	38.3	100.0
대화와 토론을 통해서 모두에게 도움이 되는 해결책을 찾는다(문제 해결)	22.0	45.4	32.5	100.0
여러 방법을 동원하여 상대로 하여금 내 주장을 받아들이도록 한다(강요)	24.7	57.1	18.1	100.0
가능하면 논쟁이나 토론을 피한다(회피)	23.7	56.1	20.2	100.0
제3자에게 도움을 요청한다(중재 요청)	2.5	23.1	74.4	100.0

대처 양식은 무엇보다도 특정 사회의 문화적 지향이나 개인의 문화적 성향의 영향을 크게 받는 것으로 본다.4)

가족 관계의 갈등 대처 양식의 특징으로는 첫째, 경험을 기준으로 볼 때 수용, 강요, 회피의 순으로 경험이 많으며 중재 요청은 매우 드물고 타협과 문제 해결의 경험도 상대적으로 적다. 둘째, 자주하는 행동을 기준으로 할 때 강요, 문제 해결, 수용, 문제 해결의 경험이 상대적으로 많다. 문제 해결 양식은 경험 정도는 다른 양식에 비해서 높지 않지만 빈번히 사용하는 경우가

4) 동양의 유교적 중국인들의 경우 유교적 전통과 순응적conformity 가치를 중시하는 특성이 갈등의 폭발을 회피avoid하는 전략을 택하게 하며, 개인주의적이고 성과지향적인 미국인의 경우에는 보다 경쟁적인 태도competing style로 직장에서의 마찰에 임하는 경향이 있다고 한다(Michael Morris 외, 1998). 갈등 회피적 성향avoid style은 한국문화에서 나타나는 '집단지향성'으로 해석되기도 한다(최상진 외, 1998). 또한 Marc H. Ross(1995)는 건설적 갈등사회constructive conflict society의 개념을 상정하면서, 갈등이 합리적으로 관리되고 순기능으로 작용하는 이러한 사회의 조건으로서 개인과 공동체의 이해관계가 조화롭게 연결되어 있고 갈등을 회피할 수 있는 여러 수단들이 정비되어 있는 온정적warm and affectionate 성향을 꼽고 있다. 다른 한편 심정주의적 삶의 방식에서는 외부의 객관적 규정보다는 내부의 주관적 기준을 보다 중요하게 생각하며, 동서 가치Eastern and Western Value를 자기 편의적으로 선택적 혼용하는 경향이 있다고 한다. 자기에게 유리할 때는 서양식의 합리적인 가치관을 주장했다가 불리할 때는 한국식의 온정주의나 집단주의 가치관을 주장하는 경우가 많은데 이렇게 이해 당사자들 간에 일관된 가치관과 기준이 없게 될 때 갈등 해결이 어렵게 되는 것이다.

많은 유형이다. 즉 문제 해결 양식을 사용하지 않는 사람도 적지 않고 자주 사용하는 사람도 적지 않은 유형이다.

전반적으로 볼 때 가족갈등 해결 시 타인의 의견을 받아들이거나(수용), 자신의 의견을 받아들이도록 하거나(강요), 회피하는 경우가 타협을 하거나 문제 해결을 하는 경우보다 일반적이라는 사실을 알 수 있다. 이 같은 경향은 한편으로는 인식 차이나 이익추구 과정보다는 주로 감정적 차원에서 촉발되는 가족 갈등의 특유의 성격과 관계가 있다고 판단되지만 다른 한편으로 정서적이고 인간중심적 해결을 선호하는 가치 지향의 반영으로 해석할 수 있다.

직장 갈등에 대처하기 위해서 보다 다양한 대처 양식이 적극적으로 적용되고 있음을 알 수 있다. 가족 갈등에 비교해 볼 때 수용을 제외하고 모든 대처행동의 사용빈도가 높다. 구체적인 대처 양식으로는 강요, 수용, 회피 양식을 상대적으로 많이 사용하고 있는데 타협 방식도 상대적으로 적게 사용하고 있다. 이 같은 경향은 가족 갈등 대처 양식과 큰 차이가 없다. 즉 직장 관계라 하더라도 타협과 문제 해결과 같은 쌍방향적이고 과업 지향적 해결 방식보다 수용, 강요, 회피와 같은 일방향성의 관계 중심적 해결 방식을 선호하고 있음

표 2-26. 직장 관계의 갈등 대처 양식(단위 : %)

갈등 대처 양식	자주 그렇게 함	그렇게 한 경우 있음	거의 그렇게 하지 않음	합계
되도록 상대방의 입장이나 의견을 받아들인다(수용)	21.0	65.7	13.3	100.0
서로 양보하여 타협을 시도한다(타협)	7.3	58.7	34.0	100.0
대화와 토론을 통해서 모두에게 도움이 되는 해결책을 찾는다(문제 해결)	19.5	52.7	27.8	100.0
여러 방법을 동원하여 상대로 하여금 내 주장을 받아들이도록 한다 (강요)	21.5	63.4	15.2	100.0
가능하면 논쟁이나 토론을 피한다(회피)	23.0	61.7	15.3	100.0
제3자에게 도움을 요청한다(중재 요청)	5.3	39.6	55.1	100.0

을 알 수 있다. 가족과 직장이 환경과 맥락에서 적지 않은 차이가 있음에도 불구하고 두 가지 대처 양식이 비슷하게 나타난 것은 갈등 대처 시 공통의 문화적 요인이 작용하기 때문으로 판단된다.

한편 이웃 관계의 갈등 대처 양식은 가족과 직장 관계에 비해서 대처 행동 경험이 상대적으로 적다. 갈등 해결을 위한 활동이 활발하지 않다는 의미이다. 강요와 회피 유형이 많은 것은 가족이나 직장 관계와 비슷하지만 수용 양식이 상대적으로 적고 문제 해결 양식이 상대적으로 많은 것은 차이가 있다. 이웃과 갈등 해결 시 이해관계를 많이 고려하기 때문이다.

전체적으로 볼 때 가족, 직장, 이웃의 갈등 대처 양식은 차이점보다 공통점을 더 많이 보여 준다. 대체로 타협보다 강요와 회피 양식을 선호하며 문제 해결 방식은 자주 사용하기도 하지만 사용하지 않는 사람도 많다. 가족, 직장, 이웃의 일상생활 영역의 특징에도 불구하고 이웃 관계의 일부 특징을 제외하고 갈등 대처 양식에 크게 영향을 미치지 못한다. 과업보다 사람을 중심으로 하는 관계주의적 해결에 대한 문화적 선호로 요약할 수 있는 한국사회의 갈등 대처 양식은 갈등 관리와 해결에 있어서 문화적 요인이 적지 않게 작용하고

표 2-27. 이웃 관계의 갈등 대처 양식(단위 : %)

갈등 대처 양식	자주 그렇게 함	그렇게 한 경우 있음	거의 그렇게 하지 않음	합계
되도록 상대방의 입장이나 의견을 받아들인다(수용)	11.4	67.1	21.6	100.0
서로 양보하여 타협을 시도한다(타협)	6.8	46.6	46.6	100.0
대화와 토론을 통해서 모두에게 도움이 되는 해결책을 찾는다(문제 해결)	21.3	47.1	31.6	100.0
여러 방법을 동원하여 상대로 하여금 내 주장을 받아들이도록 한다(강요)	19.8	58.3	21.8	100.0
가능하면 논쟁이나 토론을 피한다(회피)	19.3	55.5	25.1	100.0
제3자에게 도움을 요청한다(중재 요청)	5.5	37.6	56.9	100.0

있음을 보여 주는 사례로 평가된다.

5. 요약 및 결론

지금까지 조사 결과에서 나타난 한국인의 갈등 의식, 갈등 경험 그리고 갈등 대처 양식의 일반적 특징을 살펴보았다. 끝으로 주제별로 발견된 주요 경향을 한국사회의 갈등 해결에 지니는 함의를 중심으로 정리해 보기로 한다.

먼저 의식하고 있는 갈등과 경험하고 있는 갈등 모두에서 한국사회는 대단히 심화된 '갈등사회'의 특징을 드러내고 있다. 이 책의 1장에서도 이미 지적된 바 있지만 현재의 갈등, 10년 전과 비교한 갈등에서 예사롭지 않은 심각성을 보여 준다. 또한 국민들 사이에 인식의 차이가 별로 크지 않은 동질화 양상을 띠고 있기도 하다. 사회성원들에 의해 보편적으로 공유되고 있는 의식으로서의 심화된 사회 갈등은 객관적으로 심각한 갈등 현실을 반영한다고 볼 때 갈등의 바람직한 해결을 촉구하는 배경으로 작용할 수 있다. 그러나 다른 한편 현저하게 높은 일상화된 갈등에 적응하는 특유의 적응 기제를 나을 수 있음에 유의해야 한다. 당연시하는 '사회상社會像'으로서의 갈등사회에서는 사회규범의 정상성에 대한 회의가 확산되고 타인과 사회에 대한 부정적 인식이 지속되어 자칫 규범적 소통 대신에 비규범적 대응이 사회 저변에 관습화될 수 있다. 특히 조사 결과 실제 생활에서 경험하는 갈등 역시 일상적 수준에 이르고 있어 의식과 경험이 서로 영향을 주고받으면서 갈등사회에 대한 비관적 전망이 현실화될 가능성도 적지 않다.

갈등 인식에 있어서 일관되게 발견할 수 있는 또 다른 경향은 '경제적 갈등'의 민감성과 현저성이다. 계급 갈등은 가장 두드러진 갈등으로 일관되게 지적되고 있으며 현재 사회 전반의 갈등이나 과거와 비교한 사회 전반의 갈등을 평가하는 대표적 준거로서 작용하고 있다. 계급 갈등은 한국사회에서 가장 민감하고 파급성이 강한 갈등이라는 의미이며 계급 갈등의 해소와 해결이 사회 전반 갈등 해결을 위한 핵심 과제임을 확인할 수 있다. 동시에 조사 결과는 계급 갈등에 대한 인식이 이념의 차원보다 빈부격차나 양극화와 같은 경험적이고 현실적 이슈로부터 영향을 받고 있어 현실적 경제 문제 해결이 계급 갈등 극복의 효과적인 방안이라는 사실을 시사한다. 이는 이념 갈등이 심각하지 않다는 의미는 아니다. 반대로 이념 갈등은 매우 심각하고 인식하고 있는 갈등의 하나이지만 친북, 반북이나 경제적 평등과 경제성장의 이론적 문제보다 FTA 경제 개방과 같이 직접적 이해와 관련된 이슈를 보다 중시한다는 뜻이다.

바람직한 갈등 해결 방법과 관련한 조사 결과는 상호 모순되는 측면이 없지 않으나 갈등사회에 대한 낙관적 전망을 가능하게 하는 결과가 적지 않다. 갈등의 심각성에도 불구하고 갈등의 기능과 해결을 긍정적으로 보는 견해가 우세하며 잘 해결되면 사회 발전에 도움이 된다고 하는 인식이 훨씬 많다. 또한 당사자 간 해결이 어려운 경우에 제3자를 통한 해결과 조정을 시도하는 등 생산적 해결에 대한 선호도도 매우 높다. 적어도 국민 스스로 밝힌 바람직한 갈등 해결 방법은 위에서 지적한 갈등 의식에 대한 비관적 진단과 대조적이다. 그러나 동시에 갈등 해결 시 국가를 비롯한 공적 역할에 대한 신뢰와 기대는 높지 않다는 사실에 유의할 필요가 있다. 정치적 갈등에 대한 평가가 매우 부정적이며 법적 해결에 대한 기대나 국가의 개입을 그다지 탐탁지 않게 생각하고 있다. 즉 갈등의 합리적 해결을 위한 제도화가 필요하지만 국가가 직접적으로 관여하는 방식은 바람직하지 않다는 것으로 갈등 해결을 위한 제도화의 구체적인 방향을 명확하게 보여 준다.

지금까지 설명한 갈등 인식이나 바람직한 해결 방안 등에 관한 일반적 경향은 갈등 상황의 심각성에도 불구하고 국민들이 매우 합리적이고 현실적 근거에서 갈등 현실을 인식하고 있음을 알 수 있다. 사회적 차원에서 다양한 갈등의 원인과 차원들을 명확하게 구분하고 있으며 매우 합리적인 갈등 해결 방안을 모색하고 있다. 반면 일상생활에서의 대인 갈등의 실제 대처 양상은 합리적이라기보다 감정적이며 생산적이라고 보기도 어렵다. 타협보다는 강요와 회피 양식이 일반적이며 상황에 따른 전략적 대응이 이루어지지 않고 있다. 이 같은 결과는 대인 갈등의 해결 시 사람 관계를 중시하는 문화 전통의 영향으로 해석할 수 있겠지만 대인 갈등의 합리적 해결을 위해서는 갈등의 원인을 객관화하고 타협과 문제 해결을 통한 갈등 대처 양식이 보다 강조되어야 함을 시사한다. ■ 김선업 · 윤인진

제3장

갈등 과정과 사회집단의 영향력 평가[1)]

1. 서론

많은 학자들은 현대사회를 탈산업사회, 포스트모던 사회, 혹은 네트워크 사회 같은 개념으로 설명한다. 이런 개념의 몇몇 특성은 한국사회에서도 일정 부분 관찰되기도 한다. 그러나 이러한 개념들은 지금 단계에서 한국사회의 근본적인 특성을 보여 주기에는 다소 미흡하다. 보다 포괄적인 개념 중에서 가장 주목받는 개념이 갈등사회이다. 근대 산업사회에서 사회 갈등은 계급 및 계층을 중심으로 형성되었다. 국가와 시민, 자본과 노동계급 갈등이 주요 갈등 양상으로 나타났다. 그러나 탈근대사회 혹은 현대사회에서 사회 갈등은 계급 및 계층 외에 성, 연령, 세대, 종교, 인종 및 민족, 장애 여부, 성정체성 등 다양한 사회문화 영역에서 발생하고 있다. 또한 서구 선진사회에서는 성, 인종, 계층/계급이 복합적이고 중층적으로 상호 연관되어 있다. 따라서 현대사회에서 사회 갈등과 불평등의 복합성과 중층성에 주목할 필요 있다(고려대 BK21갈등사회교육연구단, 2006).

이러한 사회 환경의 변화에 따라 현대 사회에서 다양한 행위 주체들이 수없

---

1) 《한국사회》(2008년 9집 1호)에 게재된 논문을 수정, 보완한 것이다.

이 다양한 일상적 문제를 쟁점화하여 새로운 갈등 구조가 생산되고 있다. 이런 현상을 두고 학자들은 '사회운동사회' 혹은 '갈등정치' 등으로 개념화하기도 한다. 더나가 갈등이 보편화되고 일상화되고 있다는 점에서 현대사회를 갈등사회로 규정하기도 한다. 아울러 현대 갈등사회에서는 공공 영역뿐만 아니라 시민사회 영역에서도 갈등이 빈번히 발생한다(조대엽, 2007).

이러한 갈등사회는 몇 가지 특징이 있다. 첫째, 근대 산업사회에서 주로 정부가 갈등의 통제 및 관리의 주체였다. 그러나 갈등사회에서는 더 이상 정부만으로 갈등 관리가 어렵다. 다양한 사회집단이 갈등의 주체이자 갈등 관리의 주체로 등장하였기 때문에 갈등 해결을 위한 민관 파트너십과 협치協治 혹은 거버넌스governance가 필요하다. 둘째, 갈등사회에서 갈등은 해소되는 것이 아니라 관리되는 것으로 볼 수 있다. 어떻게 본다면 갈등은 사회통합을 저해하기만 하는 것이 아니라 새로운 아이디어를 창출하고 보다 높은 수준에서 사회를 통합하는 순기능을 갖고 있기도 한다. 실제로 사회적 통합 및 합의가 잘된 국가들이 국가경쟁력이 높은 것으로 밝혀지고 있다. 따라서 갈등을 잘 관리하여 분산된 사회적 에너지를 통합할 필요가 크다.

특히 지난 한 세기 동안 다른 사회에 비해 급격한 사회 변동을 겪은 한국에서 갈등사회는 그 중요성이 더욱 크다. 한국사회는 그동안 한 마디로 압축성장이라고 불릴 정도로 경제성장을 이루었고 이에 따라 다양한 분야에서 변화를 겪어 왔다. 그런데 이러한 급격한 변화의 이면에는 권위주의 정부에 의한 일방적인 통제라는 측면이 존재하고 있다. 분명히 사회 각 분야의 다양한 요구와 이견이 존재했었고, 급격한 사회 변화와 경제 성장으로 인해 그 정도는 아마 더 컸을 것이다. 그러나 권위주의 정부 아래에서는 표면적으로 시회에서 여러 집단 사이에 존재하는 갈등이 일방적으로 통제되어 왔다. 이 당시에는 사회학자인 다렌도르프가 언급한 것처럼 사회 갈등이 표면화되지 않고 잠재적으로 존재한 왔던 것이다(Dahrendorf, 1958 ; 1959).

그러나 권위주의적 정부와 군부의 퇴장 그리고 민주주의의 발전에 따라 잠재되어 왔던 각종 갈등 요인들이 분출되어 왔다. 예를 들면, 노사 갈등의 경우는 1987년 6·29선언 이후에 폭발적으로 발생하게 되었다. 1987년에는 총 3,748건이 발생하였다. 그 정도도 매우 강해서 시위, 농성 및 파업이라는 극한적 대립 상태가 이루어지곤 했다. 물론 1988년에 들어오면서 쟁의건수가 1,873건, 1989년에 1,616건, 1990년에 322건, 1991년에 234건으로 매년 지속적으로 감소하고 갈등의 정도도 다소 누그러들었다(배무기, 1991). 물론 이러한 사건과 이슈들을 해결해 나가는 과정에서 한국사회의 대표적인 갈등 현상인 노사 관계는 점차 새로운 모습으로 변화되었다.

다른 분야에서도 다양한 형태의 갈등 양상이 벌어지고 있다. 북한산국립공원 관통 외곽순환도로의 건설 과정이나 중저준위 방사성 폐기물 처리장 선정 과정에서 볼 수 있듯이 사회적으로 큰 파장을 불러온 갈등 상황이 벌어졌다. 특히 기존에 정부 주도하에 일방적으로 이뤄졌던 각종 국책 사업에 대해 시민단체를 비롯한 각종 집단의 반대 운동이 벌어지고 있다(구자건·이무춘, 2008).

한마디로 사회 갈등이 다양한 방식으로 우리 일상에 다가오고 있다. 한국사회에서 나타난 사회 갈등의 증가에 따라 이에 대한 사회적 관심과 연구도 증가하고 있다. 특히 최근에는 그러한 관심이 거시적인 측면에만 머물지 않고 구체적이고 심층적인 측면으로 옮겨 가는 추세이다. 특히 갈등 과정에 중앙정부뿐만 아니라 다양한 집단과 기관이 관여함에 따라 이들의 행위나 그 함의에 대한 관심이 높아지고 있다. 그러나 갈등 과정에서 이들 기관들에 대한 일반적인 한국인의 평가에 관해서는 구체적인 연구 결과가 드물다.

이 연구에서는 한국사회에서 일반 사람들이 가지고 있는 각종 기관이나 단체에 대한 전반적인 이미지와 평가를 갈등이라는 측면에서 살펴보고자 한다. 아울러 이러한 평가를 갈등 유발과 해소라는 두 가지 차원으로 요약해 보고자 한다. 이는 갈등 과정을 일종의 문제의 발생과 해소라는 흐름으로 보는 것이다. 사실 사회과학 내에서 갈등을 하나의 과정이나 흐름으로 보는 것은 하나의 전통으로 볼 수 있다. 마르크스나 베버 같은 고전학자들의 논의뿐만 아니라 여러 학자들에 의해 갈등은 사회에 내재되고 필수적인 하나의 과정으로 간주되어 왔다. 심지어 짐멜Gimmel의 경우는 갈등을 일종의 사회화 과정에서 중요한 의미를 지니고 있는 것으로 여겨졌다. 이러한 짐멜의 생각은 다양한 학자들에 의해 발전되고 있다(Ross, 1920 ; Coser, 1956).

이러한 갈등 과정에서 발생과 해결이라는 측면을 살펴보기 위하여 일반적으로 사회적 신뢰 연구에서 평가 대상인 여러 사회 기관과 단체를 평가 대상으로 한다. 그리고 몇 가지 중요한 사회경제적 배경을 기준으로 그 평가 차이를 살펴볼 것이다. 예를 들면, 한국사회처럼 급격한 사회일수록 세대 문제가 중요하게 부각된다. 왜냐하면 사회 변동의 폭이 크고 속도가 빠를수록, 세대 간 갈등의 폭 또한 커질 잠재성이 크기 때문이다. 실제로 문화에 관한 대규모 국제 비교 조사 결과에 따르면, 한국사회는 매우 큰 세대 차이를 보이는 사회라고 알려져 있다(Inglehart, 1997). 많은 학자들은 한국사회의 각종 현상을 설명하는 주요 원인으로 세대 차이를 꼽고 있다. 그리고 세대 차이의 영역과 내용에 대한 연구 결과가 발표되고 있다(박재홍, 1992 ; 박재홍, 2001 ; 박길성, 2002 ; 황상민 · 김도환, 2004).

이 연구는 갈등 과정에 관련된 여러 집단에 대한 일반인들의 이미지와 평가를 통해 현재까지 한국사회에서 전개되어 온 갈등 과정을 살펴본다. 특히 갈등 원인과 해소 노력이라는 두 가지 차원에 초점을 맞추고자 한다. 물론 이 연구는 순하게 학문적인 연구 그 자체에서만 머물지 않을 것이다. 무엇보다도 이러한 두 가지 차원에 초점을 두는 이유는 무엇보다도 각종 기관이나 단체의 갈등의 유발과 해 결과의 관련성을 찾아보고자 하기 때문이다. 아울러 적어도 주관적인 측면에서 갈등의 유발과 해결 방식을 포함한 한국사회의 갈등 과정을 이해하는 데 도움을 줄 것이다.

아울러 이 연구를 통해 사회의 통합과 갈등 조정에 필요한 기초 자료를 확보할 수 있다. 갈등이 일상화된 갈등사회로의 변화는 사회통합의 문제와 더불어 갈등 조정의 문제를 안겨다 줄 가능성이 크다. 기관과 단체에 대한 주관적인 평가를 포함하는 기초적인 조사는 이러한 문제에 대처하는 데 기본적인 자료를 제공해 줄 것이다.

마지막으로 장래에 필요하게 될 각종 갈등 조정 정책 수립에 중요한 자료가 될 수 있다. 한국사회에서 갈등문제는 적어도 상당한 기간 동안 사회적 쟁점으로 부각될 가능성이 크다. 새로운 형태의 갈등문제가 발생했을 때 국가나 지역사회가 참조할 수 있는 자료를 제공할 것이다. 기존 갈등 과정에 포함된 기관과 단체에 대한 일반 국민들의 생각과 평가는 관련 정책을 형성하는 데 중요한 역할을 할 것으로 기대한다.

2. 갈등 과정과 평가

독일의 사회학자인 짐멜에 의해 제시된 갈등 과정에 대한 이론은 갈등과 참여 행위자인 조직이나 집단 사이의 관계에 초점을 맞추고 있다. 이 이론의 가장 기본적인 가정은 갈등이 조직과 집단 사이의 관계에서 발생하고 결과도 그러한 조직과 집단에 중요한 영향을 준다는 것이다(Goldman, 1966). 구체적으로 이 이론에서는 갈등을 연구하는 데 있어서 갈등의 각 변화 단계에서 조직이나 집단과의 관련성을 중요한 연구 주제로 삼고 있다. 예를 들면, 집단의 갈등 야기 방식, 갈등 해결 방식, 그리고 갈등 과정이 조직이나 집단에 미치는 영향이 중요한 연구 영역이다.

갈등 과정에 초점을 맞춘 이 이론의 기본적인 주장은 다음과 같은 몇 가지 측면으로 요약해 볼 수 있다. 첫째, 사회 갈등은 두 개 이상의 집단에 의해 발생한다. 이러한 갈등은 대개 해결되는데, 이 해결은 확정적이지 않다. 유사하거나 새로운 형태의 갈등이 발생할 수 있다. 즉 사회적 갈등은 일종의 주기cycle를 보인다. 둘째, 갈등은 크게 세 가지 쟁점을 포함하고 있다. 이러한 쟁점에는 과업-기대task expectation에 관한 불일치, 역할 수행role-performance에 대한 불일치, 상황conditions에 대한 불일치가 포함되어 있다. 셋째, 갈등 해결은 일종의 형식화 과정을 겪게 된다. 이러한 형식화 과정은 관련된 행위자들에게 일종의 사회화 과정이다. 즉 갈등 과정은 단순한 문제 발생과 해결 과정이 아니라 관련 행위자들 사이의 상호 작용을 포함하는 역동적인 과정이라는 것이다.

따라서 이러한 갈등 과정은 어떠한 종류의 행위자가 포함되었는가에 따라 그 특징이 달라질 것이다. 이러한 점에서 그동안 한국사회에서 전개된 갈등 과정은 한국사회의 변화 과정과 밀접한 관련이 있을 것이다. 특히 여기에서는 일종의 압축적 근대화compressed modernization 혹은 압축적 과정compressed process에 주목할 필요가 있다(Koo, 1990 ; 장경섭, 2008). 압축된 근대화는 200년 이상 장기간에 걸친 서구사회의 근대화에 비해 한국사회의 근대화는 초고속으로 이루어진 것을 강조한 개념이다. 이러한 압축적 과정에서 때로는 근대화에 수반하는 다양한 형태의 과정이 생략되기도 하고, 이질적인 요소가 동시대에 존재하기도 하였다. 때로는 이러한 변화 속에서 각 요소들 사이에서 불균등한 변화가 나타나기도 하였다.

그런데 이러한 특징은 한국사회에서 갈등 발생에 중요한 의미를 가지고 있다. 압축적 성장 과정에서는 안전보다는 높은 위험을 추구하고, 체계적인 수준보다는 개인적 수준의 기회주의적, 투기적 행태를 지향한다는 것이다. 게다가 권력의 사유화에 따른 공공 영역이 제대로 유지되지 못하였다는 것이다. 따라서 많은 사회 구성원들 사이에 사회적 소통체계가 왜곡되었고, 사회적 합의가 이루어지지 못한 상태에서 외형적인 결과를 창출하기 위한 노력이 집중되었다. 이러한 신뢰 부재, 왜곡, 합의 부재 상태는 당연히 사회 갈등으로 이루어졌다. 게다가 한국사회처럼 사회 변동의 폭이 크고 속도가 빠를수록, 집단 간 갈등의 폭 또한 커질 잠재성이 크다. 예를 들면, 문화에 관한 대규모 국제 비교 조사 결과에 따르면, 한국사회는 매우 큰 세대 차이를 보이는 사회라고 알려져 있다(Inglehart, 1997). 많은 학자들은 한국사회의 각종 현상을 설명하는 주요 원인으로 세대 차이를 꼽고 있다(박재홍, 1992 ; 박재홍, 2001 ; 박길성, 2002 ; 황상민 · 김도환, 2004). 다만 권위주의적 정부에서는 이러한 갈등이 잠재적이었으나 민주화와 더불어 갈등이 현실화된 것이다(그림 3-1참조).

그림 3-1. 압축적 성장과 갈등과의 연계성

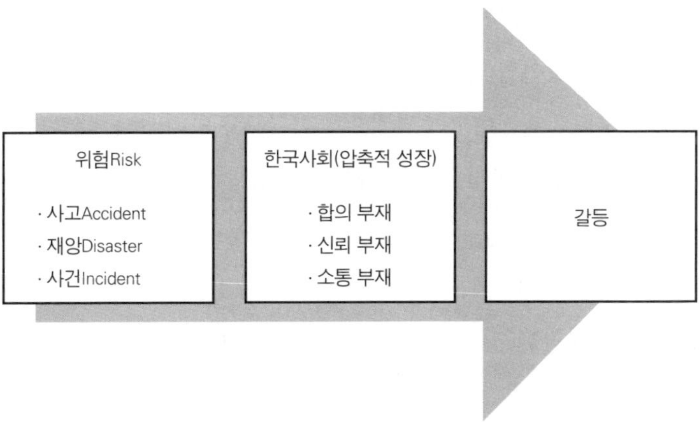

이러한 불균등한 변화는 갈등 과정에 관련된 여러 사회 집단의 역할에도 중요한 함의를 가지고 있다. 즉 서구사회에서는 통치를 기본으로 하는 국가(정치 분야)와 영리활동의 기업(경제 분야) 이외에도 시민사회 영역이 비교적 오랜 기간 동안 성장해 왔다. 물론 민주주의 확산과 물질적인 풍요가 시민사회의 중요한 기반이라 할 수 있다. 그러나 한국사회에서 그동안 국가와 기업이 상대적으로 과도한 기능을 수행해 오고 있다. 그 만큼 언론을 제외한 시민사회의 기능은 제한적이었다. 사실 최근에 정치나 행정 분야에서 협치governance에 관한 논의나 기업의 사회적 공헌corporate social responsibility에 관한 논의도 일정 부분 이러한 불균형에 대한 반성이라고도 해석할 수 있을 것이다(이상민, 2002 ; 박종민 · 김왕식, 2005).

따라서 만약에 이러한 국가, 기업, 시민사회의 다양한 집단을 갈등 과정과 관련하여 살펴본다면, 이러한 불균형이 나타날 수 있을 것이다. 전통적인 정치 분야와 기업 분야가 갈등 과정에 상대적으로 관련성이 많다면, 상대적으로 시민사회는 그 관련성이 적을 것이다. 아울러 균형을 잡아간다는 점에서 갈등 문제 해결에서 시민사회가 차지하는 중요성이 점점 커질 것이다.[2)]

그러나 이러한 갈등 과정을 직접적으로 다루는 것은 용이하지 한다. 일반적으로 갈등 과정에는 다양한 집단이 존재할 뿐만 아니라 전국적 수준에서는 그 과정을 분석하기 어렵다. 따라서 대규모 수준에서 갈등을 다루는 여러 연구에서는 이 주제를 간접적이고 주관적으로 접근하고 있다. 물론 많은 연구자들은 주관적 평가가 갈등 과정을 과연 과학적이고, 합리적으로 측정 가능한가에 관해 이의를 제기하기도 한다. 그 이유는 갈등 과정이 논리적이고 합리적으로 파악될 수 있는 대상이 아니기 때문이다. 갈등 과정에 대한 평가는 사회화의 영향을 통해 내재화되는 직관적이고 감정적인 반응의 영역과 관련이 깊기 때문이다(Reed, 2000).[3)]

그럼에도 불구하고 이 연구에서는 갈등 과정에 대한 대규모 의식 조사를

---

2) 예를 들면, 사회집단에 대한 신뢰도 조사에서 시민단체는 2003, 2004년 연속 1위를 차지했고, 2005년도에는 4위를 차지했다. 이 밖에 상위를 차지한 사회집단으로 종교계, 대법원 등으로 나타났다(EAI, 2005).

3) 사실 실증주의의 영향 속에서 오랜 기간 동안 연구자들은 객관적으로 측정 가능하고 관찰 가능한 대상만을 과학적 탐구의 대상으로 간주해 왔다. 따라서 외부적으로 표현되고, 쉽게 측정이 가능한 인간의 행동이나 합리성에 기반을 둔 행동 양식에 대해서는 사회과학의 전 영역에 걸쳐 많은 경험적 연구들이 수행되었다. 그러나 최근에는 갈등 같은 인간의 주관적 감정은 합리적으로 측정되거나 예측될 수 있다는 연구 성과가 축적되면서 이 분야의 조사 방법의 타당성이 인정되고 있다.

바탕으로, 한국사회에서 갈등 원인과 결과에 대해 어떤 평가가 이루어지고 있는가를 살펴보고자 한다. 특히 양적인 측정값을 산출하여, 그동안 다소 막연하게 생각하고 있던 모습을 보다 구체적이고 객관적으로 보여 주고자 한다. 이를 통해 갈등 과정과 원인을 탐구하기 위한 기초 자료를 산출하고자 한다.

3. 분석 결과

1) 갈등 원인에 대한 평가

〈표 3-1〉은 갈등 원인에 대한 응답자들의 의견을 보여 주고 있다. 응답 비율이 가장 높은 항목은 응답자 60.2%가 선택한 '서로 자신만의 이익이나 주장만 앞세워서'이다. 그 다음으로는 '기존에 가진 사람이나 집단들이 양보하지 않아서'로 응답자의 15.3%가 응답하였다. '갈등을 효과적으로 조정할 수 있는 제도가 미비해서'라고 갈등 원인을 본 응답자는 전체의 12.8%로 나타났다.

표 3-1. 갈등 원인에 대한 응답 결과(단위 : 명, %)

		사례 수	서로 자신만의 이익이나 주장만 앞세워서	기존에 가진 사람이나 집단들이 양보하지 않아서	갈등을 효과적으로 조정할 수 있는 제도가 미비해서	서로에 대한 이해의 부족으로	갈등을 부추기는 사람들 때문에
전체		1,500	60.2	15.3	12.8	7.5	4.3
성별	남자	752	59.5	16.9	10.4	7.6	5.6
	여자	748	60.9	13.6	15.2	7.3	3.0
연령	만20-29세	394	60.8	15.5	15.5	6.0	2.2
	30-39세	434	54.1	19.4	14.1	7.8	4.6
	40-49세	418	65.5	12.5	10.6	6.8	4.6
	50-59세	254	61.0	12.5	9.8	10.1	6.6

한편 '서로에 대한 이해', '갈등을 부추기는 사람들'을 주된 이유로 보는 응답자는 각각 7.5%와 4.3%로 나타났다.

이러한 응답 결과를 볼 때, 응답자 대부분은 갈등 관련자나 집단에 갈등의 원인이 있다고 판단할 수 있다. 아울러 갈등 원인이 이해 당사자 중 가진 사람이나 집단에 있다고 보는 응답자와 이해 당사자에 있다고 보는 응답자를 포함한다면, 이 비율은 약 87%에 이른다. 반면에 갈등의 원인을 갈등 해결 기제나 제도의 미숙으로 보는 응답자는 12.8%에 불과하다.

응답자들의 갈등 원인에 평가는 응답자들의 특성별로도 크게 차이가 없다. 다만 몇 개 항목에서는 특성별 차이가 나타난다. 성별로는 '가진 자의 잘못이 크다'는 항목에는 남성의 응답 비율이 큰 반면에, '제도의 미비' 항목에는 여성의 응답 비율이 상대적으로 많다. 그 다음 연령별로도 부분적으로 차이를 보이고 있다. '가진 자의 잘못이 크다'는 항목에 대해 30대의 응답이 많은 반면에, '제도 미비' 항목에 대해서는 20대의 응답이 상대적으로 많다.

이러한 결과를 고려해 볼 때, 아직까지는 한국사회에서 갈등의 발생과 관련하여 갈등 조정의 필요성과 중요성에 대해서 일반인들 사이에서 충분한 공감이 이루어지지 못하고 있다고 볼 수 있다. 물론 전반적인 정책과 사업 규모와 시민들의 의식 수준을 고려해 볼 때 사회적으로 갈등 조정의 필요성이 실제로 매우 커지고 있다. 그러나 이에 대한 사회 전반적인 이해가 못 미치고 있다. 아직까지 갈등을 문제로 보고 당사자들이 스스로 알아서 해결해야 하는 것으로 간주하는 시각이 우세한 것이다.

2) 사회집단과 갈등 원인

〈표 3-2〉는 한국사회에서 중요한 사회집단이 갈등에 얼마나 책임이 있는가에 대한 응답 결과를 보여 주고 있다. 사실 평가 대상이 되는 사회집단을 선정하는 것 자체가 결과에 영향을 줄 수도 있다. 여기에서는 다양한 사회조사에서

표 3-2. 사회집단과 갈등 원인(명, %)

	책임이 거의 없다	책임이 없는 편이다	뭐라 말하기 어렵다	책임이 큰 편이다	책임이 매우 크다	평균	표준편차
중앙정부	0.0	0.7	16.0	50.5	32.8	4.15	0.69
지방정부	0.1	1.3	23.3	58.0	17.3	3.91	0.68
대통령	0.5	2.9	24.7	37.4	34.6	4.03	0.87
언론	0.0	0.5	10.2	42.1	47.3	4.36	0.67
제계	0.2	1.2	25.3	49.6	23.6	3.95	0.75
노동계	0.2	3.5	35.7	45.3	15.3	3.72	0.78
법조계	0.3	2.3	34.5	42.7	20.2	3.80	0.80
여당	0.2	0.7	20.2	47.7	31.3	4.09	0.73
야당	0.5	0.8	20.3	47.9	30.4	4.07	0.75
종교계	0.4	6.1	43.4	37.4	12.6	3.56	0.80
학계	2.2	11.9	45.0	27.4	13.5	3.38	0.95
시민단체	1.0	7.2	38.6	37.9	15.3	3.59	0.88

평가 대상이 되는 대표적인 12개 집단을 선정하였다. 여기에는 중앙정부, 지방정부, 대통령, 언론, 재계, 노동계, 법조계, 여당, 야당, 학계, 정계, 시민단체 등이 포함되어 있다. 그동안 이러한 개인이나 집단들은 한국사회에서 중요한 기능을 수행한다고 간주되어 왔고, 이에 따라 신뢰도, 효율성 등 다양한 차원에서 평가 대상이 되고 있다(석현호 외, 2004).

먼저 갈등 책임 정도를 전통적인 리커트 척도로 물어보았다. 척도는 책임이 거의 없다, 책임이 없는 편이다, 말하기 어렵다, 책임이 큰 편이다. 책임이 매우 크다 5개 문항으로 구성되어 있다. 이러한 항목 모두 12개 평가 대상별로 비교하기는 쉽지 않다. 따라서 일종의 요약 정보가 필요하기 때문에 척도별로 점수를 부여하였다. 즉 가장 정도가 약한 항목인 '책임이 거의 없다'에 1점을 부여하고, '책임이 매우 크다' 항목에 5점을 부여하였다.

전반적인 결과는 응답자들은 그동안 한국사회에서 중요한 역할을 한 각종 사회 집단에 대하여 책임이 큰 것으로 본다는 것이다. 응답자들은 거의 대부분 사회집단에 대해 책임이 큰 것으로 판단하였다. 다만 상대적으로 학계와 시민단체에 대해서는 책임 정도가 작은 것으로 나타났다. 다른 집단에 대해서는 책임이 없다라고 평가하는 응답자가 5% 이하인 반면에, 학계와 시민단체에 대해서는 약 10% 정도의 응답자들이 책임이 없는 것으로 평가하였다.[4)]

척도로 환산하여 계산한 평균값은 이러한 응답 유형을 요약한 값이다. 물론 이 값은 서열척도의 각 항목을 일종의 등간척도로 간주하여 단순하게 점수를 부여하였다. 따라서 점수 자체가 절대적인 의미를 갖고 있기 보다는 상대적으로 비교를 위해 점수를 이용할 필요가 있다.

〈그림 3-2〉와 〈그림 3-3〉에 제시된 평균값과 표준편차를 살펴보면, 몇 가지 사실을 알 수 있다. 첫째, 만약에 중간값을 3으로 가정할 때, 모든 사회집단이 보통보다는 높은 평가를 받았다고 할 수 있다. 즉 모든 집단이 한국사회의 갈등에 대해 책임이 크다는 평가를 받았다. 적어도 사회 갈등이라는 측면에서 주요 사회 집단이 자유로울 수 없다는 것이다. 대부분 응답자들은 주요 사회집단이 바로 갈등 원인 당사자로 보고 있다는 것이다.

둘째, 이러한 전반적인 평가와 더불어 사회 집단별로 다소 차이가 나타난다. 갈등 책임이 가장 크다는 평가를 받는 집단은 언론이다. 책임 정도의 평균값이 4.36에 이른다. 그 다음으로는 중앙정부(4.15), 여당(4.09), 야당(4.07), 대통령(4.03) 순으로 나타나고 있다. 반변에 책임 정도가 상대적으로 낮은 집단은 학계이다. 책임 정도의 평균값이 3.38로 나타나고 있다. 그 다음으로는 종교계(3.56), 시민단체(3.59) 순으로 나타나고 있다. 이러한 점에서 한국사회 특히 정치 분야에서 중요한 역할을 해 온 정계나 언론계가 적어도 갈등 조정과

4) 이러한 결과는 신뢰도에 대한 조사 결과와 유사하다. 전통적으로 신뢰도가 가장 낮은 분야는 정치계이다. 예를 들면, 국회의원과 각 정당에 대한 불신이 상대적으로 높다. 정부 부처와 청와대, 지방정부와 노동조합 등의 신뢰도 역시 상대적으로 낮았다. 반면에 의료계와 학계는 꾸준히 높은 신뢰를 받고 있다(중앙일보, 2007).

그림 3-2. 사회집단의 갈등 책임 정도

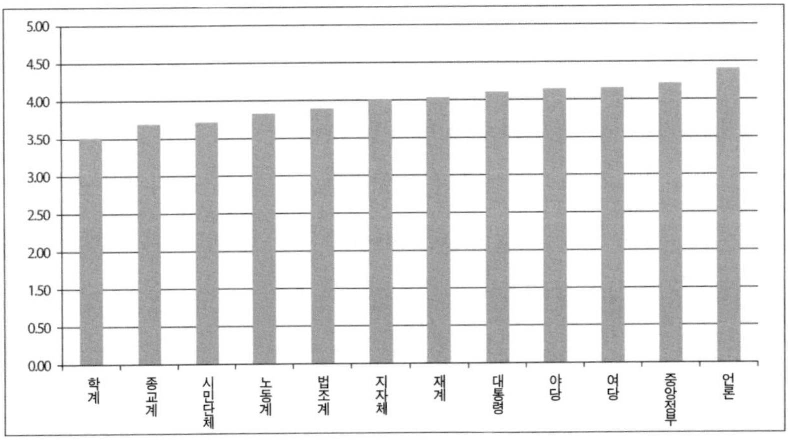

그림 3-3. 사회집단과 갈등 책임 정도—평균값과 표준편차

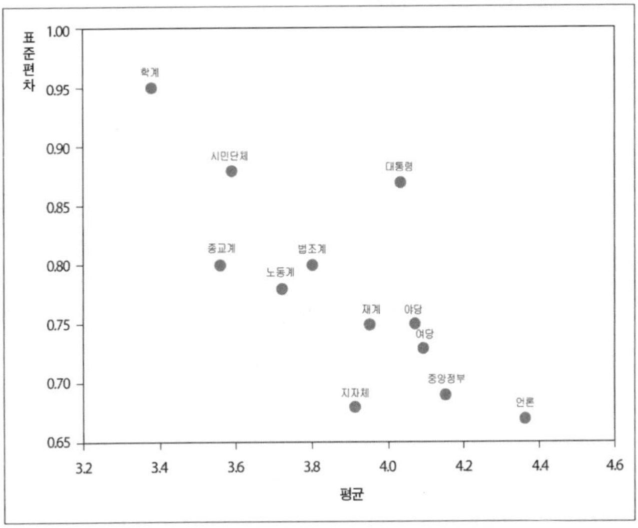

관련해서는 상대적으로 그 역할에 한계가 있을 것이다. 반면에 여러 가지 논란에도 불구하고, 직접적인 갈등 이해 당사자가 아닌 학계, 종교계, 시민단체의 역할이 갈등 해결 과정에서 앞으로 보다 중요할 것이다.

셋째, 평가 정도는 평가의 분포 다시 말하자면 평가의 다양성과 관련이 깊다. 〈그림 3-3〉은 각 사회 집단의 갈등 책임 정도의 평균값을 각각의 표준편차와 비교한 결과를 제시하고 있다. 분석 결과는 상대적으로 책임감이 높은 평가를 받는 집단에 대해 응답자들의 의견 일치도가 높다는 사실을 보여 주고 있다. 갈등에 책임이 가장 많다라는 평가를 받은 언론이 가장 낮은 표준편차 값을 보여 주고 있다. 반면에 갈등에 책임이 가장 적은 평가를 받은 학계는 가장 높은 표준편차 값을 보여 주고 있다. 학계의 책임에 대하여 응답자들의 의견이 상대적으로 다양하다는 것이다. 이러한 경향에서 예외적인 대상은 대통령이다. 이는 지난 정권에서 노무현 대통령을 둘러싼 국민들의 다양한 의견 차에 근거한 것으로 보인다.

〈표 3-3〉은 사회집단의 갈등 책임 정도에 대한 평가를 주요 배경 변수별로 구분해 본 것이다. 여기에서는 성별, 연령별, 교육 수준별 차이가 존재하는가를 F-test를 통해 살펴보았다. 먼저 성별 차이를 보면, 주로 갈등 책임 정도가 높은 사회집단에 대한 평가가 남녀별로 달랐다. 반면에 갈등 책임 정도가 상대적으로 적은 종교계, 법조계, 학계에 대한 평가는 성별 차이를 발견하기 어렵다. 일종의 예외라면 시민단체와 노동계에 대한 평가이다. 특히 김대중정부와 노무현정부에서 영향력이 커진 시민단체와 노동계에 대한 평가는 성별 차이가 나타난다.

연령별 차이는 성별 차이와는 다른 양상을 보였다. 물론 중앙정부나 지방정부, 여낭 같이 갈등 책임이 상대적으로 많은 사회집단 대해서는 여전히 평가 차이가 보인다. 하지만 성별과는 달리 갈등 책임이 적은 사회집단에 대해서 연령별 차이를 찾기 어렵다.

표 3-3. 주요 배경 변수별 갈등 책임 정도 평가

	성별		연령		교육 수준	
	F	Sig.	F	Sig.	F	Sig.
중앙정부	14.42	0.00*	8.14	0.00*	2.60	0.02*
지방정부	7.84	0.01*	3.82	0.01*	1.25	0.28
대통령	0.07	0.79	9.86	0.00*	1.44	0.21
언론	9.08	0.00*	0.68	0.57	3.59	0.00*
제계	1.14	0.29	2.13	0.09	2.59	0.02*
노동계	19.08	0.00*	1.42	0.24	2.70	0.02*
법조계	0.03	0.86	4.52	0.00*	1.66	0.14
여당	12.25	0.00*	5.86	0.00*	1.22	0.30
야당	8.19	0.00*	2.70	0.04	0.88	0.49
종교계	0.35	0.55	5.80	0.00*	4.14	0.00*
학계	0.29	0.59	0.88	0.45	0.11	0.99
시민단체	7.66	0.01*	2.27	0.08	1.68	0.14

* p 〈.05

교육 수준별 차이는 성별, 연령별 차이와 또 다른 유형을 보인다. 교육 수준별로 차이를 보이는 사회집단은 대통령, 언론, 제계, 노동계, 종교계이다. 이들 집단에는 갈등 책임 정도가 상대적으로 높은 집단, 중간 집단, 낮은 집단 다양한 형태의 사회집단이 포함되어 있다.

3) 갈등 해소 노력

여기에서는 각 집단이 갈등 해소를 위해 어떠한 노력을 하였는가를 살펴보고자 한다. 이러한 차이를 살펴보는 것은 사회집단이 갈등을 일으키는 존재인 동시에 행위자로 갈등 과정에 깊게 관련되어 있기 때문이다. 〈표 3-4〉는 각 집단별 갈등 해소 노력을 응답자가 어떻게 평가하였는지를 보여 주고 있다. 전반적인 결과는 갈등 원인에 관한 평가와 마찬가지로 사회집단별로 차이가 크게 보이고 있지 않다. 비율 차이가 다소 나타나는 대상은 시민단체, 대통령,

표 3-4. 갈등 해소 노력 정도

	거의 노력하고 있지 않다	대체로 노력하고 있다	많은 노력을 하고 있다	평균값
중앙정부	52.4	44.2	3.4	1.59
지방정부	48.9	48.6	2.5	1.54
대통령	51.8	37.1	11.1	1.74
언론	61.3	35.8	2.8	1.41
제계	60.6	37.7	1.8	1.41
노동계	52.9	42.1	5.1	1.63
법조계	57.4	40.7	1.9	1.44
여당	68.5	29.5	2.0	1.34
야당	71.0	27.2	1.8	1.31
종교계	49.1	48.0	2.9	1.55
학계	48.2	44.0	7.8	1.60
시민단체	61.3	22.0	16.7	1.95

학계 등이다. 시민단체에 대하여 '많은 노력을 하고 있다'라고 응답한 비율은 16.7%로 나타났고, 대통령에 대해서는 같은 항목에 11.1%, 학계에 대해서는 7.8%로 나타났다.

갈등 원인에 관한 논의와 마찬가지로 일종의 요약자료를 구하기 위하여 각 항목에 점수를 부여하였다. 〈표 3-4〉의 마지막 열에 이러한 점수의 평균값이 제시되어 있다. 가장 점수가 높은 집단은 시민단체(1.95)이다. 그 다음으로는 대통령(1.74), 학계(1.60), 중앙정부(1.59) 순서로 갈등 해소를 위해 노력하는 집단으로 평가되고 있다. 반면에 상대적으로 낮은 평가를 받는 집단은 정치계로 나타났다. 야당이 1.31, 여당이 1.34, 언론이 1.41, 제계가 1.41점을 받았다.

〈표 3-5〉는 주요 배경 변수별 갈등 해소 노력에 대한 평가 결과(F-검정의 유의확률)를 제시하고 있다. 성별 갈등 해소 노력 평가 차이는 노력 정도가 상대적으로 낮은 사회집단에서 발견된다. 지방정부, 언론, 제계, 노동계, 법조계가 여기에 속한다. 연령별로는 평가 차이가 좀더 드러난다. 거의 여당과

표 3-5. 주요 변수별 갈등 해소 노력 평가

	성별		연령		교육 수준	
	F	Sig.	F	Sig.	F	Sig.
중앙정부	0.19	0.66	4.77	0.00*	0.78	0.57
지방정부	11.00	0.00*	15.38	0.00*	0.58	0.72
대통령	0.06	0.80	1.46	0.22	0.69	0.63
언론	13.64	0.00*	3.30	0.02*	4.65	0.00*
제계	3.96	0.05*	7.45	0.00*	1.57	0.16
노동계	14.38	0.00*	3.11	0.03*	0.72	0.61
법조계	16.87	0.00*	10.12	0.00*	1.23	0.29
여당	1.27	0.26	1.40	0.24	0.53	0.75
야당	2.54	0.11	4.55	0.00*	0.51	0.77
종교계	0.17	0.68	3.50	0.01*	2.33	0.04
학계	0.34	0.56	5.08	0.00*	1.20	0.31
시민단체	1.11	0.29	0.58	0.63	1.16	0.32

* p 〈.05

시민단체를 제외한 대부분 사회집단의 갈등 해소 노력에 대해 연령별 차이가 나타난다. 마지막으로 교육 수준은 연령별 차이와 반대 경향을 보인다. 대부분의 사회집단에 대해 교육 수준별 차이가 드러나지 않는다. 예외적인 경우는 언론과 종교계이다. 이들에 대해서만 교육 수준별 차이가 통계적으로 유의하지 않다.

4) 사회집단 유형 분류

〈그림 3-4〉는 앞서 논의된 갈등 발생 책임과 해소 노력을 함께 살펴본 결과를 제시하고 있다. 물론 평가 자체가 절대적으로 척도를 기준으로 볼 때 크게 다르지 않다는 문제가 있다. 하지만 여기서는 일단 상대적인 차이에 주목하고자 한다. 두 가지 측면에서 유형을 나누어 본다면 크게 네 가지로 나누어 볼 수 있다. 첫 번째 유형은 가장 부정적인 평가를 받는 사회집단군이다. 이들

그림 3-4. 사회집단에 대한 평가 — 책임과 노력

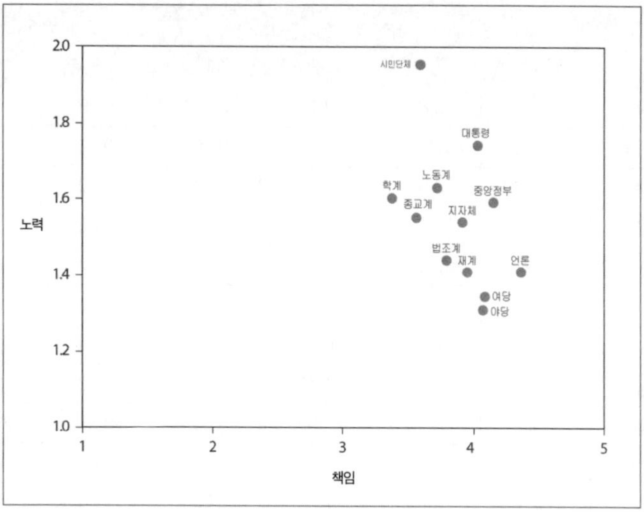

집단은 갈등 책임이 상대적으로 많지만, 노력 정도가 낮은 편이다. 한국사회에서 전통적으로 영향력이 큰 집단인 정계와 언론계가 여기에 속한다. 두 번째 유형은 갈등 책임이 상대적으로 많고, 노력 정도도 높은 편인 사회집단들이다. 여기에는 대통령, 중앙정부 등이 속한다. 세 번째 유형은 갈등 책임이 상대적으로 낮고 노력 정도가 높은 집단들이다. 이 유형에는 시민단체, 학계 등이 포함된다. 네 번째 유형은 갈등 책임과 노력 정도 모두 상대적으로 낮은 사회집단이 포함된다. 이번 조사에서는 이 유형에 특별히 포함되는 사회집단을 찾기 어렵다.

이러한 유형별 차이를 살펴보면, 크게 두 가지로 요약해 볼 수 있다. 첫째, 전통적인 영향력을 행사해 왔던 사회 집단은 갈등과 관련해서는 부정적인 평가를 받고 있다. 둘째, 제3섹터 혹은 독립 섹터라고 불리는 사회 집단은 상대적으로 긍정적인 평가를 받고 있다. 이는 재화와 용역의 배분에 관여하는 국가와 시장이 아닌 시민사회에 대한 주목과 기대와 그 맥을 같이하는 것이다.

4. 요약 및 결론

이 연구에서 갈등 과정 속에서 개별 사회집단의 역할을 전국 규모의 사회조사를 통해서 개인들의 평가를 통해서 살펴보았다. 먼저, 전반적인 갈등 원인에 관해서는 대부분 응답자들은 갈등 당사자의 잘못이라고 평가하는 경향이 컸다. 한국사회에서 갈등 조정과 관리의 중요성이 증가함에도 불구하고, 아직까지 이해 당사자의 문제로 보는 경향이 많다.

둘째, 개별 집단의 갈등 책임과 관련해서는 정치와 시장과 관련된 각종 사회집단의 책임이 상대적으로 더 많다는 평가를 받았다. 동시에 이들 집단에 관한 평가는 응답자 사이에 일치 정도가 높다. 상대적으로 많은 응답자들이 이러한 평가에 동의하였다. 반면에 학계, 종교계, 시민단체 등 시민사회와 관련이 깊은 사회단체는 상대적으로 그 책임 정도가 적다는 평가를 받았다. 이들 사회집단에 대해서는 응답자들의 의견이 상대적으로 다양하다. 하나의 예외는 언론이다. 그동안 한국사회에서 전통적으로 역할이 큰 만큼 갈등에 대한 책임도 강하다는 평가를 받았다. 이러한 갈등 책임에 대한 평가에 대해서는 특별하게 응답자의 배경별 차이가 두드러지지 않았다.

셋째, 갈등 해소와 관련해서는 시민 사회와 관련된 시민단체, 학계 등에 대해 상대적으로 긍정적인 평가가 많았다. 반면에 정계, 언론 등에 대해서는 노력 정도가 낮다는 평가가 많았다. 정계에서 하나의 예외적인 사례는 대통령이다. 적어도 갈등 문제 해 결과 관련하여 대통령의 노력은 다른 사회집단에 비해 상대적으로 높은 평가를 받았다. 이러한 갈등 해소에 관한 전반적인 평가는 대체로 응답자들의 특성에 따라 차이가 나타난다. 특히 각 사회집단의 갈등 해소 노력에 대한 평가에서 연령별 차이가 두드러지게 나타난다. 대부분 사회집단의 갈등 해소 노력에 대해서 연령별 차이를 보였다.

넷째, 이러한 여러 가지 차원에 대한 평가를 기반으로 사회집단을 유형화하면 크게 네 개 집단으로 구별할 수 있다. 첫 번째 유형은 책임은 상대적으로 많지만 노력은 적은 집단이다. 정계, 언론계가 여기에 속한다. 두 번째 유형은 책임은 상대적으로 많고 노력도 많은 집단이다. 대통령, 중앙정부 등 행정부가 여기에 속한다. 셋 번째 유형은 책임은 상대적으로 낮고 노력이 많은 집단이다. 시민단체, 학계 등이 여기에 속한다. 책임도 낮고, 노력도 낮은 집단은 찾아보기 힘들었다.

이러한 결과는 한국사회의 갈등 과정과 사회집단에 관한 주제와 관련해 몇 가지 함의를 던져 주고 있다. 무엇보다도 갈등에 대한 일반 시민들의 이해가 확산될 필요가 있다. 아직까지는 한국사회에서 갈등의 발생과 관련하여 갈등 조정의 필요성과 중요성에 대해서 일반인들의 충분한 공감이 이루어지고 있지 못하다. 갈등 조정의 필요성이 실제로 매우 커지고 있음에도 불구하고, 이에 대한 사회 전반적인 이해가 못 미치고 있다는 것이다. 아직까지 갈등을 문제로 보고 당사자들이 스스로 알아서 해결해야 하는 것으로 간주하는 시각이 우세한 것이다. 따라서 앞으로 이러한 소극적인 자세를 넘어서서, 갈등을 관리하고 조정하려는 적극적인 자세를 유도하기 위한 정책적 접근이 더욱 필요하다고 생각한다. 특히 전문가들에 대한 교육뿐만 아니라, 일반 국민들에게 갈등 조정과 이해의 필요성을 강조할 수 있는 교육이 절실히 요구된다.

아울러 최근에 들어 시민단체에 관한 평가에서 다소 논란의 여지가 있지만, 시민 사회의 성장과 역할에 대해서 전반적으로 기대감이 높다. 그동안 국가와 시장 부문에서 중요한 역할을 행사했던 각종 사회집단보다는 시민사회와 관련이 깊은 각종 사회집단의 갈등 해소 노력 등이 상대적으로 긍정적인 평가를 받았다. 긍정적 평가의 연령별 차이를 고려한다면 이러한 평가가 갖는 중요성은 더욱 커지리라 생각한다. 왜냐하면 젊은 세대 사이에서 이들 집단에 대해 보다 긍정적인 평가가 이루어지기 때문이다. 따라서 당분간 한국사회에서 시민사회의 성장과 기대는 더욱 커질 것으로 예상된다. 그 만큼 시민사회에서도 적극적인 대응과 노력이 필요할 것이다.

마지막으로 갈등 연구가 보다 심화될 필요가 있다. 이 연구에서 사용된 자료는 갈등을 단일 차원으로만 보고 있다는 문제점을 가지고 있다. 물론 사회갈등을 하나의 추상된 차원으로 보고 평가하는 것도 의미 있는 일이긴 하지만, 보다 구체적인 차원으로 나누어 평가해야 할 필요가 있다. 실제로 갈등은 거시적인 차원에서만 일어나는 것은 아니다. 보다 다양한 주제에 대한 분석이 이루어질 필요가 있다. 아울러 관련 행위자가 행정부서와 시민들만도 아니다. 시민들 사이에 발생하는 개인적인 차원에서의 갈등도 매우 중요한 사회적 쟁점이 될 가능성이 높다. 따라서 갈등 연구가 보다 다차원적인 틀에서 이루어질 필요가 있고 이러한 틀에서 사회집단에 대한 평가가 이루어진다면 보다 심도 있는 결과가 산출될 것이다. ■ 이명진

제4장

일상적 갈등의 분화와 교차

1. 서론

가족, 친우, 이웃 관계 등 일상생활에서의 관계들은 일차성이 강한 대면적 관계로서 친밀감이 높지만 자주 다툼이 일어나는 등 갈등 상황에 빠지기도 쉽다. 인간관계가 인기나 사교성, 성격 등 개인적 요인에 좌우되는 측면이 크기 때문에 인간관계의 갈등 원인으로 상황적 요인이나 심리적 요인과 같은 미시적 측면을 강조하는 경향이 있다. 하지만 일상적 갈등이 지속되고 반복되는 배경에는 사회구조적 요인이 자리 잡고 있다고 보아야 한다. 일상적 사회관계는 거시적 사회구조의 반영임과 동시에 거시적 사회구조를 재생산하는 토대라는 점에서 일상생활에서의 갈등 양상은 거시적 구조와 사회적 맥락에서 설명되고 해석될 필요가 있는 것이다.

오늘날 한국사회가 직면하고 있는 극심한 사회 갈등을 둘러싸고 다양한 학문적 논의와 담론들이 제기되고 있다. 그러나 일상생활의 '갈등적 경험' 자체에 주목하는 연구는 예상 외로 흔치 않다. 갈등에 대한 조사 연구들은 대체로 갈등에 대한 인식이나 태도를 대상으로 하고 있으며 구조적 갈등의 배경을 강조하거나 집단 간 갈등 양상에 초점을 맞추는 거시적 접근이 주를 이루고 있다. 일부 미시적 연구들은 조직 내부나 가족 관계와 같이 특정 영역에서의 갈등만을 다루고 있어 일상적 관계의 전체상을 보여 주는 데는 한계가 있다.

이와 같은 배경에서 본 연구는 현재 한국사회에서 일상생활에서 경험하는 갈등을 대상으로 사회학적 의의를 탐구하고자 한다. 사회집단별로 가족, 직장, 이웃의 3대 일상 관계에서 갈등을 어떻게 경험하고 있는가를 분화와 교차(중첩)를 개념적 준거로 삼아 분석하기로 한다. 연구의 구체적 목적은 아래의 두 가지이다.

첫째는 성, 연령, 사회계층의 사회집단별로 경험하고 있는 일상적 갈등의 분화 양상에 대한 탐구이다. 3개 일상생활 영역에서 경험하고 있는 갈등의 공통점과 차이점을 분석하여 사회집단별 갈등 경험의 분화 양상을 규명하고 나아가 구조적 의의를 파악하고자 한다.

둘째는 갈등 경험의 교차(중첩)에 대한 규명이다. 여러 갈등의 교차 정도는 전체 사회 차원에서 갈등의 심각성과 강렬성을 평가할 수 있는 지표의 하나이며 나아가 일상생활과 거시구조와의 연계성을 규명할 수 있다는 근거의 하나이다. 가족, 직장, 이웃의 일상 영역의 갈등이 어떻게 상호연관 되어있는지를 알아보고 성, 연령, 사회계층의 구조적 요인에 따라서 갈등의 상호연관성이 어떻게 다르게 나타나는가를 분석해 봄으로써 일상적 갈등과 구조와의 연계성을 탐색하고자 한다.

2. 이론적 논의

1) 일상적 갈등과 사회구조

(1) 갈등 경험의 사회집단별 분화

여기서 말하는 갈등의 분화란 두 가지 차원의 분화를 의미한다. 하나는 사회집단별 분화로서 집단마다 경험하는 일상생활의 갈등 경험이 얼마나 차이가 있는가를 뜻하며, 또 다른 분화는 일상생활 영역별 분화로서 가족, 직장, 이웃 관계에서의 갈등 양상의 차이를 뜻한다. 한편 갈등의 교차는 갈등 분화의 특정한 결과로 이해할 수 있다. 갈등 경험이 교차된다 함은 여러 영역에서 갈등을 동시적으로 경험하는 갈등의 중첩성을 말한다. 일상적 갈등에서의 분화와 교차 양상을 문제 삼는 것은 일상적 차원에서의 갈등과 거시적 구조와 지니는 이중적 상관성에 주목하기 때문이다. 일차적으로 일상생활에서 경험하는 갈등은 거시적 차원에서 사회적 자원 배분이나 역할과 관련된 구조로부터 영향을 받지만 일상의 갈등적 행위나 관계들은 지속되고 반복됨으로써 거시 구조적 갈등의 토대를 형성하거나 구조화에 다시 영향을 미친다(Giddens, 1984).

주지하듯이 산업화 이후 한국사회에서 거시사회적 갈등은 사회계층적 요인을 중심으로 진행되어 왔다. 직업, 학력 등 사회경제적 요인을 중심으로 계급·계층적 분화에 따른 자원의 차등적 배분으로 이를 둘러싼 갈등이 구조적으로 내재화되었다. 80, 90년대 노동 계급 성장으로 노자 대립의 격화, IMF 이후 노동과 자본 그리고 노동 내부의 계급 양극화는 구조적 차원의 계급 갈등의 대표적 사례들이다. 한편 성과 연령에 따른 집단 분화가 사회 갈등의 주요 차원으로 인식된 것은 후기 산업사회에 들어서면서부터이다. 후기 산업화에 따라서 연령 집단이나 세대가 갈등의 주요 차원으로 부상한 것은 세대가 정체성의 범주로서의 성격이 명확해질 뿐 아니라 나아가 가치관이나 의식의 차원을 넘어서서 사회적 자원의 획득을 위한 공통의 기회 구조를 반영하기 때문이다(박길성, 2002 ; 김선업, 2001).

그렇다면 계층, 성, 연령의 거시구조적 분화는 일상적 갈등 경험과 구체적으로 어떠한 관련성은 지니는가? 일상적으로 경험하는 갈등이 행위 차원의 갈등이라고 볼 때 양자 관계의 분석은 결국 구조와 행위의 관련성에 대한 해명을 뜻한다. 구조적 조건과 맥락들이 일상적 관계를 갈등으로 이끄는 동시에 일상적 관계의 미시적 특성들이 이 과정에 작용한다. 구조 중심적 설명은 일차적으로 불평등 구조로 인한 기회의 제한이나 차등적 자원 배분의 결과로 일상 영역에서 갈등 관계가 발생하는 것으로 해석한다. 구조적 차원의 모순이나 불평등의 심화로 계급 간 갈등이 현재화한다는 마르크시즘의 고전적 논의를 비롯하여 갈등을 촉발하는 구조적 유인으로 특정 계급·계층이 처한 특유의 구조적 상황을 강조한다. 이 견해에 따르면 사회경제적 지위가 낮거나, 작업장이나 가족과 같은 조직이나 집단에서 권위의 결핍으로 통제받거나 피지배적 상황에 있을수록 많은 갈등을 경험하게 된다. 구조적 위치에 내재되어 있는 객관적 요인들 때문에 하위 계층 성원들이 일상적 관계의 차원에서도 박탈, 소외, 배제와 같은 갈등적 감정이나 인식을 지니게 된다고 설명한다.

그런데 구조 중심적 설명은 일상적 관계나 행위를 단순히 구조의 반영으로 간주할 뿐만 아니라 계층 간·집단 간 갈등에 초점을 맞추고 있어 일상생활에서 발생하는 다기한 갈등을 포함하지는 못한다. 일상적으로 경험하는 갈등은 가족, 이웃 등 다양한 상황에서 여러 사회심리학적 기제에 의해서 발생한다. 예컨대 부, 권력과 같은 희소 자원을 상당 부분 소유하고 있지만 더 많은 자원을 얻기 위한 타인과의 경쟁 과정에서 더 많은 갈등을 겪을 수 있다. 또한 하층이나 빈민들의 자조적自助的 생활양식에서 확인되는 바와 같이 경제적 어려움에 적응하는 과정에서 집단 내부 결속과 협력적 관계가 오히려 강화되기도 한다(김선업, 1992). 객관적 조건 못지않게 특정 집단이나 계층이 공유하고 있는 문화와 정체성이 일상적 행위양식에 크게 영향을 미치기는 경우도 많다. 계급 갈등이 계급적 정체성을 전제로 한다는 주장은 잘 알려져 있지만 특정 문화와 정체성은 갈등적 심성을 강화하거나 혹은 약화하는 양면적 기제로 작용할 수도 있다. 한국사회의 평등주의적 심성이 상층에 대한 사회적 인정과 존경을 철회함으로써 극단적 박탈감이나 적개심으로 연결되는가하면(송호근, 2006 ; 김문조, 2008) 산업화 과정에서 강화된 연고주의적 집단정체성아 오히려 계급 갈등을 약화시켰다는 지적도 있다(김선업, 1992).

역할 이론은 일상적 갈등 상황을 설명하는 또 다른 이론적 자원이다. 구조적 갈등 이론이 일차적으로 자원 분배의 불평등을 갈등의 기반으로 간주했다면 역할 이론은 역할의 다차원성과 역동적 결과를 강조한다. 여러 역할 기대가 상충하는 역할 긴장이나 역할 갈등이 대표적이다. 구조적 이론이 갈등의 잠재적 조건을 부각한다면 역할 이론은 심리적 징후로서의 개인 차원의 인지적이고 경험적 갈등을 문제 삼는다. 물론 역할 갈등이 거시사회적 맥락과 무관한 개념은 아니다. 사회변동의 속도와 이에 따른 사회관계의 변화 정도는 개인이 경험하는 역할 갈등의 수준과 밀접한 관계가 있다. 예컨대 후기 산업화 과정에서 빠르게 변화하는 성과 연령을 둘러싼 새로운 기대에 적응하는 과정에서 역할 갈등을 빈번하게 경험할 가능성이 크다. 한국사회에서 IMF 이후 남성 가장의 권위 하락은 여성의 사회참여 증대와 맞물리면서 가족 내 갈등을 촉발하였으며 높은 이혼율과 같은 극단적 형태로 나타난 바 있다. 이 같은 가족 관계의 갈등은 일차적으로 경제적 문제로부터 유발한 것이지만 기존의 지위와 역할의 급격한 변화를 수반함으로써 보다 심각한 갈등으로 발전한다(안병철 외, 2001). 또한 정보화와 고령화는 세대 정체성과 세대 관계의 급격한 전환을 가져와 세대 간 역할 갈등이 촉발할 가능성을 어느 때보다 크게 한다(김선업, 2000). 산업사회에서 연령별 위계성을 근거로 상대적 우위를 유지해 왔던 중고령자층은 새로운 정보와 기술을 수용하는 과정에서 세대 격차를 경험하고 젊은 층으로부터 연령주의적 차별 대상이 되는 등 생산 활동에서 점차 배제됨으로써 심각한 역할 상실을 경험한다(박경숙, 2004).

이상의 설명들은 사회집단이나 계층 간에 객관적으로 존재하는 격차나 불평등과 같은 거시구조적 조건이 일상적 갈등의 일차적 배경으로 작용하는 것은 사실이지만 일상적으로 경험하는 갈등 양상이 집단이나 계층의 서열성에 따라서 강화되거나 약화되는 단선적 경향을 띤다고 보기는 어렵다는 점을 지적하고 있다. 가족, 직장, 이웃의 생활 영역마다 계층, 집단이 처한 상황과 생활 영역에서의 역할 변화 그리고 특유의 문화 등에 따라서 다양한 양상을 보여 줄 것이다. 즉 일상적 갈등은 한편으로는 구조적 조건을 반영하지만 다른 한편으로는 이를 독특한 방식으로 재생산할 것으로 예견된다.

이 같은 맥락에서 본 연구에서는 객관적 조건에 따라서 일상적 갈등이 실제 어떻게 다르게 경험되는가를 살펴봄으로써 일상적 갈등이 지니는 구조적 의의를 파악하고 한다. 여기에서는 일상적 갈등 경험과 관련된 요인들에 관한 체계적인 가설 검증 대신에 계층, 성, 연령별 집단들이 경험하는 갈등 양상에 대한 귀납적 일반화를 목적으로 한다. 한국 성인을 대표하는 표본 집단을 대상으로 가족, 직장, 이웃의 3개 생활 영역에서 집단들이 경험하고 있는 갈등 양상을 비교하고 그 특징을 기술할 것이다. 교육 수준, 주관적 계층 및 수입의 사회계층별, 성별, 20대에서 50대까지의 10대 연령 집단별로 각각 구분된 집단별로 세 가지 일상 영역에서의 갈등 경험을 비교하고 각 집단마다 경험하는 갈등의 특징적 양상들을 정리해 보기로 한다.

(2) 갈등의 중첩적 경험(교차 갈등)

'중첩적 갈등superimposed conflict'은 한국사회의 일상적 갈등의 성격을 파악하기 위한 또 하나의 개념틀이다. 다렌도르프에 의해 제기된 갈등의 중첩성은 인종이나 직업 범주에서 권력, 지위, 신분 등 주요 불평등 구조가 중첩되어 나타나는 양상을 가리킨다(Dahrendorf, 1959). 다원화된 갈등이 여러 갈등 차원이 분산됨으로써 전체 사회 차원에서는 갈등이 약화되는 경향을 가리킨 것이라면 중첩적 갈등은 여러 불평등이 동시에 교차적으로 집중하기 때문에 갈등 강도가 강하고 결과도 훨씬 심각하다. 갈등의 중첩성은 갈등 영역이 다차원적이라는 것을 전제로 특정 집단을 둘러싼 갈등의 강도와 심각성을 평가하는 준거로서 의의가 있다. 갈등의 중첩성은 원래 주로 조직 차원에서의 권위 배분 양상을 대상으로 한 것이었지만 여러 생활 영역의 분화를 전제로 다양한 생활 영역에서 갈등을 얼마나 동시에 경험하는가를 분석하는 데도 적용할 수 있다.

가족과 직장은 오늘날 중첩적 갈등이 발생하는 대표적인 일상생활 영역으로 여겨진다. 후기산업사회에 들어오면서 여성의 생산 활동 참여가 본격화되고 경쟁과 불안정성의 심화로 직장생활의 스트레스가 가중되는 등 직장과 가족 갈등은 더 이상 일부 계층이나 여성에만 국한되지 않는다(장미경, 2007). 그렇다고 가족과 직장에서의 중첩적 갈등 양상을 보편적으로 관찰할 수 있다는 의미는 아니다. 가족이 외부 갈등을 완충하는 안전판 역할을 수행하거나 직장과 가족의 갈등 원인이 각각 독립적인 경우에는 갈등의 중첩성은 약화되거나 나타나지 않을 수도 있다(한경혜 · 김진희, 2003). 이 점과 관련해서 특히 한국사회에서의 가족 관계의 기능은 주목된다. 즉 가족주의적 결속이 외부 갈등을 완충하는지 아니면 외부 갈등이 가족 갈등에 의해서 오히려 증촉되는가의 '가족주의의 다원성'(장경섭, 2001)의 일 측면을 살필 수 있는 근거이기 때문이다.

이와 같은 논의를 기초로 갈등의 교차 경험을 뜻하는 중첩성 갈등 분석을 위해서 다음과 같은 분석 주제를 설정한다. 첫째, 교차 갈등 경험 실태 분석으로 가족, 직장 이웃의 3개 영역에서 교차적 갈등 경험 정도를 알아보고 세 가지 중첩적 갈등의 특성을 설명하기로 한다. 두 개 생활 영역 간 교차 갈등 즉 가족-직장, 가족-이웃, 이웃-직장의 세 가지 형태의 교차 갈등 양상을 분석한다.

둘째는 갈등 간 상관성 분석이다. 3개 영역에서 각 갈등 경험이 다른 갈등과 어느 정도 상관성을 지니고 있는가의 분석을 통해서 갈등 간 관련성의 내용을 분석한다. 갈등 간 정적 상관성이 높다면 한 영역에서 갈등이 다른 영역의 갈등을 유발하거나 두 생활 영역 모두 공통의 갈등 요인으로부터 영향을 받았음을 뜻한다. 반면 상관성이 적거나 없다면 한 생활 영역에서 갈등이 다른 영역에 영향을 미치지 않거나 모든 생활 영역에 공통으로 영향을 미치는 갈등 요인이 존재하지 않는다고 볼 수 있다. 만일 상관성이 부적 경향성을 보여준다면 특정 생활 영역에서의 갈등이 다른 영역의 갈등을 감소 혹은 억제시키는 것으로 해석할 수 있다.

셋째는 성, 연령, 계층의 사회집단별 교차 갈등 양상의 비교이다. 위에서 분석한 교차 갈등과 갈등 상관성의 집단별 차이를 분석하여 집단별 영역별 일상적 갈등의 분화와 교차양상을 분석한다.

2) 갈등의 규정과 유형

인간관계의 갈등 연구에서 갈등을 어떻게 규정하는지에 대해서 매우 다양한 논란이 있다. 드러난 행위만을 문제 삼을 것인가 아니면 드러나지 않은 행위까지 포함할 것인가의 행동으로의 표출 여부가 대표적 쟁점의 하나이다. 당사자들이 직접적으로 대결하지 않고 상호배타적인 목적을 얻으려고 노력하는 경쟁까지 포함할 것인지 아니면 단지 상대방을 해치려는 드러난 폭력과 노력을 행사하는 적대적인 것에 한정할 것인지 등의 갈등의 차원과 영역을 둘러싸고 다양한 쟁점이 있다(박철현, 2005 ; 한국여성개발원, 2005).

이 점과 관련하여 본 연구에서는 인지, 감정, 행동의 차원을 포함하는 광의의 규정에 따르고자 한다(Mayer, 2000). 인지적 갈등은 인간의 인지 작용에 의해 유발되는 것으로 당사자들이 가지고 있는 욕구, 관심, 가치 등이 상대방과 상충했을 때 발생한다. 감정적 갈등은 어떤 상태에 대한 감정적 반작용이나 어떤 종류의 불일치를 표현하고 그에 따른 상호작용을 의미하는 것으로 이때의 감정으로 두려움, 슬픔, 비통, 화 등이 포함된다. 즉 감정적 갈등은 상대방에 대한 적대감이나 악감정을 품는 등의 갈등 형태를 지칭한다. 행동 형식의 갈등은 갈등이 직접 표출된 형태를 지칭하는 것으로, 갈등 당사자가 인지하거나 느낀 갈등 상태를 실제 행동으로 표출하는 형태이다. 행동 갈등은 인지된 갈등이나 감정 형식의 갈등을 기초로 형성될 수 있으며, 실제 표출되는 행동으로는 권력 행사, 격렬함, 파괴적 행위와 같은 적대행위가 있을 수 있으며 역으로 회유하고 타협하는 행동도 포함한다.

본 연구에서는 인지적 차원에서의 타인으로부터의 방해와 피해 경험, 감정적 차원으로 타인에 대한 노출되지 않은 부정적 느낌의 지속으로서의 심리적인 부정적 감정 경험, 부정적 느낌을 상대방에게 행동으로 노출한 감정 표출 경험, 그리고 물리적 방법으로 상대에게 부정적 행동을 행사한 경험으로 갈등 형태를 구분한다.

나아가 이상의 갈등 형태를 기반으로 갈등 유형을 잠재형, 누적 표출형, 돌발 표출형의 3가지 유형으로 구분하여 분석하기로 한다. 잠재형은 상대방에게 표출되지 않은 채로 부정적 느낌이나 피해. 방해 경험이 있는 경우를 말하며 누적 표출형은 상대로부터의 방해와 피해 경험, 부정적 느낌이 지속되거나 누적되어 상대에게 감정을 표출하거나 물리적 마찰의 갈등 행동이 발생한 유형이다. 돌발 표출형은 부정적 느낌이나 피해·방해 경험과 같은 갈등 상황이 진행되지 않았지만, 우발적 요인 등에 의해서 상대에게 부정적 감정을 표출하거나 물리적 마찰이 발생한 유형을 가리킨다.

3. 사회집단별 갈등의 분화 양상

1) 갈등 경험의 일반적 경향

가족, 직장, 이웃의 3대 일상생활 영역에서의 갈등 경험은 가족, 직장 동료, 이웃의 순으로 높다. 지난 1년간 갈등 경험률은 가족 관계 73.0%, 직장 관계 63.9%이며 이웃 관계가 다소 낮은 42.3%이다. 갈등을 어떻게 규정하는가에 따라서 다소 차이가 있겠지만 이는 결코 낮지 않은 수준이며 특히 가족 갈등이 타 생활 영역에 비해서 높은 사실이 주목된다. 한국사회에서 상대적으로 높은

표 4-1. 생활 영역별 갈등 경험(%, 사례 수)

생활 영역	갈등 형태(복수 응답)					갈등 없음	사례 수
	방해·피해	부정적 감정	감정 표출	물리적 마찰	계(경험률)		
가족	49.2	58.4	53.2	11.3	73.0	27.0	1500
직장	48.2	58.4	32.7	4.1	63.9	36.1	1003
이웃	29.8	34.1	17.8	3.3	42.3	57.7	1500

가족 갈등은 일반적으로 관찰되는 현상의 하나인데(최인섭 외, 2005) 가족구성원 간 접촉이 빈번하고 감정적이고 정서적 몰입 수준이 강하기 때문에 나타난 것으로 판단된다. 또한 높은 이혼율로 대변되는 가족 관계의 불안정성, 1인가구 급증 등 가족구조의 질적 변화로 인한 가족의 재구조화 양상(안효룡·김홍주, 2000)과도 무관하지 않다.

갈등 유형별 갈등 경험을 살펴보면 가족 갈등에서 감정적 표출과 육체적 마찰 경험이 상대적으로 많은 반면, 직장 갈등은 부정적 감정과 방해·피해 경험이 상대적으로 많다. 가족 갈등은 방해·피해와 심리적 차원의 갈등 수준은 직장 갈등과 비슷하지만 타인에게 직접적으로 표현되는 양상이 두드러진다. 직장 갈등과 이웃 갈등은 상대로 인한 방해나 피해, 부정적 감정이 상대적으로 많은 반면 상대에 직접 표현하는 경우가 상대적으로 적다.

행동 표출과 잠재성을 기준으로 분류한 갈등 유형을 비교해 보면(표 4-2 참조) 가족 갈등은 잠재형에 비해서 누적 표출형이 압도적으로 많은 반면, 직장 갈등과 이웃 갈등은 상대적으로 잠재형이 많다. 가족 갈등은 행동이나 감정으로 표현되는 경향이 강하다는 점에서 갈등을 해소하거나 해결할 기회가 그만큼 높다고 볼 수 있다. 그러나 동시에 표출된 갈등을 적절하게 관리하지 못할 경우에는 보다 심각한 갈등 상황에 빠질 가능성도 적지 않다고 보겠다. 즉 노출되고 표출된 갈등을 어떻게 관리하는지가 관건이다. 반면에 이웃 갈등이

표 4-2. 생활 영역별 갈등 경험(%)

		잠재형	누적 표출형	돌발 표출형	계	사례 수
가족	전체 대비	18.9	47.1	7.0	73.0	1500
	갈등 경험자 대비	25.9	64.5	9.6	100.0	1095
직장	전체*	31.2	31.7	1.0	63.9	1003
	갈등 경험자 대비	48.8	49.6	1.6	100.0	640
이웃	전체	24.0	17.2	1.1	57.7	1500
	갈등 경험자 대비	56.8	40.6	2.7	100.0	635

*현재 직업 활동을 하고 있는 사람을 대상으로 한 것임

나 직장 갈등에서 잠재형 비율이 많은 것으로 미루어볼 때 보통은 겉으로 표출되는 사례가 적지만 잠재적 갈등을 미처 인식하지 못하는 상대와 의사소통의 장애를 평소 경험할 가능성이 크다.

2) 성별 · 연령별 갈등 경험과 형태

(1) 경험률

먼저 가족 갈등 경험의 성별 차이로는 여자의 갈등 경험이 남자에 비해 상대적으로 높다(표 4-3 참조). 구체적 갈등 형태에 있어서도 감정적 표출을 제외한 모든 가족 갈등에서 여성의 경험률이 높은데 특히 방해와 지장을 받았다는 인지적 갈등이 높다. 연령별로는 20대와 50대의 갈등 경험이 다소 높지만 통계적으로 유의미한 수준의 차이는 아니다. 연령별 갈등 형태도 큰 차이는 없지만 상대로 인한 방해와 지장을 받은 경험이 30, 40대에서 다소 많다. 직장 관계의 갈등 경험은 남성이 여성에 비해서 많아 가족 갈등 양상과는 대조된다(표 4-4 참조). 연령별로는 연령이 낮을수록 갈등 경험이 많아 직장생활 초반기에 주로 경험하고 있음을 알 수 있다. 갈등 형태별로는 모든 유형의 경험이 남자가 여자보다 높다. 연령별로는 젊은 층일수록 지장이나 방해, 부정적 감

표 4-3. 성별 · 연령별 가족 갈등 경험과 갈등 형태(수치 : %, χ^2, 유의도)

		갈등 경험			갈등 형태			
		있음	없음	계	방해 · 피해	부정적 감정	감정 표출	물리적 마찰
성별	남성	69.1	30.9	100.0	45.5	58.4	53.7	10.0
	여성	76.9	23.1	100.0	53.1	60.6	52.8	12.6
	χ^2	11.35			8.66	2.70	.13	2.52
	유의도	.001			.003	.104	.722	.066
연령별	20대	31.2	68.8	100.0	43.7	56.1	51.0	11.4
	30대	23.7	76.3	100.0	53,7	59.4	55.1	12.9
	40대	24.9	75.1	100.0	51.0	60.5	53.8	12.7
	50대	29.5	70.5	100.0	47.2	56.7	52.4	5.9
	χ^2	7.69			9.25	2.14	1.50	9.31
	유의도	.053			.026	.543	.682	.025

표 4-4. 성별 · 연령별 직장 관계 갈등 경험과 갈등 형태(수치 : % ,χ^2, 유의도)

		갈등 경험			갈등 형태			
		있음	없음	계	방해 · 피해	부정적 감정	감정 표출	물리적 마찰
성별	남성	68.5	31.5	100.0	51.8	63.1	38.7	6.0
	여성	57.3	42.7	100.0	43.3	51.7	24.3	1.7
	χ^2	13.20			7.08	13.06	22.92	11.03
	유의도	.000			.008	.000	.000	.001
연령별	20대	72.8	27.2	100.0	53.5	67.1	37.9	2.9
	30대	65.7	34.3	100.0	50.0	60.2	30.5	4.0
	40대	60.4	39.6	100.0	47.5	54.6	34.3	7.1
	50대	52.6	47.4	100.0	37.5	47.4	26.1	1.3
	χ^2	18.81			10.18	17.23	6.98	14.34
	유의도	.000			.017	.001	.073	.016

정을 많이 느끼고 있으며 감정적 표출도 20대에서 가장 높다.

이웃 갈등도 직장 관계와 마찬가지로 남성이 여성보다 다소 높다(표 4-5 참조). 형태별로는 물리적 마찰을 제외하고 모든 형태에서 남성의 갈등 경험이 상대적으로 높다. 또한 젊은 층일수록 갈등 경험이 많지만 연령별 차이는 직장 갈등에 비해 크지 않다. 연령이 낮을수록 방해와 지장, 심리적 갈등이 높지만 갈등 표출이나 육체적 마찰 경험에 있어서는 연령별 차이가 없다.

이상의 분석 결과들은 성과 연령별로 갈등 경험률에 차이가 비교적 크다는 것을 입증하고 있는데 성별로 구분하여 연령별 차이를 세부적으로 확인하기 위해서 갈등 경험을 성과 연령으로 동시에 교차 분석한 결과가 〈표 4-6〉이다.

먼저 가족 갈등을 성별로 구분해 볼 때 전체를 대상으로 했을 경우와 큰 차이가 없다. 즉 모든 연령층에서 여성이 남성에 비해 갈등을 많이 경험하고 있다. 그런데 50대 남성의 갈등 경험률은 62.2%인 데 비해서 50대 여성의 갈등 경험률은 78.7%로 50대에서 성별 갈등 경험률의 격차가 가장 크다. 50대 남성

표 4-5. 성별 · 연령별 이웃 관계 갈등 경험과 갈등 형태(수치 : %, x^2, 유의도)

		갈등경험			갈등 형태			
		있음	없음	계	방해 · 피해	부정적 감정	감정 표출	물리적 마찰
성별	남성	45.3	54.7	100.0	34.7	37.0	19.9	3.3
	여성	39.3	60.7	100.0	25.0	31.1	15.6	3.2
	x^2	5.61			16.87	5.66	4.75	.02
	유의도	.018			.000	.017	.029	.471
연령별	20대	48.2	51.8	100.0	35.5	39.1	17.5	3.0
	30대	42.9	57.1	100.0	31.3	34.8	19.6	2.8
	40대	38.8	61.2	100.0	27.5	31.3	16.5	4.3
	50대	38.6	61.4	100.0	22.0	29.9	17.7	2.4
	x^2	9.30			15.02	7.84	1.44	2.52
	유의도	.026			.002	.049	.697	.471

표 4-6. 성에 따른 연령별 가족 · 직장 · 이웃 갈등 경험(수치 : %, χ^2, 유의도)

		가족 갈등			직장 갈등			이웃 갈등		
		경험 있음	경험 없음	계	경험 있음	경험 없음	계	경험 있음	경험 없음	계
남성	20대	66.5	33.5	100.0	76.1	23.9	100.0	52.0	48.0	100.0
	30대	73.1	26.9	100.0	70.5	29.5	100.0	51.4	48.6	100.0
	40대	71.8	28.2	100.0	67.0	33.0	100.0	37.8	62.2	100.0
	50대	62.2	37.8	100.0	58.6	41.4	100.0	37.0	63.0	100.0
	χ^2	5.82			8.00			15.12		
	유의도	.121			.046			.000		
여성	20대	71.7	28.9	100.0	69.9	30.1	100.0	43.8	56.2	100.0
	30대	79.4	20.6	100.0	58.3	41.7	100.0	34.4	65.6	100.0
	40대	78.5	21.5	100.0	48.5	51.5	100.0	39.7	60.3	100.0
	50대	78.7	21.3	100.0	41.5	58.5	100.0	40.2	59.8	100.0
	χ^2	4.90			17.31			3.90		
	유의도	.179			.001			.272		

은 40대 남성에 비해 갈등 경험이 감소하는 데 비해서 50대 여성은 이전 연령층과 큰 차이가 없기 때문에 나타난 결과이다. 즉 남성은 50대에 이르러 가족 갈등이 감소하는 데 비해서 여성은 30대 이후에도 큰 변화 없이 높은 갈등을 경험하고 있음을 알 수 있다. 중년 이후에도 특히 여성의 가족 갈등을 지속적으로 경험하는 배경으로는 가사와 자녀 양육을 전담하고 시집 식구와의 관계 등 가족 내부 갈등 요인이 많고 여전히 가부장적 가치관을 유지하고 있는 배우자와의 가치의 격차 등을 지적할 수 있다.

직장 갈등은 성과 관계없이 연령이 증가하면서 갈등이 감소한다. 또한 모든 연령층에서 남성의 갈등 경험이 여성보다 높다는 사실을 일관되게 확인할 수 있다. 직장이나 작업장에서 여성이 남성에 비해서 인지하거나 경험하는 갈등의 정도가 낮은 것은 여성의 경제활동 참여가 소극적 형태에 그치고 있는 것과 관련이 있다고 하겠다.

이웃 갈등의 경우에는 성별로 연령에 따른 경험의 차이를 일부 발견할 수 있다. 남성은 20, 30대에서 갈등 경험이 높고 이후 연령에서 감소하는 데 비해서 여성은 연령별로 큰 변화가 없다. 20, 30대는 남성의 갈등 경험이 여성에 비해서 높지만 40대 이후에는 남녀가 비슷하다. 남성의 경우 40대 이상에서 이웃과의 갈등이 크게 감소하는 것은 직업적 활동이 활발한 시기라서 상대적으로 이웃과의 교류 자체가 적기 때문에 나타난 결과로 해석된다.

(2) 갈등 유형

먼저 가족 갈등의 유형을 성별로 비교해 보면(표 4-7 참조) 여성이 남성에 비해 잠재형이 많고 남성은 누적 표출형이 많다. 남성에 비해서 여성은 심리적이고 인지적 차원에서 갈등을 경험하지만 행동으로 밖으로 표출하는 경향이 낮다는 것이다. 반면 연령별 가족 갈등 유형에는 차이가 거의 없다.

직장 갈등의 유형으로는 여성은 잠재적 갈등이, 남성은 누적 표출형이 상대적으로 많은 것으로 나타나 가족 갈등 양상과 비슷하다. 연령별로 갈등 유형에 거의 차이가 없는 것도 가족 갈등의 경우와 비슷하다. 이웃 갈등 유형은 성별

표 4-7. 성별 · 연령별 가족 · 직장 · 이웃 관계 갈등 유형(수치 : %, χ^2, 유의도)

		가족 관계			직장 관계			이웃 관계		
		잠재형	누적 표출형	돌발 표출형	잠재형	누적 표출형	돌발 표출형	잠재형	누적 표출형	돌발 표출형
성별	남성	21.2	69.4	9.4	43.7	54.3	2.0	55.1	42.8	2.1
	여성	30.3	60.0	9.7	57.6	41.6	.8	58.6	38.0	3.4
	χ^2	12.52			12.07			2.32		
	유의도	.002			.002			.314		
여성	20대	25.1	63.8	11.1	47.7	50.0	2.3	62.6	37.4	.0
	30대	25.7	65.6	8.8	53.5	45.6	.9	54.3	41.9	3.8
	40대	27.1	63.7	9.2	42.9	56.0	1.2	56.2	41.4	2.5
	50대	25.8	64.6	9.6	50.6	46.9	2.5	51.0	41.8	7.1
	χ^2	1.24			6.16			15.03		
	유의도	.975			.405			.020		

차이가 거의 없는 반면, 연령별 차이가 나타나고 있어 가족, 직장 갈등과는 양상이 다르다. 연령별로 20대에서 잠재형이 많고 50대에서 돌발 표출형이 크게 증가하고 있다.

성과 연령을 동시에 고려하여 성별 연령별 갈등 유형을 분석한 결과가 아래의 〈표 4-8〉이다. 먼저 가족 관계 갈등을 살펴보면 성에 따라서 연령별로 경험하는 갈등 유형에 차이가 있음을 보여 준다. 남성은 대체로 연령이 증가하면서 누적 표출형이 증가하는 데 비해서 여성은 상대적으로 점차 누적 표출형이 감소하고 잠재적 갈등형이 증가한다. 따라서 30대 이후에 남녀간 누적 표출형 비율 차이가 점차 벌어지고 있다. 즉 남성은 연령이 증가하면서 잠재적 갈등을 행동으로 표출하는 경향이 증대하는 데 비해서 여성은 감소하고 있음을 의미한다.

이웃과 경험하는 갈등 유형도 성에 따라 연령별 차이가 적지 않다. 남성은

표 4-8. 성에 따른 연령별 가족 · 직장 · 이웃 관계 갈등 유형(수치 : %, χ^2, 유의도)

		가족 관계			직장 관계			이웃 관계		
		잠재형	누적 표출형	돌발 표출형	잠재형	누적 표출형	돌발 표출형	잠재형	누적 표출형	돌발 표출형
남성	20대	30.8	60.9	8.3	45.2	52.4	2.4	55.2	44.8	0.0
	30대	17.1	71.5	11.4	44.7	53.9	1.4	55.0	42.3	0.3
	40대	19.2	70.9	9.9	38.3	60.0	1.7	54.4	44.3	1.3
	50대	16.5	75.9	7.6	48.2	47.5	3.4	56.5	37.0	6.5
	χ^2	11.37			2.50			7.63		
	유의도	.077			.744			.286		
여성	20대	18.4	66.9	13.7	50.0	47.9	2.1	71.8	28.2	0.0
	30대	33.5	60.1	6.4	70.9	29.7	0.0	54.1	41.9	4.1
	40대	34.1	57.3	8.5	54.2	45.8	0.0	57.8	38.6	3.6
	50대	33.0	55.0	12.0	49.2	47.5	3.4	45.1	47.1	7.8
	χ^2	13.81			10.02			13.84		
	유의도	.032			.074			.031		

연령별로 경험하는 갈등 유형에 큰 차이가 없는 데 비해서 여성은 연령이 증가하면서 잠재형이 감소하고 대신에 누적 표출형이나 돌발 표출형이 증가하는 경향을 보인다. 특히 50대에서 누적 표출형이나 돌발 표출형 비율이 남성에 비해 높다. 즉 여성들이 나이가 들면서 이웃과의 활동이 빈번해지면서 갈등 양상도 보다 표출적이고 즉각적 행동의 형태로 나타난다는 것이다. 이는 여성에서 나이가 많을수록 잠재적 갈등형이 증가하는 가족 갈등 양상과 대조를 보여 준다.

한편 직장 갈등은 남성은 연령별로 경험하는 갈등 유형의 차이가 크지 없지만 여성은 30대와 40대에서 잠재형 비율이 타 연령층에 비해 높다. 30,40대 여성의 잠재형 갈등 경험은 타 연령층의 여성에 비해 높을 뿐만 아니라 비슷한 연령의 남성에 비해서도 높게 나타나 30.40대가 직장 갈등 유형의 성별 차이가 큰 연령대임을 알 수 있다. 또한 이 같은 성과 연령에 따른 직장 갈등의 유형별 특성은 50대를 제외하면 가족 갈등의 경우와 크게 다르지 않은 것이다 (가족 갈등의 경우 잠재형은 50대 여성과 30.40대 여성이 비슷하다).

가족 갈등을 대상으로 갈등 원인에 따른 갈등 유형을 성과 연령별로 분석한 것이 아래의 〈표 4-9〉이다. 성별로 가족 갈등의 원인에 다소 차이가 있는 것으로 나타나고 있는데 남성은 대화 부족, 여성은 상호이해 부족을 상대적으로 더 많이 꼽고 있으며, 이 밖에 심리적 문제, 의견, 가치관의 원인은 거의 비슷하다.

연령별 가족 갈등 원인은 차이가 비교적 뚜렷하다. 50대에서 경제적 문제로 인한 가족 갈등이 크게 증가하는 데 비해서 20대에서는 의견이나 가치관의 차이가 30대 이상에 비해서 상대적으로 각각 많다. 즉 연령이 증가하면서 대화 시간의 부족, 의견과 가치관 차이의 문제보다는 경제적 문제가 부각되고 있다. 50대에서 경제적 문제로 인한 가족 갈등이 증가한 거시적 배경으로는 무엇보다도 40대 후반 이후 교육비 등 생활비 가중과 고용불안 등으로 인한 경제적 불안정성을 지적할 수 있다.

표 4-9. 성별 · 연령별 가족 갈등 원인(수치 : %, χ^2, 유의도)

		성격차 등 심리적 문제	의견이나 가치관 차이	경제적 문제	대화 부족	상호이해 부족	계
성별	남성	15.9	21.2	24.2	17.9	20.8	100.0
	여성	16.9	21.5	22.4	10.6	28.6	100.0
	χ^2	17.24					
	유의도	.002					
여성	20대	12.6	27.5	15.6	17.6	26.7	100.0
	30대	19.1	17.6	22.9	17.6	22.9	100.0
	40대	17.6	21.2	24.8	11.1	25.2	100.0
	50대	14.9	20.1	32.2	7.5	25.3	100.0
	χ^2	37.19					
	유의도	.000					

성과 연령을 동시에 고려하여 가족 갈등의 원인을 분석한 결과가 〈표 4-10〉인데 성별로 연령에 따라서 가족 갈등의 원인에 차이가 있음을 알 수 있다. 남성은 연령이 증가하면서 상호이해 부족이나 대화 부족으로 인한 갈등은

표 4-10. 성에 따른 연령별 가족 갈등 원인(수치 : %, χ^2, 유의도)

		성격차 등 심리적 문제	의견이나 가치관 차이	경제적 문제	대화 부족	상호이해 부족	계
남성	20대	14.3	25.4	11.9	21.4	27.0	100.0
	30대	17.9	12.6	19.2	25.2	25.2	100.0
	40대	15.2	26.2	32.4	11.7	14.5	100.0
	50대	16.0	21.3	38.7	9.3	14.7	100.0
	χ^2	47.99					
	유의도	.000					
여성	20대	10.9	29.2	19.0	13.9	27.0	100.0
	30대	20.1	21.9	26.0	10.7	21.3	100.0
	40대	19.9	16.8	18.0	10.6	34.8	100.0
	50대	14.1	18.2	27.3	6.1	34.3	100.0
	χ^2	25.18					
	유의도	.014					

감소하는 대신에 경제적 문제로 인한 갈등이 크게 증가한다. 반면 여성은 상호 이해 부족으로 인한 갈등이 크게 증가한다. 이 같은 결과는 나이가 들면서 갈등 원인에 대한 남녀간 인식의 격차가 확대되고 있음을 의미한다.

나이가 많은 층에서 성별 갈등 원인이 격차가 커지는 것은 일차적으로 가족 내 성별 역할 분화 양상을 반영한 결과로 해석할 수 있다. 기능주의적 설명으로 남성에게는 경제적 부양책임이 여성에게는 가족 성원의 정서적 측면에 대한 책임이 부여됨으로써 갈등 원인도 이를 중심으로 발생했다고 볼 수 있다. 또한 갈등 상황을 둘러싼 인식과 상황 정의가 성별로 차이가 있기 때문에 연유한 측면도 있다. 갈등의 객관적 요인이 다르다기보다는 동일한 상황에서 남성은 주로 경제적 요인과 같은 외적 요인을 강조하는 데 비해서 여성은 상호 이해와 같은 관계적 요인을 중시함으로써 나타난 결과로 볼 수 있다. 특히 40, 50대에서 남녀간 가족 갈등의 원인에 대한 인식 격차가 젊은 층에 비해서 크다는 사실에 비추어 볼 때 40.50대 부부의 경우 갈등이 발생했을 때 문제 원인에 대한 이견으로 갈등이 지속될 가능성이 높을 뿐만 아니라 갈등 해결의 어려움 역시 클 것으로 판단된다.

3) 사회계층별 갈등 경험과 갈등 형태

(1) 갈등 경험과 형태

교육 수준, 주관적 계층, 수입의 세 가지 사회 계층적 요인별로 생활 영역별 갈등 경험과 형태 및 갈등 유형을 분석하기도 한다. 먼저 가족 갈등의 계층별 경험률은 대체로 상층보다 중·하층에서 높게 나타나고 있다(표 4-11 참조). 교육 수준별로는 대학 이상에 비해서 고졸 이하에서, 그리고 월 소득 400만원 이하 층의 갈등 경험률이 다소 높다. 갈등 형태별로도 거의 모든 갈등을 중·하층이 상층보다 더 많이 경험하고 있다. 특히 교육 수준별로는 고졸 이하에서 방해·피해와 심리적 갈등 경험 수준이 타 계층에 비해 높으며 수입별로는

표 4-11. 계층별 가족 관계 갈등 경험과 경험 형태(수치 : %, χ^2, 유의도)

		갈등 경험			갈등 형태			
		있음	없음	계	피해 방해	심리적 갈등	감정적 표출	육체적 마찰
교육 수준별	고졸 이하	76.2	23.8	100.0	55.0	61.6	55.5	12.2
	대학 이상	69.5	30.5	100.0	42.9	55.0	50.7	10.2
	χ^2	8.63			21.93	6.58	3.42	1.48
	유의도	.003			.000	.012	.064	.224
주관적 계층별	하	74.3	25.7	100.0	52.5	63.4	56.1	13.3
	중	74.3	25.7	100.0	48.6	56.9	53.8	9.8
	상	69.5	30.5	100.0	47.5	56.8	49.6	12.1
	χ^2	3.41			2.20	4.80	3.40	3.17
	유의도	.182			.333	.091	.182	.205
소득별	200만 이하	74.8	25.2	100.0	52.2	58.5	54.3	14.1
	200만 -400만	75.1	24.9	100.0	51.0	60.8	55.0	10.0
	400만 이상	68.1	31.9	100.0	43.6	54.7	49.4	10.4
	χ^2	7.34			7.74	3.92	3.55	4.87
	유의도	.026			.021	.140	.169	.088

월수입 400만 원 이하에서 방해 · 피해 경험이 타 계층에 비해서 많다.

갈등 원인별로는 하층일수록 경제적 문제로 가족 갈등을 경험하는 경향이, 상층에서는 상호이해의 부족으로 인한 가족 갈등 경험이 각각 높다, 특히 교육 수준과 주관적 계층에 따른 차이가 상대적으로 크게 나타나고 있는데 교육 수준이 고졸 이하인 층과 주관적 계층이 하층인 경우에 경제적 문제로 인한 가족 갈등 경험률이 가장 높다. 반면 교육 수준이 대학 이상인 층, 주관적 계층이 상층 그리고 월 소득 400만 원 이상 층에서는 상호이해 부족으로 인한 갈등 경험률이 높다. 하층일수록 갈등 경험이 높을 뿐만 아니라 경제적 원인의 갈등이 높다는 사실은 가족 관계의 갈등이 단지 심리적이고 인간관계적 차원이 아니라 사회적 박탈이나 배제와 같은 거시사회적 현실과 직결되어 있음을 보여 주는 결과이다.

표 4-12. 계층별 가족 갈등의 원인(수치 : %, χ^2, 유의도)

		성격차 등 심리적 문제	의견이나 가치관 차이	경제적 문제	대화 부족	상호이해 부족	계
교육수준	고졸 이하	16.9	18.8	27.2	14.5	22.8	100.0
	대학 이상	15.8	24.3	18.6	13.7	27.6	100.0
	χ^2	14.96					
	유의도	.005					
주관적 계층별	하	11.6	20.8	31.7	18.1	17.8	100.0
	중	17.4	20.6	24.0	12.7	25.3	100.0
	상	19.3	23.8	13.5	12.7	30.9	100.0
		39.10					
	유의도	.000					
소득별	200만 이하	17.0	19.7	20.0	18.4	24.9	100.0
	200만 -400만	15.7	21.9	28.9	11.7	21.9	100.0
	400만 이상	17.1	22.3	17.4	13.2	30.0	100.0
	χ^2	23.63					
	유의도	.003					

직장 갈등 경험의 계층별 차이는 부분적으로 발견할 수 있는데 교육 수준이 대학 이상인 층이 고졸 이하에 비해서 경험률이 다소 높다[표 4-13(a)참조]. 특히 피해·방해와 심리적 갈등을 더 많이 경험하고 있다. 그러나 주관적 계층이나 소득별 갈등 경험의 차이는 발견할 수 없다. 즉 직장 갈등은 교육 수준 상층에서 높게 나타나 하층에서 경험률이 높은 가족 갈등과는 대조를 보인다.

이웃 갈등은 가족, 직장 갈등에 비해서 계층별 차이가 가장 뚜렷한 영역임을 확인할 수 있다[표 4-13(b) 참조]. 교육 수준이 고졸 이하인 층에서, 주관적 계층이 낮을수록, 그리고 월 소득이 낮을수록 이웃과의 갈등 경험이 빈번하다. 특히 주관적 계층이 하층인 경우와 월 소득 200만 원 이하 층에서 이웃과의 갈등 경험이 두드러진다. 갈등 형태에 있어서는 주관적 계층이 낮을수록, 월 소득이 적을수록 피해·방해 경험, 심리적 갈등 경험, 감정 표출 갈등 등 육체적

표 4-13(a). 계층별 직장 관계 갈등 경험과 경험 형태(수치 : %, χ^2, 유의도)

직장 관계		갈등 경험			갈등 형태			
		있음	없음	계	피해·방해	부정적 심리	감정적 표출	육체적 미찰
교육 수준별	고졸 이하	59.5	40.5	100.0	44.7	55.5	34.0	4.9
	대학 이상	68.1	31.9	100.0	51.6	61.1	31.5	3.3
	χ 2	8.07			4.91	3.30	.71	1.76
	유의도	.004			.027	.069	.401	.204
주관적 계층별	하	66.0	34.0	100.0	54.2	59.2	39.9	4.6
	중	64.2	35.8	100.0	46.3	59.6	29.8	4.2
	상	61.2	38.8	100.0	46.5	55.4	31.5	3.8
	χ^2	1.30			4.42	1.34	7.77	.19
	유의도	.522			.110	.511	.021	.910
소득별	200만 이하	62.6	37.4	100.0	48.7	56.3	32.5	3.3
	200만-400만	65.2	34.8	100.0	50.6	60.9	33.4	5.5
	400만 이상	63.2	36.8	100.0	44.3	56.6	31.9	2.7
	χ^2	.60			2.86	1.98	.20	4.01
	유의도	.742			.240	.372	.905	.135

표 4-13(b). 계층별 이웃 관계 갈등 경험과 경험 형태(수치 : %, χ^2, 유의도)

이웃 관계		갈등 경험			갈등 형태			
		있음	없음	계	피해·방해	부정적 심리	감정적 표출	육체적 미찰
교육 수준별	고졸 이하	44.7	55.3	100.0	31.4	36.8	21.0	3.2
	대학 이상	39.8	60.2	100.0	28.0	31.1	14.3	3.4
	χ^2	3.65			2.08	5.37	11.50	.04
	유의도	.032			.149	.021	.001	.844
주관적 계층별	하	48,8	51.2	100.0	34.5	39.4	21.8	2.2
	중	41.0	59.0	100.0	29.4	33.2	17.8	4.4
	상	38.9	61.1	100.0	26.3	31.0	14.3	2.2
	χ^2	8.59			6.32	6.55	7.51	5.55
	유의도	.014			.042	.038	.023	.062
소득별	200만 이하	50.8	49.2	100.0	37.6	43.0	25.1	3.9
	200만-400만	39.3	60.7	100.0	27.6	31.4	15.3	3.3
	400만 이상	38.3	61.7	100.0	25.4	29.1	14.1	2.8
	χ^2	18.00			17.93	21.93	22.60	.89
	유의도	.000			.000	.000	.000	.643

마찰을 제외한 모든 형태의 갈등이 증가하고 있어 하층의 이웃 갈등 강도가 그만큼 높다는 것을 알 수 있다.

하층에서 이웃과의 갈등 경험이 두드러지고 갈등 강도 또한 높은 현실은 일차적으로 한국사회에서 하층에서 발달한 근린성을 반영하는 결과이다. 집단적 거주 환경으로 인한 빈번한 교류와 접촉, 직업과 고용 특성으로 구직이나 가사 도움을 위한 후원관계망 역할 등은 하층에서 근린관계가 활성화되는 대표적 배경이다. 즉 근린관계는 모든 계층에서 고루 발달한 관계가 아니라는 점에서 상대적으로 빈번한 근린관계로 이웃 갈등 경험 역시 상대적으로 많이 발생했다고 여겨진다. 그러나 산업화 이후 도농 지역을 막론하고 낙후된 집단 거주지를 겨냥한 주택재개발사업을 비롯하여 각종 토지 대상 이권 사업들로 하층 근린의 공동체적 기능이 붕괴되고 경제적 이익을 둘러싼 심각한 갈등 관계에 놓이게 되었음을 보고하는 사례들이 적지 않다. 즉 하층에서의 이웃 관계의 격심한 갈등 양상은 단순히 근린관계의 증가에 따른 자연스러운 결과라는 측면 못지않게 기존에 발달한 근린성이 외부 요인에 의해서 악화되는 측면을 동시에 보여 주는 결과로 해석된다.

(2) 갈등 유형

사회계층에 따른 갈등 유형의 차이는 직장과 이웃 갈등에서 주로 발견할 수 있다(표 4-14 참조). 대체로 하층에서 누적 표출형이 많고 상대적으로 잠재형이 적다. 직장 갈등의 경우 교육 수준별로는 고졸 이하, 주관적 계층이 하층인 경우에 누적 표출형이 많고 그만큼 잠재형이 적다. 이웃 갈등도 고졸 이하, 월 소득 200만 원 이하 층에서 각각 누적 표출형이 많다. 반면 하층을 제외한 중층과 상층 간 갈등 유형의 차이는 거의 나타나지 않았다. 하층에서 부정적 느낌이나 피해 경험을 기반으로 갈등을 표출하는 경향이 강한 것은 이미 설명한 바와 같이 갈등 원인이 경제적 상황과 관련되어 있으며 이로 인한 피해와 배제 정도를 더욱 심각하게 인식하기 때문으로 판단된다.

표 4-14. 계층별 갈등 유형(수치 : %, χ^2, 유의도)

		가족 관계			직장 관계			이웃 관계		
		잠재형	누적 표출형	돌발 표출형	잠재형	누적 표출형	돌발 표출형	잠재형	누적 표출형	돌발 표출형
성별	고졸 이하	25.5	66.3	8.2	42.9	56.4	.7	51.9	45.3	2.8
	대학 이상	26.4	62.3	11.3	53.6	43.9	2.3	62.8	34.7	2.5
	χ^2	3.48			11.46			7.74		
	유의도	.175			.003			.021		
주관적 계층별	하	24.3	70.9	4.9	39.2	60.1	.6	53.4	42.7	3.9
	중	25.8	62.2	12.0	53.5	44.6	1.8	55.7	42.7	1.7
	상	27.9	62.9	9.2	48.4	49.7	1.9	62.7	34.2	3.2
	χ^2	13.64			10.78			5.84		
	유의도	.013			.029			.211		
소득별	200만 이하	26.9	64.2	9.0	48.2	51.2	.6	48.9	48.9	2.3
	200만-400만	25.8	65.1	9.0	48.9	49.6	1.4	60.6	37.3	2.0
	400만 이상	25.1	63.7	11.2	49.5	48.4	2.2	61.8	34.5	3.6
	χ^2	1.33			1.68			10.74		
	유의도	.857			.794			.030		

4. 일상생활 영역 간 갈등의 중첩성

1) 교차 갈등

(1) 일반적 경향

먼저 가족과 직장, 가족과 이웃, 직장과 이웃의 세 영역에서 갈등을 동시적으로 경험하는 교차 갈등의 정도를 알아보기로 한다(표 4-15 참조). 가족과 직장 관계의 갈등을 동시에 경험하는 비율은 전체의 거의 반에 해당하는 49.7%로 교차 갈등 가운데 경험률이 가장 높다. 가족과 이웃 관계의 교차 갈등률은

표 4-15. 교차 갈등 경험 비율(%)

가족-직장	교차 경험	가족 갈등	직장 갈등	갈등 없음	계
	가족-이웃	22.0	14.2	14.2	100.0
가족-이웃	교차 경험	가족 갈등	직장 갈등	갈등 없음	계
	33.9	39.1	8.5	18.5	100.0
직장-이웃	교차 경험	직장 갈등만	이웃 갈등만	갈등 없음	계
	34.3	29.6	9.7	26.5	100.0

33.9%, 직장과 이웃 관계의 교차 갈등률은 34.3%로 전체의 1/3 정도가 가족과 이웃, 직장과 이웃 영역에서 교차 갈등을 각각 경험하고 있다.

(2) **집단별 교차 갈등**

성, 연령, 사회계층별로 가족-직장, 가족-이웃, 직장-이웃의 교차 갈등 양상을 비교해보기로 한다. 먼저 가족과 직장 교차 갈등의 집단별 차이로는 성별에서 남성이 여성에 비해 다소 높다(부록 표1 참조). 상대적으로 여성은 가족 갈등만 경험하는 비율이 다소 높으며(여기서 여성은 현재 직업 활동을 하고 있는 경우만 대상으로 하였음) 남성에서 직장 갈등과의 교차 경험 비율이 높다. 연령별로는 40대 이하 연령층의 교차 경험이 50대에 비해 높다. 50대를 제외하고 40대 이하에서 연령별 교차 갈등 경험률은 큰 차이가 없음을 알 수 있다. 계층별로 두드러진 차이는 나타나지 않는다(부록 표2 참조). 단 교차 경험자만을 대상으로 경우에는 주관적 계층이 중층 이하인 층이 상층에 비해서 그리고 월 소득이 400만 원 미만인 층이 400만 원 이상인 층에 비해서 교차 갈등 경험이 다소 높다. 즉 상층의 교차 갈등이 중층에 비해서 상대적으로 낮지만 중층 이하에서는 계층별로 큰 차이가 없다는 것이다.

가족과 이웃의 교차 갈등의 집단별 차이로는 먼저 성별에서는 남성이 여성보다 교차 갈등을 다소 많이 경험하고 여성은 가족 갈등만을 경험하는 비율이 상대적으로 높다(부록 표3참조). 연령별로는 연령 증가에 따라서 교차 경험 비율이 감소하고 있는데 이는 가족과 이웃의 두 영역에서 갈등을 경험하지 않는 비율에서 차이가 있어서이다. 주관적 계층과 소득이 하층일수록 가족과 이웃의 교차 갈등 경험이 증가한다(부록 표4 참조). 특히 월 소득 200만 원 이하 층에서 타 계층에 비해서 가족과 이웃의 교차 갈등 비율이 높다. 교육 수준별로는 고졸 이하의 층이 대학 이상에 비해서 교차 경험이 다소 높은데 이는 갈등 경험률이 상대적으로 높은 데서 기인하는 것으로 갈등 경험자만을 대상으로 할 때 특별히 높은 수준의 교차 갈등을 겪는다고 말하기는 어렵다. 즉 가족과 이웃의 교차 갈등 경험은 주로 경제적 계층요인을 중심으로 차이가 나타나고 있어 가족의 경제적 어려움이 가족 관계와 이웃 관계 모두에 부정적 영향을 미치는 결과로 추론된다.

직장과 이웃의 교차 갈등 경험의 집단별 분석 결과로는 먼저 성별에서 남성의 교차 갈등 경험이 여성에 비해 높다(부록 표5 참조). 여성은 갈등 경험률이 낮을 뿐 아니라 이웃 갈등만을 경험하는 비율이 상대적으로 높다. 연령별로는 20대에서 직장과 이웃 관계의 교차 갈등 경험이 높은 반면 40대 이상에서 낮다. 계층별로는 교육 수준이 낮은 층과 주관적 하층 계층과 소득이 낮은 층에서 교차 경험이 상대적으로 많다(부록 표6 참조).

(3) 교차 갈등 정도

여기에서는 교차 갈등의 수준에 따라서 이중 갈등과 다중 갈등으로 구분하여 교차 갈등 정도를 분석하기로 한다. 갈등 경험자를 대상으로 가족, 직장. 이웃의 3개 영역 중 하나의 영역에서만 갈등을 경험하는 단일 갈등, 두 개 영역에서 동시에 갈등을 경험하는 이중 갈등, 그리고 3개 영역 모두에서 갈등을 경험하는 다중 갈등으로 구분해 볼 때, 갈등을 경험하고 있는 사람 중 단일 갈등 경험률은 29.6%, 이중 갈등 경험률은 38.8%, 다중 갈등 경험률은 31.6%에 이르고 있다. 갈등 경험자 중 70% 정도가 적어도 두 가지 이상의 갈등을 동시에 경험하

표 4-16. 성별 · 연령별 교차 갈등 정도(수치 : %, χ^2, 유의도)

		다중 갈등	이중 갈등	단일 갈등	계
전체		31.6	38.8	29.6	100.0
성별	남자	35.1	38.8	26.1	100.0
	여자	26.8	26.1	34.3	100.0
	χ^2	9.76			
	유의도	.008			
연령별	20대	41.6	32.0	26.5	100.0
	30대	29.7	37.3	33.0	100.0
	40대	27.2	46.1	26.7	100.0
	50대	27.4	29.7	32.3	100.0
	χ^2	18.49			
	유의도	.005			

고 있어 한국사회의 일상적 갈등의 중첩성이 매우 높은 수준임을 알 수 있다. 높은 중첩성을 지닌 일상적 갈등이 보편적이라는 사실은 갈등 경험이 그만큼 강렬하며 구조적 효과도 크다는 것을 시사한다.

교차 갈등 정도에 따른 교차 갈등 유형을 성, 연령, 계층별로 비교한 결과가 〈표 4-16〉이다. 먼저 성별 차이로는 남성이 여성에 비해서 다중 갈등 경험이 많은데 이는 직장 갈등의 비율이 상대적으로 높기 때문이다. 연령별로는 20대에서 다중 갈등 비율이 타 연령층에 비해서 높다. 20대의 다중 갈등 경험률이 높은 것은 직장 갈등과 이웃 갈등 경험률이 각각 가장 높으며 직장과 이웃의 교차 갈등 경험도 가장 높기 때문이다.

계층별로는 주관적 계층에서 다중 갈등 경험의 차이가 비교적 크다(표 4-17 참조). 주관적 계층이 하층일수록 단일 갈등보다 이중 갈등과 다중 갈등을 더 많이 경험하고 있으며 소득이나 교육 수준의 요인에 따른 차이는 크지 않다. 주관적 하층에서 이중 갈등과 다중 갈등이 높은 이유는 이웃과의 갈등이 높고 이웃과 직장의 교차 갈등 경험이 많기 때문이다.

표 4-17. 계층별 교차 갈등 정도(수치 : %, χ^2, 유의도)

		다중 갈등	이중 갈등	단일 갈등	계
교육 수준별	고졸 이하	34.9	36.3	28.8	100.0
	대학 이상	28.7	34.9	30.2	100.0
	χ^2	4.15			
	유의도	.125			
주관적 계층별	하	36.4	41.1	22.5	100.0
	중	38.0	35.0	31.9	100.0
	상	22.5	31.9	31.1	100.0
	χ^2	13.71			
	유의도	.008			
수입별	200만 원 이하	36.3	36.3	27.3	100.0
	200만-400만 원	32.3	36.2	31.5	100.0
	400만 원 이상	26.0	45.7	28.3	100.0
	χ^2	9.54			
	유의도	.049			

2) 영역 간 갈등의 상관성

가족, 직장, 이웃 갈등 유무간 상관성을 분석한 결과가 〈표 4-18〉이다. 생활 영역 간 상관성이 높다는 것은 한 영역에서 갈등이 다른 영역에서 갈등을 유발하거나 모든 생활 영역에 영향을 미치는 공통의 갈등 요인이 있음을 뜻한다. 상관성이 약하거나 없다면 특정 생활 영역에서 갈등이 다른 영역에 영향을 미치지 않거나 모든 생활 영역에 공통으로 영향을 미치는 갈등 요인이 존재하

표 4-18. 생활 영역 갈등의 상관성(수치 : phi값)

	직장 갈등	이웃 갈등
가족 갈등	.182**	.134**
직장 갈등		.261**

** : p〈.05

지 않는다고 볼 수 있다. 만일 상관성이 음의 부호를 보여 준다면, 즉 반비례적 경향이 나타나는 경우에는 특정 생활 영역에서의 갈등이 다른 영역의 갈등을 감소시킨다고 해석할 수 있다.

가족, 직장, 이웃의 세 영역 간 갈등 경험의 상관성은 모두 통계적으로 유의미한 정적 상관성을 보여 준다(여기서는 상관성은 갈등의 유무에 따른 2×2 교차표를 통해 파이phi 계수를 산출하였다). 세 가지 상관성 가운데는 직장과 이웃 간 상관성이 .261로 가장 높고 가족과 직장 간 상관성이 .182, 가족과 이웃 간 상관성이 .134이다. 이 같은 상관성 정도는 높은 수준이라고 볼 수는 없지만 양(+)의 상관성을 나타내고 있어 특정 생활 영역의 갈등이 다른 생활 영역의 갈등과 일정 수준 연관되어 있음을 보여 준다. 앞서 교차 갈등 분석에서도 확인한 바와 같이 일상적 갈등을 생활 영역별로 중첩적으로 경험하고 있음을 보여 주는 결과이기도 하다.

세 가지 상관성 가운데 가족 갈등과 가족 외부 갈등과의 상관성에 비해서 가족 외부 영역인 직장과 이웃 갈등 간 상관성이 높은 점이 눈에 띈다. 즉 가족 외부 영역에서의 갈등들이 서로 영향을 미치는 정도가 상대적으로 높거나 공통적인 맥락에서 갈등이 발생하고 있음을 알 수 있다. 가족 갈등은 이웃보다 직장 갈등과 상관성이 높지만 이웃 직장 간 상관성에 비해서는 크지 않다. 이 결과만 놓고 본다면 가족 갈등이 다른 생활 영역의 갈등에 미치거나 다른 갈등이 가족 갈등에 미치는 영향력이 어느 정도 존재하지만 가족 외부 갈등 상호 간 영향력에 비해서 크지 않다고 하겠다. 이를 가족 갈등을 중심으로 설명하자면 가족 갈등이 외부 갈등을 증폭시키거나 외부 갈등으로 가족 갈등이 유발되는 양상은 상대적으로 뚜렷하지 않다는 것이다.

이 같은 갈등 간 상관성을 집단별로 나누어 살펴보기로 한다(표 4-19 참조). 이는 특정 집단에서 생활 영역별 갈등이 어떻게 상호관련되어 있는지 구체적 양상을 살펴보기 위한 것이다. 먼저 성과 연령별로 비교해 보면 성별로는 모든

표 4-19. 성별 · 연령별 갈등 간 상관성(수치 : phi값)

성별		직장 갈등		이웃 갈등	
		남성	여성	남성	여성
	가족 갈등	.247**	.105*	.169**	.108**
	직장 갈등			.282**	.228**

연령별		직장 갈등				이웃 갈등			
		20대	30대	40대	50대	20대	30대	40대	50대
	가족 갈등	.235**	.059	.242**	.276**	.132**	.108*	.165**	.155**
	직장 갈등					.347**	.227**	.179**	.297**

** : p<.05, * : p<.01

상관성에서 남성이 여성에 비해서 높으며 특히 가족과 직장 갈등 상관성에서 남성과 여성의 차이가 가장 크다. 남성이 여성에 비해서 상대적으로 가족과 직장 영역 간 갈등의 상호영향력이 강하게 나타난 것은 남성이 여성에 비해 경제활동 참여 수준이 높고 가정생활 자체에서 발생하는 독립적 갈등 유발 요인이 상대적으로 적은 것과 관계가 있다. 또한 여성이 남성에 비해 가족과 직장 간 갈등을 비롯하여 가족 이웃 간 · 직장 이웃 간 갈등 상관성이 모두 낮은 것은 여성의 생활 영역별 역할 분화 수준이 상대적으로 높아 갈등 요인이 분산되어 있음을 시사하는 결과이기도 하다.

연령별로는 가족과 직장 갈등 상관성은 50대에서 가장 높고 30대에서 가장 낮다. 가족과 이웃 갈등 상관성은 40대 이상에서 비교적 높은 반면 직장과 이웃 갈등 상관성은 20대에서 가장 높게 나타나고 있다. 20대의 높은 상관성은 직장과 이웃 관계가 공통의 갈등 요인에서 연유하거나 가족외부 영역에서 갈등의 확산 정도가 높다는 것으로 20대 일상적 갈등 경험이 그만큼 강력하고 심각하다는 사실을 보여 주는 것이다. 30대에서 특히 직장 갈등과 가족 갈등의 상관성이 낮게 나타난 것은 가족 갈등과 직장 갈등이 독립적으로 발생하고 있음을 의미한다. 30대에서 가족 이웃의 상관성도 타 연령층에 비해서 상대적

표 4-20. 계층별 갈등 영역 간 상관성(수치 : phi값)

<table>
<tr><td rowspan="4">교육
수준별</td><td rowspan="2"></td><td colspan="3">직장 갈등</td><td colspan="3">이웃 갈등</td></tr>
<tr><td colspan="2">고졸 이하</td><td>대학 이상</td><td colspan="2">고졸 이하</td><td>대학 이상</td></tr>
<tr><td>가족 갈등</td><td colspan="2">.186**</td><td>.192**</td><td colspan="2">.134*</td><td>.128*</td></tr>
<tr><td>직장 갈등</td><td colspan="2"></td><td></td><td colspan="2">.336**</td><td>.205**</td></tr>
<tr><td rowspan="4">주관적
계층별</td><td rowspan="2"></td><td colspan="3">직장 갈등</td><td colspan="3">이웃 갈등</td></tr>
<tr><td>하층</td><td>중층</td><td>상층</td><td>하층</td><td>중층</td><td>상층</td></tr>
<tr><td>가족 갈등</td><td>.188**</td><td>.163**</td><td>.201**</td><td>.153**</td><td>.120*</td><td>.128*</td></tr>
<tr><td>직장 갈등</td><td></td><td></td><td></td><td>.223**</td><td>.330**</td><td>.209**</td></tr>
<tr><td rowspan="4">월수입별</td><td rowspan="2"></td><td colspan="3">직장 갈등</td><td colspan="3">이웃 갈등</td></tr>
<tr><td>200만 이하</td><td>200-400만</td><td>400만 이상</td><td>200만 이하</td><td>200-400만</td><td>400만 이상</td></tr>
<tr><td>가족 갈등</td><td>.289**</td><td>.137*</td><td>.165**</td><td>.111*</td><td>.172**</td><td>.084</td></tr>
<tr><td>직장 갈등</td><td></td><td></td><td></td><td>.243**</td><td>.295**</td><td>.208**</td></tr>
</table>

** : p〈.05, * : p〈.01

으로 낮게 나타나고 있다. 이는 타 연령층에 비해서 30대에서 가족 갈등이 타 갈등에 미치는 파급 효과가 상대적으로 적고 가족 갈등의 원인이 이웃이나 직장에서의 갈등과는 다른 맥락에서 발생하고 있음을 의미한다.

계층별로 갈등 간 상관성을 비교하면 계층 요인별로 일관성 있는 경향은 나타나지 않았지만 특정 계층에서 발견되는 두드러진 양상이 주목된다(표 4-20 참조). 월 소득이 낮은 경제적 하층의 경우 가족과 직장 갈등의 상관성이 타 계층에 비해서 크게 높다. 경제적 박탈이 가족과 직장 영역에서 갈등을 야기하는 공통 요인으로 작용하고 있음을 시사하는 결과이다. 또한 고졸 이하층이 고졸 이상에 비해서 직장과 이웃 갈등의 상관성이 상대적으로 높게 나타나고 있다. 그런데 주관적 하층이나 소득수준이 하층에서 직장과 이웃 갈등의 상관성이 높지 않은 결과와 비교해 볼 때 교육 수준별 차이를 계층 서열성에 따른 효과로 해석하기는 어렵다. 계층적 지위가 낮다고 해서 가족 외부 갈등 간 상호영향력이 일관성 있게 증가하지는 않기 때문이다. 교육 수준이 낮은 층에서 가족 외부 갈등 간 상호영향력이 높게 나타난 것은 교육이 갈등을 관리하는 자원의 하나로 작용하고 있는 결과가 아닌가 한다. 즉 교육 수준에 따라서 갈등 원인을 영역별로 구분하는 합리적 태도나 관계의 특성에 따라서 의사소통을 차별화하는 기법 등 갈등 관리와 관련된 자원이 형성되고 있다는 것이다.

5. 요약 및 결론

지금까지 한국사회의 가족, 직장, 이웃 세 가지 일상생활 영역에서 갈등 경험의 분화와 교차양상을 성, 연령, 사회계층의 집단별로 분석하였다. 주요 발견과 함의를 정리하면 다음과 같다.

먼저 일상생활 영역 간 갈등의 상호연관성이 매우 높다는 사실을 확인할 수 있다. 교차 갈등 경험률이 매우 높은 수준에 이르고 있으며 생활 영역 갈등은 상호 일정 수준의 양적 상관성을 보여 주고 있다. 이는 한국사회에서 중첩적으로, 그리고 높은 강도의 갈등을 경험하고 있으며 일상적 관계의 구조화 가능성이 상당히 크다는 것을 말해 주는 근거이다.

그러나 동시에 생활 영역별로 경험하는 갈등의 성격에 적지 않은 차이가 있다는 사실도 발견되었다. 가족 갈등은 표출적 특성이 강한 반면 직장과 이웃 갈등은 잠재성이 상대적으로 강한 생활 영역별 갈등 형태의 차이가 발견되었다. 생활 영역 간 갈등의 관련성이 적지 않았지만 생활 영역별 특성도 존재하고 있다. 가족 영역은 갈등이 가장 빈번하게 발생하는 영역이지만 타 영역과의 관련성은 상대적으로 크지 않다. 반면 가족 외부 영역인 직장과 이웃 영역은 상호관련성이 크고 공통의 갈등 요인을 포함하고 있는 영역으로 나타나고 있다.

둘째, 성과 연령에 따른 갈등 경험의 분화 양상은 예상대로 적지 않다. 가족 갈등은 여성이 직장과 이웃 갈등은 남성이 상대적으로 많이 경험하고 있다. 또한 모든 교차 갈등에서 남성의 경험률이 높아 남성이 여성에 비해 갈등을 더 중첩적으로 경험하고 있으며 생활 영역 간 갈등의 상호 영향력도 남성이 더 크다.

연령별로는 갈등 경험률에 있어 가족 갈등은 연령별 차이가 적지만 이웃과 직장 갈등 경험률은 20대 젊은 층에서 다소 높다. 교차 갈등 경험 역시 젊은 층에서 높은 것으로 나타나고 있는데 특히 직장과 이웃 갈등의 교차 경험이 높아 가족 외부 영역에서 갈등의 상호영향이 크다는 것을 알 수 있다. 연령별 갈등 경험은 성에 따라 적지 않은 편차를 보여 주고 있는데 대체로 연령이 증가할수록 성별 격차가 감소하기보다 오히려 증가하는 경향이 주목된다. 이는 남성은 연령이 높을수록 갈등 경험이 감소하는 데 비해서 여성은 연령별로 큰 차이가 없거나 오히려 증가하는 데서 연유한다. 특히 가족 갈등은 경험률과 갈등 원인에서 연령이 높은 층일수록 성별 격차가 큰 대표적 갈등이다. 남성은 50대 이상에서 경험이 감소하고 갈등의 원인도 경제적 원인이 주를 이루는 데 비해서 여성의 경험률은 연령별로 큰 차이가 없고 갈등의 원인이 심리적 이유인 경우가 상대적으로 많다.

이와 같은 성과 연령에 따른 갈등분화 양상은 성과 연령의 상호작용에 따른 복합적 양상으로 평가할 수 있는데 한국사회에서 성과 연령에 따른 갈등분화 양상이 다층적으로 진행되고 있음을 의미한다. 특히 40대 이상 중년층의 경우에 '동기효과cohort effect'는 성에 따라서 차별적으로 작용하고 있음을 보여준다.

셋째, 교육 수준, 주관적 계층, 소득의 계층적 요인에 따른 갈등 경험의 분화에 대한 분석 결과들은 계층요인에 따라서 갈등 경험이 상당 수준 분화되고 있음을 실증하고 있다. 가족 갈등은 상층에 비해서 중층 이하에서 다소 많이 경험하고 있으며 이웃 갈등은 특히 하층에서 많다. 반면 직장 갈등은 오히려 교육 수준이 높은 층에서 다소 높고 경제적 계층에 따른 차이는 발견되지 않았다. 즉 계층적 서열성은 가족 관계와 이웃 관계의 갈등을 야기하는 대표적 요인으로 작용하고 있다고 하겠다. 예상대로 하층일수록 갈등의 경제적 이유와 관련되어 있으며 상대에 대한 피해나 배제의 감정을 보다 즉각적으로 표출하는 경향도 하층에서 상대적으로 많다. 교차 갈등 경험 역시 하층 계층에서 높게 나타나고 있다.

그러나 생활 영역 간 갈등의 상호영향력에 있어서 계층별 차이는 일부에서만 발견되고 있다.

소득이나 주관적 계층의 경제적 계층이 다르다고 해서 특별히 특정 영역의 갈등이 다른 영역의 갈등에 더 많은 영향력을 행사하는 것은 아니다. 낮은 교육 수준은 특히 가족 외부 영역인 직장과 이웃 갈등의 상호영향력을 크게 하는 대표적 요인으로 확인되고 있는데 이는 갈등을 효과적으로 관리할 수 있는 자원의 결핍과 관계가 있는 것으로 판단된다.

이상의 계층별 갈등 분석 결과는 일상적 관계의 갈등이 단지 심리적이고 인간관계적 차원이 아니라 사회적 박탈이나 배제와 같은 거시적 상황과 직결되어 있음을 보여 준다. 동시에 일상생활에서 갈등 분화가 발생하는 특정 조건과 요인을 구체적으로 확인할 수 있다는 점에서 의의가 있다. ■ 김선업

부록 : 표 1. 성별 · 연령별 가족-직장 관계 갈등(수치 : %, χ^2, 유의도)

		교차 경험	가족 갈등만	직장 갈등만	갈등 없음	계
전체		49.7	22.0	14.2	14.2	100.0
성별	남자	53.3	16.9	15.2	14.7	100.0
	여자	44.4	29.2	12.8	13.5	100.0
	χ^2	21.90				
	유의도	.000				
연령별	20대	53.7	13.5	18.9	13.9	100.0
	30대	49.2	23.9	16.5	10.4	100.0
	40대	50.9	25.1	9.3	14.7	100.0
	50대	41.8	25.5	10.5	22.2	100.0
	χ^2	34.80				
	유의도	.000				

부록 : 표 2. 성별 · 연령별 가족-직장 관계 갈등(수치 : %, χ^2, 유의도)

		교차 경험	가족 갈등만	직장 갈등만	갈등 없음	계
교육 수준별	고졸 이하	48.5	26.4	10.9	14.2	100.0
	대학 이상	50.7	17.8	17.2	14.3	100.0
	χ^2	15.65				
	유의도	.001				
주관적 계층별	하	53.4	18.1	12.6	16.0	100.0
	중	50.3	23.6	13.9	12.3	100.0
	상	45.0	22.3	16.2	16.5	100.0
	χ^2	8.08				
	유의도	.232				
소득별	200만 원 이하	50.4	23.7	12.2	13.7	100.0
	200만-400만 원	51.1	22.1	13.9	12.6	100.0
	400만 원 이상	46.9	20.1	16.3	16.7	100.0
	χ^2	5.15				
	유의도	.525				

부록 : 표 3. 성별 · 연령별 가족–이웃 관계 갈등(수치 : %, χ^2, 유의도)

		교차 경험	가족 갈등만	직장 갈등만	갈등 없음	계
성별	남성	35.2	33.9	10.1	20.7	100.0
	여성	32.5	44.4	6.8	16.3	100.0
	χ^2	20.12				
	유의도	.000				
연령별	20대	36.3	32.5	11.9	19.3	100.0
	30대	34.9	41.3	7.9	15.9	100.0
	40대	32.5	42.5	5.2	18.7	100.0
	50대	30.7	39.8	7.9	21.7	100.0
	χ^2	19.47				
	유의도	.022				

부록 : 표 4. 계층별 가족–이웃 관계 갈등(수치 : %, χ^2, 유의도)

		교차 경험	가족 갈등만	직장 갈등만	갈등 없음	계
교육 수준별	고졸 이하	36.9	39.3	7.8	16.0	100.0
	대학 이상	30.5	38.9	9.2	21.3	100.0
	χ^2	11.04				
	유의도	.012				
주관적 계층별	하	38.6	35.5	10.2	15.7	100.0
	중	34.2	40.1	6.8	18.9	100.0
	상	29.1	40.6	9.9	20.4	100.0
	χ^2	13.66				
	유의도	.034				
소득별	200만 원 이하	41.3	33.5	9.5	15.7	100.0
	200만–400만 원	32.0	43.1	7.3	17.7	100.0
	400만 원 이상	29.2	39.1	9.3	22.5	100.0
	χ^2	24.27				
	유의도	.000				

부록 : 표 5. 성별 · 연령별 직장-이웃 관계 갈등(수치 : %, χ^2, 유의도)

		교차 경험	가족 갈등만	직장 갈등만	갈등 없음	계
성별	남성	37.8	30.8	7.8	23.6	100.0
	여성	29.3	27.9	12.3	30.5	100.0
	χ^2	15.07				
	유의도	.002				
연령별	20대	46.3	26.2	7.0	20.5	100.0
	30대	33.9	31.8	9.5	24.8	100.0
	40대	27.1	38.2	10.7	28.9	100.0
	50대	28.3	24.3	11.8	35.5	100.0
	χ^2	32.13				
	유의도	.000				

부록 : 표 6. 계층별 가족-이웃 관계 갈등(수치 : %, χ^2, 유의도)

		교차 경험	가족 갈등만	직장 갈등만	갈등 없음	계
교육 수준별	고졸 이하	36.8	22.6	11.3	29.2	100.0
	대학 이상	31.7	36.2	8.1	24.0	100.0
	χ^2	22.64				
	유의도	.000				
주관적 계층별	하	38.7	27.3	11.3	22.7	100.0
	중	34,5	29.8	8.3	27.4	100.0
	상	29.6	31.5	10.8	29.1	100.0
	χ^2	7.39				
	유의도	.286				
소득별	200만 원 이하	38.5	24.1	14.4	23.0	100.0
	200만-400만 원	34.3	30.9	6.4	28.4	100.0
	400만 원 이상	30.1	33.1	9.8	27.0	100.0
	χ^2	20.37				
	유의도	.002				

제5장

개발주의와 환경 갈등

1. 서론

1960년대 이후 한국사회는 개발주의 이념에 의해 지배되어 왔다고 할 수 있다. 가난과 기아에서 벗어나기 위해 경제성장을 위한 범국가적인 차원에서의 노력이 강조되어 왔다. 특히 발전국가developmental state라고 불린 강력한 권위주의 국가는 경제 목표를 설정하고, 이를 위한 계획들을 수립한 뒤 유인과 제재를 통한 개발을 주도해 왔다. 개발주의는 적어도 1987년 이전까지 한국사회를 지배한 핵심 이데올로기였던 것이다. 개발주의의 지배력은 매우 강력해서 민주주의, 환경주의, 여성주의 등 다른 이념들은 사회적 논의와 정책에서 제외되었던 것이 1987년 이전의 실정이었다.

권위적 개발 체제에서는 억압적인 국가 통제 때문에 사회 갈등이 표출되지 못했다. 1987년 민주화 운동 이후 사회적 개방성이 증가하면서 큰 변화가 생기기 시작했다. 국가 억압기구의 약화와 시민사회의 급속한 성장은 사회 갈등을 위한 공간을 만들어 냈다. 이익집단들이 급속히 증가하였으며, 다양한 개인들이 자신의 이해를 관철시키기 위한 의사표현을 적극적으로 하게 되었다. 이에 따라 개인과 개인, 조직과 조직들 간의 갈등 빈도가 증가하였다. 이러한 갈등의 활성화는 사회 민주화의 한 단계로 간주될 수 있는 것으로 꼭 부정적으로만 볼 것은 아니다. 억압적 국가 체제의 해체와 시민사회 영역 분화에 따른 자연스러운 현상이라고 할 수 있는 것이다. 다만 갈등이 장기화되고, 과열될 경우 발생하는 사회적 비용을 고려할 때, 어떻게 제도적으로나 문화적으로 갈등을 조정할 것인가는 중요한 사회적 과제이다.

한국의 근대화가 압축적이었던 만큼, 갈등도 매우 압축적이었다. 특히 1987년 이후 우리 사회는 다양한 형태의 갈등을 경험해 왔으며, 이에 따라 갈등사회라는 표현이 낯설지 않은 형국이다(박길성, 2008). 계급 갈등, 이념 갈등, 노사 갈등, 지역 갈등, 환경 갈등 등 다양한 갈등들이 한국사회의 특수한 역사적 맥락 속에서 독특한 형태로 자리 잡고 심화되는 경향을 보이고 있다. 따라서 갈등은 한국사회를 이해하는 데 중요한 개념이며, 갈등에 대한 경험적 연구는 사회학적으로 꼭 필요하다.

이 글은 한국사회의 갈등 지형을 역사적·경험적으로 이해하기 위한 노력의 일환이다. 보다 구체적으로는 비교적 최근에 중요한 쟁점으로 등장한 환경 갈등을 연구대상으로 삼는다. 우리 사회 환경 갈등의 독특성에 주목할 필요가 있다. 흥미롭게도 우리나라의 주요 환경 갈등들은 국가에 의해 주도되는 각종 국책사업에 의해 주로 발생해왔다. 새만금 간척사업과 부안 방사성 폐기물 처분장 등이 그 대표적인 예이다(김철규·조성익, 2004). 국가가 환경 갈등의 중심에 서 있었던 것이다. 이를 환경 갈등 분류의 한 축인 가치 갈등value conflict의 측면에서 정리해 본다면 국가의 개발주의와 (시민)사회의 환경주의가 맞닥뜨리는 것으로 볼 수 있다. 상이한 가치를 지닌 국가와 시민사회라는 주체가 '개발이냐 보존이냐' 하는 쟁점을 놓고 상호 충돌하는 경우가 빈번하게 관찰되고 있는 것이다.

환경 갈등은 1997년 IMF 체제 이후 본격화된 개발주의의 재등장에 의해 더욱 증폭되어 왔다. 소위 신개발주의는 일종의 정치적 기획으로 극단적 시장주의와 성장 이데올로기를 바탕으로 전국을 토목 공사장으로 만들고 있다.

이러한 과정에서 국가는 매우 중요한 역할을 하고 있는 것이다. 2008년 이명박 정부의 출범은 신개발주의를 더욱 심화시키고 있다. 미국발 금융 위기와 정부 대응 실패에 따른 경제 침체 속에서 이명박 정부는 매우 적극적으로 토목과 건설 사업을 통한 경제성장을 추진하고 있다. 특히 4대강 정비사업이라는 이름으로 추진하고 있는 토건사업은 전국을 개발 열병에 시달리게 할 것이다. 이에 따라 개발에 부정적인 환경단체 및 시민들과의 갈등이 심해질 것으로 보인다.

이 연구는 환경 갈등의 한가운데 정부가 서 있다는 점에 주목하여, 신개발주의 국가 정책들이 시민사회와 충돌하는 지점들을 그려 내고자 한다. 이를 위해 2절에서는 먼저 환경 갈등의 개념, 분류방식, 특징 등에 관한 논의들을 정리한다. 이어 3절에서는 남한의 사회변동 맥락에서 형성된 개발주의의 계보학에 대해 논의한다. 마지막으로 4절에서는 고려대학교 한국사회연구소가 2007년 11월 전국 성인 남녀 1,500명을 대상으로 실시한 설문조사를 바탕으로 한국인들의 환경 의식을 검토함으로써, 환경 갈등의 지형을 그려 볼 것이다. 즉, 한국인들의 환경 갈등에 대한 의식, 환경 관련 행위자들에 대한 불신/신뢰 정도, 환경의 의미에 대한 평가, 그리고 환경위험에 대한 의식 등을 분석하고, 이들이 특정한 정치적 국면에서 어떤 동학을 만들어 낼 것인지를 가늠해 본다.

2. 환경 갈등의 유형과 특성

다른 갈등에 비해 환경 갈등은 비교적 새로운 갈등 유형이다. 서구 사회의 경우 1960년대에 들어 소위 탈물질주의 가치의 등장에 따라 환경 갈등이 가시화되었다고 할 수 있다. 1950-60년대를 통해 이루어진 급속한 경제성장은 서구사회 중산층들에게 부와 소득과 같은 경제적 가치가 아닌 다른 사회적 가치를 정치화하도록 하였다. 이에 따라 개인의 성 정체성, 평화, 인종, 그리고 환경 등의 가치를 강조하는 새로운 사회운동이 등장하게 되었다. 이 신사회운동은 서구사회의 맥락에서 주류적 가치들과 적지 않은 갈등을 일으켰으며, 이러한 갈등은 다양한 형태로 기존의 제도와 문화를 바꾸는 계기가 되었다.

일반적으로 환경 갈등이란 환경이라는 희소한 자원을 둘러싸고 발생하는 다양한 주체들 간의 갈등을 의미한다(김종호 외, 2004 ; 유영성·안광일, 2006). 환경 갈등은 환경을 매개로 이루어지지만 사회적 행위자들 간의 상호작용이라는 점에서 사회학적 연구대상이다. 동시에 개인의 가치관, 자연과학적 지식, 조직화된 대립, 경제적 이해관계 등 다양한 층위와 영역의 변수들이 개입된다는 점에서 복합학적인 접근이 필요하다고 할 수 있다. 대개 환경 갈등은 개발주의와 환경주의의 대립에 의해 구체적인 개발사업을 둘러싸고 발생한다.

최근 들어 우리나라에서도 환경 갈등이 빈번하게 발생하고, 그에 따른 사회적 비용이 증가함에 따라 환경 갈등에 대한 관심이 높아지고 있다. 특히 노무현 정부에서 새만금간척사업, 부안 방사성 폐기물 처분장, 사패산 터널 문제 등과 관련해서 갈등이 심화·확산되면서 환경 갈등을 분석하고, 유형화하려는 노력이 여러 기관에서 진행되었다. 정부는 사회 갈등에 대한 연구를 통해 새로운 거버넌스 모델을 만들고, 국책사업을 순조롭게 진행시키려는 노력을 해왔다. 가장 대표적인 연구가 경제인문사회연구회의 지원으로 한국여성개발연구원이 주관하고 7개 국책연구원들이 참여해서 이루어진 〈환경 갈등 현황 및 정책 과제〉라고 할 수 있다(정회성 외, 2005). 이들은 환경 갈등이란 '현재 및 미래에 걸쳐 일정 지역에서 인간의 환경권을 침해하거나 자연환경을 파괴하는 사태를 둘러싸고 당사자 간 또는 관련 집단 간 다툼이 합의에 이루지 못한 상태'라고 정의하며 온산공단을 비롯한 공단 환경 사례, 한탄강댐 건설을 둘러싼 수자원 관련 사례, 새만금 간척사업 사례, 위도 방폐장 건설 사례 등을 분석하였다. 이들은 환경 갈등의 유형을 원인과 주체에 따라 분류하고 있다.

유영성·안광일(2006)은 기존의 환경 갈등 연구들을 기반으로 해서 4가지 정도의 유형화가 가능하다고 정리한다. 첫째, 환경 갈등의 특성과 원인에 따른 분류로서 이러한 기준에 따르면 이해관계 갈등, 가치 갈등, 사실 관계 갈등, 구조적 갈등 등이 있다. 두 번째 기준은 주체로서 환경적 재화를 바탕으로 개인 간, 집단 간, 정부와 집단 간, 정부와 개인 간, 정부 부처 간 등 다양한 주체들의 조합에 의해 환경 갈등을 분류할 수 있다. 셋째, 환경 갈등의 내용에 따른 유형화로서 하천, 광역시설, 지역개발 등 공공정책의 사안을 기준으로 갈등을 나누어 볼 수 있다. 넷째, 오염 매체에 따른 환경 갈등으로 수질, 대기, 폐기물, 자연환경, 소음 등으로 구분해서 접근할 수 있다.

한국사회에서 환경 갈등은 이해관계와 가치의 대립을 모두 포괄하는 경우가 많다. 예컨대 환경주의의 대 개발주의의 갈등으로 표현되지만, 동시에 내재적으로는 첨예한 이해관계의 대립이 존재하는 것이다. 또한 환경주의 진영과 개발주의 진영 내부에서도 상당히 이질적인 이해관계의 대립이 있을 수 있으며, 전술적으로 각각의 이념하에서 동맹을 맺는 경우가 허다하다. 또한 주체의 면에 있어서 다양한 주체들의 갈등 전선이 전술적으로 단순화되는 경향이 강하며, 이때 정부 대 환경단체의 양극으로 갈등이 재편된다. 대개 개발주의적 주체들이 정부의 우산 아래 통합되며 환경주의 가치관과 이해를 지닌 주체들은 환경단체의 우산 아래로 모이는 경우가 많다.

앞에서 논의된 환경 갈등의 분류는 분석적 수준에서 환경 갈등을 체계화는 도구로는 일정한 역할을 할 수 있다. 하지만 경험적 수준에서 실제 환경 갈등은 이런 분류 체계를 넘어서는 혼합적인 형태가 더 많다고 할 수 있다. 다시 한 번 강조하지만 우리 사회의 환경 갈등의 중심에는 국가 혹은 공공 부문이 위치해 있다. 환경 갈등 일반론이 아니라 한국적 맥락의 특수성에 대한 고려가 한국의 환경 갈등을 이해하고, 분석하는 데 매우 중요한 것이다. 그리고 이러한 한국적 맥락의 특수성을 명료하게 보여 주는 개념이 개발주의이다.

개발주의가 중요한 이념이라면, 이를 실제 정책으로 제도화시키는 것이 정부 기관들이다. 한국사회에서 중요한 개발주의 기관들은 주로 공사들이다. 대표적인 개발공사로는 토지공사, 주택공사, 수자원공사, 도로공사, 농촌공사 등이 있다. 이들 공사들의 정부 정책의 실현기관으로 다양한 형태의 개발정책을 수립하고 실행한다. 그 과정에서 환경운동연합, 녹색연합 등 환경주의 이념을 가진 환경단체들과 충돌하여, 갈등을 발생시킨다.

3. 개발주의와 신개발 체제

개발주의는 반공주의와 함께 한국사회를 지배해 온 핵심 이데올로기이다. 쿠데타를 통해 집권한 박정희는 반공주의에 기반한 억압적 통치 체제를 강화했다. 그러나 중앙정보부와 경찰력을 바탕으로 한 반공주의적 억압 체제만으로 박정희 정권은 유지될 수 없었다. 이에 따라 강력한 개발주의의 제도화가 이루어졌다. 경제개발 5개년 계획으로 구체화된 개발주의는 경제기획원에 의해 기획·관리되면서 구체적인 제도로 자리 잡았다. 경제 구조, 기업, 가족, 사회관계, 그리고 자연에 이르기까지 모든 것들이 경제발전을 위한 자원으로 해석되고, 동원되었던 것이다. 개발국가에 의한 경제성장을 위한 총동원 체제가 1960년대 이후 남한의 압축적 근대화를 낳았다.

개발주의의 구현으로서의 압축적 근대화는 생태적으로 지속가능하지 않은 것이었다. 환경과 생명에 대한 무자비한 살상행위가 진행되었다. 박정희 권권의 개발 드라이브는 정당성의 위기를 경제적으로 해결하려던 시도였다. 개발주의 체제하에서 자연은 경세성장을 위한 '자원'으로 전환되었으며, 그 과정에서 환경은 처참하게 파괴되었다. 물류를 위한 도로망, 산업생산을 위한 대형 발전소, 그리고 수출지향적 공업화를 지탱하기 위한 공단의 건설 등이 빠르게 이루어졌다.

국가에 의해 주도되는 반생태적 개발주의는 억압적 통치 체제와 개발에 대한 환상 때문에 별다른 저항 없이 전 국토를 뒤집어 엎을 수 있었다. 따라서 개발주의에 대한 사회적 문제 제기는 일정한 민주화가 이루어진 1987년 이후에야 본격적으로 시작되었다. 개발주의에 대한 생태적 문제 제기는 환경운동으로 명명되거나, 환경 갈등으로 프레이밍되었다.

1987년에서 1997년까지의 약 10년간은 환경주의가 일정한 시민권을 획득한 시기였다고 할 수 있다. 한편으로는 생태주의 담론들이 활발히 논의되며, 대안적 삶에 대한 열정이 공동체운동으로 구체화되었다. 또 다른 한편으로는 환경권에 대한 인식이 높아지면서 기존의 개발주의적 정책들에 대한 이의 제기가 급증하였다. 이러한 문제제기는 한편으로는 지역주민들에 의해서, 그리고 다른 한편으로는 새로운 시민운동으로서의 환경운동조직에 의해 적극적으로 이루어졌다. 그 결과 개발주의 정부와 기업들에 의해 무차별적으로 추진되던 개발사업들에 제동이 걸리기도 하였다.

가장 대표적인 것이 영월댐 건설 시도라고 할 수 있다. 강원도 동강을 중심으로 주기적으로 발생하는 홍수 때문에 댐 건설 필요에 대한 논의가 제기되곤 하다가, 1990년 대홍수를 계기로 노태우 정부가 영월댐에 대한 타당성 조사를 시행하게 되었다. 1991년 건설교통부는 영월댐 건설계획을 발표하고, 이후 댐 건설 필요성을 논거들을 만들어 내고 홍보하였다. 예컨대 한강수계의 경우 횡성댐과 영월댐을 만들더라도 2005년부터 물이 모자라게 될 것이며 두 댐이 건설되지 않으면 2002년부터 물이 부족하게 될 것이라고 주장했다(문순홍, 2001). 건설교통부와 수자원공사는 영월댐 건설의 필요성을 매우 적극적으로 지역주민들에게 홍보하고, 국민여론을 형성하기 위해 노력한다.

지역발전과 보상에 대한 기대는 지역의 여론을 댐 건설 쪽으로 몰아갔다. 하지만 1998년 정선, 영월, 평창군 주민들에 의해 '영월댐 백지화 3개군 투쟁위원회'(백투위)가 만들어지면서 상황이 급격하게 변화하기 시작했다. 보상을 기대했던 외지인 및 일부 지역주민들과 백투위 사이에 심각한 갈등이 발생하였던 것이다. 이러한 상황에서 동강의 아름다움을 그려낸 방송, 언론, 사진 등이 전국적인 영월댐 반대의 프레임을 만들어냈으며, 환경운동연합과 같은 환경단체 역시 영월댐 반대 운동에 적극 가세하게 되면서 갈등이 심화되었다. 시간이 경과하면서 강원도 역시 댐 건설 반대 입장을 천명함으로써 중앙정부와 지방정부 간의 대립이라는 독특한 갈등 구조가 만들어지기도 했다. 결국 김대중 대통령은 영월댐을 원점에서 재검토할 것으로 지시했고 총리실 산하에 영월댐 공동조사단이 만들어졌다. 2000년 6월 5일 세계환경의 날 기념식에서 김대중 대통령이 영월댐 백지화를 선언하게 된다. 이는 환경운동이 거대 개발사업에 제동을 건 첫 사례로 한국의 개발주의 및 환경운동의 역사에 큰 의미를 지닌다.

영월댐에서의 환경 갈등은 바로 새만금 간척사업으로 이어졌다. 새만금 간척사업은 전라북도 군산과 부안을 방조제로 연결하여 바닷물을 막고, 개벌과 바다를 메워 여의도 면적의 140배에 달하는 땅을 만드는 거대한 개발 사업이다. 이 사업은 지역주민, 특히 부안을 중심으로 한 어민들의 반대에도 불구하고 농림부 산하의 농촌공사(구농업기반공사)가 조직의 사활을 걸고 추진해 왔다. 새만금 간척사업은 한국의 슬픈 개발주의 역사의 그림자를 그대로 투영하고 있다. 이 사업의 타당성과 실질적인 투자 효과보다는 박정희 정부 이후 역대 정권의 개발 정책에서 배제되었던 호남지역에 대한 보상이라는 정치적 의미가 더 강했던 것이다. 1987년 12월 당시 민정당 대통령 후보 노태우가 새만금 공약을 발표했고, 이어 농림수산부가 사업추진계획을 발표한 뒤, 1991년부터 간척사업이 시작되었다. 1996년 시화호 오염 때문에 새만금 간척사업의 환경문제에 대한 논쟁이 시작되었고, 1998년부터 환경단체들이 사업의 문제점들을 지적하며 환경운동 차원에서 사업 중지를 주장하였다. 새만금 간척사업에 대한 사회적 논란이 커지면서 1999년 5월부터 공사가 중단되고 민관합동조사단이 조사를 시행하였다. 갑론을박에도 불구하고, 2001년 5월 정부는 이 사업을 계속하기로 결정하였다. 이후 환경단체들과 어민들은 지역에서의 농성, 삼보일배, 공사 집행정지 신청, 행정소송 등 다양한 방법으로 간척사업의 부당성을 지정하며, 사업을 중단시키기 위해 노력했다. 하지만 결국 2006년 대법원 전원합의체는 새만금 간척사업의 계속진행이라는 판결을 내렸다.

새만금 간척지를 어떤 용도로 쓸 것인가에 대해서는 논란이 많았다. 애초 사업 출발 초기에는 농지용도가 주를 이루었으나, 비공식적으로는 공업 단지, 첨단 테크노 콤플렉스 등의 다양한 설들이 정치적 목적을 가지고 유포된 바 있다. 농림부, 전라북도, 청와대 등이 시기에 따라 국면에 따라 새만금 간척사업을 다른 용도로 쓸 것이라고 밝혀 지역주민들의 지지를 얻어내거나 여론의 반대를 무마해 왔던 것이다.

2008년 이명박 정부가 출범하면서 새만금 간척사업은 신개발주의 철학에 적합한 형태로 재조명되고 있다. 일단 사업의 빠른 추진에 대한 청와대의 의지가 확고하다는 점 때문에 간척사업 관련 기업들의 주가가 급등하고, 군산 일대의 땅값이 올라가는 현상이 지속되고 있다. 정부는 여러 경로를 통해 새만금 간척사업을 통해 지역개발을 활성화하고, 한국 경제의 경쟁력을 제고시킬 것이라고 밝혀 왔다. 또한 간척 용지 이용과 관련해서 농지가 아니라 세계자유경제지역과 같은 형태의 개발을 시사하고 있다. 이에 따라 애초 간척 목적이었던 농지의 비율을 줄어들고 각종 산업 및 업무용지의 비중이 커질 전망이다.

결과적으로 새만금 간척사업은 한국사회를 지배해 온 개발주의가 부활한 사례라고 할 수 있다. 결코 지속가능하지 않은 6-70년대의 개발주의에서 배제되었다는 지역 엘리트들의 피해의식, 선거를 의식한 시혜성 공약, 구시대적 간척사업을 통해 조직의 이익을 극대화하려는 농림부와 농촌공사, 그리고 취약한 정치적 정당성을 경제성장을 통해 보완하려는 정권들의 조합에 의해 생태적으로 매우 중요한 의미를 지닌 갯벌과 생명들이 대규모 학살을 당했던 것이다. 경제성장으로부터의 소외에 대한 호남지역에 대한 보상이 하필이면 소중한 생태체계를 파괴하는 구시대적 간척의 형태로 이루어졌다고 하는 것은 매우 비극적이다.

이명박 정부는 권위적 신개발 체제라고 할 수 있다(김철규, 2008). '경제 살리기'라는 슬로건으로 정권을 잡은 이명박 정부는 노골적으로 신개발주의를 추진하고 있다. 이명박 신개발주의 정부의 반생태성과 반민주적 성향은 2008년 여름 우리 사회를 들끓게 했던 미국산 광우병 쇠고기 사태에서 선명하게 드러났다. 이명박 대통령은 국민 의견 수렴과 소통 없이 독단적으로 미국산 쇠고기 수입을 결정했다. 그리고 이러한 비민주적 결정의 이유로 한미 자유무역협정FTA의 타결을 내세움으로서, 신개발주의 정부로서의 성격을 명확히 하고 있다. 한미 FTA의 실질적 효과에 대한 이견과 그 사회적 파급력에 대한 우려가 적지 않은 상태에서 일방적으로 미국산 쇠고기 수입을 결정하여 한미 FTA에만 집중한 것은 상식을 벗어나는 일이었다. 생명과 직결된 문제를 경제와 시장의 시각에서만 접근하는 천박한 신개발주의는 결국 시민사회의 강력한 저항에 직면했던 것이다.

신자유주의 이데올로기, 기업정부, 그리고 복고적 개발주의가 결합 신개발주의는 공통의 이해관계를 가진 행위자들에 의해 추동되는 정치경제적 프로젝트이다. 신개발주의 동맹은 경제개발을 추진하는 정부 및 지방자치단체, 조직의 사활을 개발에 걸고 있는 개발공사(예컨대 토지공사, 주택공사, 수자원공사 등), 토목 건설 관련 대기업, 그리고 조·중·동으로 대표되는 보수 성장주의 언론 등으로 구성된다(김철규, 2007). 신개발주의 동맹은 변화하는 정치 환경 속에서 헤게모니 장악을 위해 공권력 활용, 언론에 의한 대대적 홍보, 그리고 비판 언론에 대한 길들이기 등 다양한 활동을 전개한다. 이는 그동안 안정적으로 제도화되었던 것으로 여겨졌던 민주주의의 위기를 낳고 있다.

세계경제의 여건과 이명박 정부의 구시대적 경제 패러다임을 고려할 때, 이명박 대통령이 선거공약으로 내세운 747(7% 경제성장, 국민소득 4만 달러, 7대 세계경제 대국) 공약을 실현시킨다는 것은 극히 어려운 일로 보인다. 경제성장에 대한 기대수준을 높여 놓은 이명박 정부는 정치적 정당성의 위기를 극복하고, 신개발동맹의 이해에 부응하기 위해 민주주의의 규범들을 무시하면서까지 신개발주의 정책들을 강력히 밀어붙이고 있다. 따라서 이명박 정부하에서 환경 갈등은 더욱 빈번하게 발생할 것으로 예측된다.

3. 환경 갈등과 환경 의식

앞 절에서는 우리나라 개발주의의 궤적을 검토하며, 환경 갈등의 예들을 검토한 바 있다. 사례들에서 발견되는 환경 갈등과 관련된 주체로는 크게 정부, 개발공사, 환경운동단체, 그리고 일반시민 등을 꼽을 수 있을 것이다. 상황과 국면, 그리고 이슈에 따라 주체들 간의 구체적인 갈등 양상은 달라진다. 그런 의미에서 환경 갈등에 대한 일반 이론을 만들어 내는 것은 매우 어려운 작업이다. 그러나 일반적으로 우리나라의 시민들이 각각의 행위 주체들에 대해 어떤 시각을 가지고 있는지, 그리고 시민들이 어느 정도의 환경의식을 가지고 있는지를 검토하는 작업은 현 시점에서 환경 갈등의 미래를 가늠하는 데 중요한 자원이 될 수 있을 것이다. 따라서 이 절에서는 환경 갈등에 대한 국민들의 인식, 개발공사·환경부·환경단체에 대한 신뢰 정도, 그리고 환경의식 등을 경험적 자료로 검토하여 우리나라 환경 갈등의 지형을 그려 보고자 한다. 이를 위해 2007년 11월 고려대학교 한국사회연구소에서 실시한 전국 조사 자료를 활용할 것이다. 이 국민의식 조사는 제주를 제외한 전국 만 19세 이상 59세 미만의 성인남녀를 대상으로 실시하였다. 이를 위해 지역별, 성별, 연령별로 할당하는 다단층화무작위추출법을 활용하였고, 총 1,500명에 대한 자료가 수집되었다.[1)]

1) 환경 갈등의 심각성에 대한 인식

앞에서 지적했듯 다양한 사회 갈등 가운데 환경 갈등은 비교적 최근에 등장한 것이다. 그렇다면 여러 갈등 가운데 환경 갈등은 다른 갈등과 비교하여 얼마나 심각하게 받아들여지고 있을까? 이를 알아보기 위해 "현재 우리사회에서 아래와 같은 생각이나 이념을 지닌 사람들 간 갈등은 어느 정도라고 보십니까?" 라는 질문을 던지고, 그 심각성을 5점 척도로 측정하였다. 즉, 전혀 심각하지 않다고 생각하면 1점을, 매우 심각하다고 생각하면 5점을 부여하도록 하였다. 그 결과를 보면 〈표 5-1〉과 같다. 이 자료에 따르면 한국사회의 다양한 사회 갈등 가운데 환경 갈등은 상당히 심각한 것으로 간주되고 있다. 개발주의와 환경주의에 따른 이념 갈등은 5점 만점에 3.76을 나타내, '경제개방을 둘러싼 이념 갈등'의 뒤를 이어 두 번째로 심각한 것으로 평가되었다. 환경 갈등의

표 5-1. 이념적 갈등의 심각성, 순위 및 평균값

	순위	평균값
경제개방(한미 FTA 등)을 찬성하는 사람과 반대하는 사람	1	4.00
환경보호를 우선하는 사람과 개발을 우선하는 사람	2	3.76
진보주의자와 보수주의자	2	3.76
반미 세력과 친미 세력	4	3.71
친북 세력과 반북 세력	5	3.65
경제적 평등을 우선시 하는 사람과 경제 성장을 우선시 하는 사람	6	3.62
여성의 권리를 보호하려는 사람과 가부장적 전통을 강조하는 사람	7	3.56
교육의 경쟁을 강조하는 사람과 교육 평등을 주장하는 사람	8	3.53

1) 조사와 관련된 자세한 내용은 김선업(2008)을 참조할 것.

심각성에 대한 높은 인식은 그동안 대형 국책사업을 둘러싸고 발생했던 심각한 갈등에 대한 언론 보도를 통해 학습된 것으로 볼 수 있다.

다음의 〈표 5-2〉는 환경 갈등 인식 수준이 사회·인구학적 집단에 따라 차이가 있는지를 검토하고 있다. 이를 위해 분석에 활용된 변수는 성, 연령, 지역, 혼인상태, 학력, 소득, 직업 등이었다. 그 결과 남성, 40대, 전라북도, 기혼, 대학재학 이상, 월 소득 400만 원대, 그리고 가정주부가 환경 갈등을 심각하다고 느낀 것으로 나타났다. 그러나 환경 갈등 인식 정도의 차이가 통계적으로 유의미한지를 검증한 결과 연령과 지역만이 유의미한 것으로 확인되었다. 특별히 관심을 끄는 변수는 지역이다. 지역별 환경 갈등 인식 평균값을 보면 전라북도가 4.14로 단연 높게 나타났다. 전라북도에 거주하는 응답자들은 그 어느 지역에 거주하는 응답자들보다 환경 갈등을 심각하게 여기고 있는 것이다. 이러한 결과는 무엇보다 새만금 간척사업의 영향이 큰 것으로 추측할 수 있다. 앞 절에서 설명했듯 새만금 간척사업은 지난 10여 년 동안 한국사회에서 매우 중요한 환경 갈등 사례였으며, 지역주민들의 가장 큰 관심 이슈였다. 이에 따라 각종 선거에서는 물론 지역 언론 및 지방정부의 입장에서도 다양한 형태로 논의를 거쳤던 것이다. 전라북도 주민들이 환경 갈등 문제를 심각하게 받아들이는 또 다른 이유는 아마 방사성 폐기물 처분장 문제 때문일 것이다. 2003년 부안의 방사성 폐기물 처분장 반대 운동과 2005년 군산의 방사성 폐기물 처분장 유치 운동 등의 홍역을 겪으면서 전라북도 주민들은 다른 어느 지역 주민들보다 환경 갈등의 중심에 서는 경험을 했다고 할 수 있다. 이러한 일련의 사태를 경험한 결과가 이번 조사에 반영되었다고 해석된다.

이제 한국사회에서 환경 갈등은 매우 중요한 사회 갈등의 하나로 자리 잡았다. '개발주의 대 환경주의'는 '진보 대 보수', '반미 대 친미', '반북 대 친북' 등의 전통적인 이념에 못지않게 중요한 이념적 분화의 축이 되었다고 할 수 있는 것이다. 따라서 이명박 정부가 대운하를 본격적으로 추진할 경우, 환경

표 5-2. 사회 · 인구학적 특성별 환경 갈등 인식 수준 평균 차이 검증 결과

		사례 수	평균	표준 편차	t/F	유의 확률
		1500	3.76	0.77		
성별	남자	752	3.72	0.76	-1.91	0.06
	여자	748	3.80	0.79		
연령	만20-29세	394	3.72	0.82	4.58	0.00**
	30-39세	434	3.67	0.76		
	40-49세	418	3.85	0.73		
	50-59세	254	3.81	0.80		
지역	서울	301	3.69	0.72	3.41	0.00**
	부산	119	3.65	0.75		
	대구	82	3.64	0.84		
	인천	98	3.81	0.72		
	광주	37	3.79	0.71		
	대전	44	3.69	0.87		
	울산	38	3.73	0.70		
	경기	331	3.88	0.83		
	강원	55	3.80	0.75		
	충북	36	3.68	0.60		
	충남	63	3.91	0.72		
	전북	54	4.14	0.80		
	전남	54	3.84	0.80		
	경북	101	3.47	0.63		
	경남	87	3.74	0.86		
혼인상태	미혼	448	3.72	0.83	2.02	0.13
	기혼	998	3.78	0.75		
	이혼/사별	54	3.61	0.68		
학력	고졸이하	786	3.73	0.77	1.61	0.21
	대학이상	714	3.78	0.78		
소득	200만 원 미만	434	3.68	0.83	2.29	0.06
	200-300만 원 미만	362	3.81	0.73		
	300-400만 원 미만	271	3.76	0.77		
	400-500만 원 미만	222	3.84	0.72		
	500만 원 이상	211	3.74	0.79		

직업	화이트칼라	652	3.73	0.79	1.06	0.38
	블루칼라	212	3.82	0.78		
	자영업	144	3.71	0.78		
	가정주부	257	3.83	0.75		
	학생	106	3.77	0.82		
	기타	129	3.73	0.70		

** $p < .01$

주의 이념을 공유한 시민들의 저항이 거세질 것을 예상할 수 있다.

2) 환경 관련 주체들에 대한 신뢰 여부

환경 갈등은 다양한 주체들의 관계와 상호작용에 의해 발생하고 증폭된다. 특히 한국사회에서 환경 갈등은 개발동맹과 환경단체들 간의 직·간접적인 상호작용에 의해 나타나는 것이 일반적이다. 앞에서 신개발주의 동맹으로 각종 개발공사들의 중요성을 지적한 바 있다. 따라서 여기에서는 한 축으로는 각종 개발공사들, 그리고 다른 한 축으로는 환경단체들에 대한 국민들의 신뢰 정도를 측정한 뒤 이를 다른 단체들에 대한 신뢰와 비교한다. 또 이것이 가지는 함의에 대해 논한다.

환경 갈등의 지형에 있어 중요한 관련 행위자들에 대한 신뢰 정도를 측정해 보았다. 즉, 환경부, 개발공사, 환경운동단체 등에 대한 국민들의 신뢰 정도를 알아보고자 하였으며, 참고로 일반 사회운동조직에 대한 신뢰 정도를 측정하였다. 이를 위해 "다음 기관들은 환경 문제와 관계가 있는 기관들입니다. 이들 기관에 대한 신뢰 정도는 어떻습니까?"라는 질문을 하고, 매우 신뢰함(5점)부터 매우 신뢰하지 않음(1점)까지의 5점 척도로 응답토록 하였다.

〈표 5-3〉과 〈그림 5-1〉은 여러 단체들에 대한 신뢰 정도의 분포를 나타내고 있다. 이 표는 흥미로운 사실 몇 가지를 보여 준다. 첫째, 응답자들의 평균값이 3을 넘으면 신뢰한다는 것을 보여 주는데, 여러 기관들 가운데 3을 넘긴 기관은

표 5-3. 단체에 대한 신뢰 정도(단위 : %)

	매우 신뢰하지 않음	대체로 신뢰하지 않음	보통	대체로 신뢰	매우 신뢰	잘 모르겠음	평균	표준편차
환경부	9.72	24.76	48.81	13.59	0.23	2.89	2.79	1.00
대한주택공사	19.14	27.05	41.25	9.21	0.21	3.14	2.54	1.10
수자원공사	11.15	23.21	45.34	14.87	0.74	4.68	2.85	1.12
한국농촌공사	9.64	21.99	49.62	13.72	0.39	4.64	2.87	1.08
한국도로공사	13.39	25.46	46.66	10.62	0.26	3.61	2.70	1.07
한국토지공사	17.02	28.77	42.36	7.80	0.24	3.81	2.57	1.10
경실련	13.62	28.28	44.19	8.27	0.88	4.75	2.69	1.13
참여연대	11.45	21.50	43.42	16.64	2.21	4.79	2.91	1.16
민노총	19.10	23.72	42.30	8.56	1.17	5.15	2.64	1.21
녹색연합	7.14	13.72	48.64	23.16	2.95	4.40	3.14	1.07
환경운동연합	6.38	12.06	49.18	25.28	3.95	3.15	3.18	1.02

그림 5-1. 단체에 대한 신뢰 정도

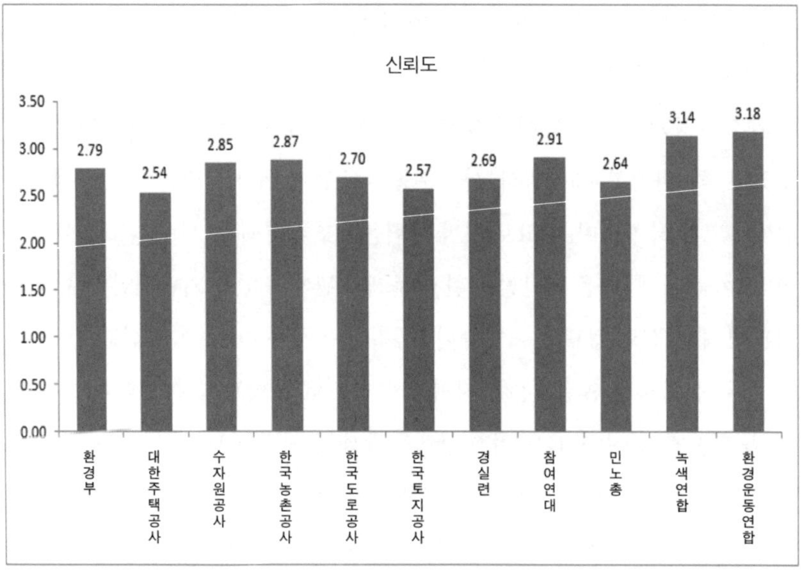

그다지 많지 않았다. 일반적으로 응답자들의 기관에 대한 신뢰 정도가 낮다는 것을 보여 준다. 가까스로 3을 넘은 기관은 환경운동연합과 녹색연합에 불과했는데, 각각 3.18과 3.14였다. 1997년 IMF 체제 이후 진행된 신개발주의의 득세와 환경운동 조직에 대한 '적극적 지원'(회비 및 회원 수)의 감소에도 불구하고 신뢰라고 하는 '소극적 지원'은 상대적으로 높다고 해석할 수 있다. 환경단체에 대한 신뢰는 앞으로 대운하를 비롯한 주요 환경문제가 사회적 이슈로 떠오르게 되면 동원의 자원이 될 수 있음을 의미한다. 시민들을 환경단체의 지원세력으로 확보하고, 정치적 영향력을 확대할 수 있을 것이다.

둘째, 가장 낮은 신뢰점수를 받은 기관은 주택공사(2.54)와 토지공사(2.57)로 나타났다. 이들 두 조직은 그동안 우리나라의 가장 대표적인 개발공사로서 국민적 신뢰를 받지 못했다. 택지 개발과 주택 건설이라는 미명하에 전국적인 개발 바람을 일으키고, 주택 가격 폭등의 주범이라는 의심에서 자유롭지 못하다. 또한 두 기관의 사업이 유사한데도 불구하고, 방대한 조직을 독립적으로 유지하고 있어 사회적 비용이 크다는 비판이 끊이지 않고 있다. 이러한 두 기관에 대한 비판적 시각이 이번 국민조사에 반영된 것으로 보인다.

셋째, 민노총(2.64)과 경실련(2.69) 등에 대한 신뢰도가 낮게 나타났다. 가장 진보적인 노동자 단체인 민노총에 대한 낮은 신뢰는 한국사회의 전반적 보수화와 관련되는 것으로 해석될 수 있을 것이다. 경제성장과 친기업 정서가 힘을 얻고 있다는 사실이 시민들로 하여금 노동조합에 대한 불신을 키우고 있는 것으로 보인다. 경실련에 대한 낮은 신뢰 정도는 약간은 의외인데, 역시 경기 침체에 따른 국민들의 불안감을 반영하고 있는 것으로 해석할 수 있지 않을까 한다.

넷째, 환경부에 대한 신뢰 정도가 예상보다 낮게 나타났다. 즉 수자원공사나 농촌공사보다 더 신뢰받지 못하는 기관으로 드러났다. 이를 어떻게 해석할지에 대해서는 좀더 심층적인 연구가 필요할 것으로 보인다. 최근 이명박 신개발주의 정부에서 환경부가 보이고 있는 개발주의적 행보는 앞으로 환경부에 대한 신뢰를 더 떨어뜨릴 수 있다.

〈표 5-4〉는 응답자들의 신뢰정도 차이를 사회인구학적 변수에 따라 나누어 검토한 것이다. 여러 배경 변수들 가운데, 성별, 연령별, 교육 수준별, 지역별 차이가 있는지를 F-test를 통해 검증해 보았다. 선택된 4변수는 대부분의 기관 신뢰 정도에 있어 통계적으로 유의미한 차이를 보여 주었다. 특히 성별 차이는 모든 기관에 대한 신뢰에 있어 나타났다. 반면 교육 수준은 모든 기관에 대한 신뢰에 있어 차이를 보여 주지 않았다. 연령은 한국농촌공사와 민노총을 제외한 기관에 대한 신뢰에서 유의미한 차이를 나타냈으며, 지역은 경실련을 제외한 모든 기관에 대한 신뢰에서 차이를 보여 주었다.

표 5-4. 주요 배경 변수별 신뢰 정도

	성별		연령		교육 수준		지역	
	F	Sig.	F	Sig.	F	Sig.	F	Sig.
환경부	9.84	0.00**	3.50	0.01*	2.36	0.13	1.68	0.05*
대한주택공사	17.39	0.00**	4.95	0.00**	0.98	0.32	2.05	0.01*
수자원공사	27.54	0.00**	5.37	0.00**	0.08	0.77	2.20	0.01*
한국농촌공사	26.36	0.00**	2.04	0.11	0.09	0.77	2.41	0.00**
한국도로공사	19.83	0.00**	5.83	0.00**	0.25	0.62	2.41	0.00**
한국토지공사	13.65	0.00**	5.86	0.00**	0.11	0.74	2.10	0.01*
경실련	13.71	0.00**	3.02	0.03*	0.00	0.97	0.89	0.57
참여연대	16.54	0.00**	8.10	0.00**	1.11	0.29	2.14	0.01*
민노총	29.96	0.00**	1.80	0.15	2.37	0.12	2.08	0.01*
녹색연합	7.50	0.01*	3.73	0.01*	0.00	0.99	2.33	0.00**
환경운동연합	6.59	0.01*	1.95	0.12	0.03	0.86	2.10	0.01*

* p〈.05, ** p〈.01

5. 환경문제에 대한 태도

다음의 〈표 5-5〉은 환경문제와 관련해서 다양한 진술들을 제시하고, 이에 대한 동의 정도를 5점 척도로 밝히도록 하였다. 모두 6개의 진술이 제시되었는데, 점수가 낮을수록 환경주의적 태도를 갖고 있다고 할 수 있다. 구체적인 질문의 내용은 '환경문제의 개선은 중장기적으로 경제발전에 도움을 줄 것이다', '경제발전의 속도를 늦추더라도 환경문제를 우선해서 개선해야 한다', '다소 가격이 비싸더라도 나는 환경친화적인 상품을 구입할 용의가 있다', '상수원 보호를 위한 지원을 위해서라면 나는 환경 관련 세금을 더 부담할 용의가 있다', '대기오염 개선을 위해서라면 나는 환경 관련 세금을 더 부담할 용의가 있다', '환경보호를 위해서라면 나는 생활의 불편을 감수할 용의가 있다' 등이었다. 6개 질문 모두에 대해 중앙값인 3점 이하가 나타났으므로, 비교적 환경주의적이라고 할 수 있다. 그러나 문항별로 응답 유형에 차이가 눈에 띈다. 우선 가장 동의 정도가 높은 문항은 첫 번째 질문에 대한 것이었다. 즉, 66.5%

표 5-5. 환경문제와 관련된 태도(단위 : %)

	매우 동의	대체로 동의	보통	대체로 동의하지 않음	매우 동의하지 않음	평균값
환경문제의 개선은 중장기적으로 경제발전에 도움을 줄 것이다	19.7	46.8	28.3	4.5	0.6	2.20
경제발전의 속도를 늦추더라도 환경문제를 우선해서 개선해야 한다	9.9	37.9	40.5	9.9	1.8	2.56
다소 가격이 비싸더라도 나는 환경친화적인 상품을 구입할 용의가 있다	9.8	36.2	42.9	10.1	0.9	2.56
상수원 보호를 위한 지원을 위해서라면 나는 환경 관련 세금을 더 부담할 용의가 있다	5.6	26.6	48.3	16.1	3.4	2.85
대기오염 개선을 위해서라면 나는 환경 관련 세금을 더 부담할 용의가 있다	5.2	27.4	47.6	16.3	3.6	2.86
환경보호를 위해서라면 나는 생활의 불편을 감수할 용의가 있다	7.5	32.7	47.5	10.0	2.2	2.67

의 응답자들이 환경문제의 개선이 경제발전에 도움을 줄 것이라는 진술에 동의했다. 그중에서 매우 적극적으로 동의한 사람의 비율도 19.7%로 대단히 높았다. 환경을 경제성장의 틀 안에서 생각하는 경향이 강하다고 할 수 있다. 다음으로 눈에 띄는 사실은 가장 동의 정도가 낮은 문항은 '대기오염 개선을 위해서라면 나는 환경 관련 세금을 더 부담할 용의가 있다'라는 것으로 평균값은 2.86이었고, 동의하지 않는 사람들의 비율은 19.9%였다. 환경이 중요하긴 하지만 세금이라는 구체적인 비용을 부담하는 데 대해서는 부정적인 사람들이 적지 않았던 것이다.

끝으로 〈표 5-6〉은 구체적인 환경문제에 대해 응답자들이 얼마나 걱정하고 있는지를 점수로 나타낸 것이다. 각 환경문제에 대해 '매우 걱정됨'에 1점을, '거의 걱정 안 됨'에 5점을 부여하여 평균값을 계산하고, 응답분포를 정리하였다. 우선 모든 환경문제에 대해 중앙값인 3보다 낮은 점수를 나타내어 환경문제에 대해 우려하고 있다는 점을 알 수 있다. 일반적인 환경오염에 의한 피해를 제외하면, 지구 온난화에 의한 피해를 걱정하는 사람들이 가장 많았다. 지구온난화의 피해가 걱정된다고 응답한 사람의 비율이 전체 응답자 중 75.4%에 달했던 것이다. 반면 원자력 발전소의 안정성에 대해서는 49.5%만이 걱정된다고 답했다. 절대 위험시설인 원자력 발전소가 초래할 수 있는 피해의 심각성과 1986년 체르노빌 원자로 폭발 사고 등을 고려할 때, 이는 다소

표 5-6. 환경문제에 대한 우려(단위 : %)

	매우 걱정됨	걱정 되는 편	보통	걱정되지 않는 편	거의 걱정 안 됨	평균
환경오염에 의한 피해	27.2	52.4	16.7	3.4	0.3	1.97
지구온난화에 의한 피해	28.6	46.8	20.2	3.3	1.1	2.01
유전자 변형식품의 피해	23.2	46.4	25.4	4.3	0.7	2.13
원자력 발전소의 안정성	14.7	34.8	38.1	9.6	2.9	2.51

의외이다. 아마도 원자력문화재단, 한국수력원자력, 한국전력 등 원자력 복합체에 의한 적극적인 홍보와 원자력 발전소와의 사회-물리적 거리가 이러한 불감증의 원인으로 꼽힐 수 있을 것이다.

마지막으로 유전자 변형식품의 피해에 대해 걱정하는 응답자의 비율은 69.6%로 적지 않았다. 이는 먹을거리에 대한 전반적인 관심의 증가와 우려를 보여 준다. 미국산 광우병 쇠고기를 둘러싼 최근의 국민적 관심과 정치적 행동이 보여 주듯, 먹을거리는 유기체로서의 인간의 생존권과 직결되는 중요한 문제이다. 앞으로 먹을거리를 둘러싼 사회 갈등의 가능성은 더욱 높아질 것으로 보인다.

6. 결론

이 글에서는 전국 성인 1,500명을 대상으로 한 조사를 바탕으로 환경 갈등의 잠재적 지형을 그리고자 하였다. 이를 위해 개발주의 기관, 환경단체, 정부기관 등에 대한 신뢰 정도를 측정하였다. 또한 일반 시민들의 환경의식에 관한 분석도 실시하였다. 그 결과 일반적으로 한국인들은 개발공사에 대해 별로 신뢰하지 않으며, 환경단체를 신뢰하는 것으로 나타났다. 그럼에도 불구하고 시민들은 동시에 개발주의에 대한 지지를 가지고 있었다. 이러한 모순적인 가치 정향이 현재 한국의 현주소라고 할 수 있다.

이러한 한국인들의 모순적 가치 정향은 한국의 개발주의 역사 속에서 형성되었다고 할 수 있다. 한국의 근대화는 개발의 역사였고, 개발만의 역사였다. 특히 억압적 국가에 의해 주도된 개발은 환경이라는 대안적 가치에 대해 논의할 수 있는 공간을 열어 주지 못했다. 1987년 민주항쟁은 개발주의에 대해 성찰할 수 있는 정치적 여건을 만들어 주었으며, 이에 따라 환경주의가 자라날 수 있었다. 그러나 1997년 IMF 외환 위기와 경제 위기, 그리고 이를 기회로 부활한 강력한 신개발주의는 환경주의의 위기를 초래하였다. 자본과 밀착된 국가는 신개발주의 이데올로기를 중심에 두고 지속가능하지 않은 개발 사업들을 추진하고 있다. 특히 새로 출범한 이명박 정부는 반생태적이고 반민주적인 신개발주의 정부로서 환경을 시장의 그물 안에 가두고 있다. 이에 따라 생명과 생태를 중심 가치로 삼는 환경진영과 심각한 갈등의 가능성이 증가하고 있다.

이명박 정부의 신개발주의에 대한 저항은 이미 여러 형태로 가시화된 바 있다. 한반도 대운하라는 전근대적인 개발 사업에 대해 2008년 3월 25일 2,400여 명의 교수들이 반대 입장을 표명한 바 있다. 이는 1987년 이후 교수들이 보여 준 가장 큰 규모의 집단행동이었다. 이 사실은 현 시점이 1980년대 이후 가장 심각한 사회적 위기 국면이라는 점을 보여 준다. 국민의 건강을 볼모로 하는 미국산 쇠고기 수입 자유화 시도를 규탄하는 자발적 촛불 집회 역시 시장 논리로 생명을 말살하려는 이명박 정부의 신개발주의에 대한 강력한 문제 제기로 해석될 수 있다(김철규 · 김선업 · 이철, 2008).

현 시점에서 한국사회는 환경 갈등이라는 태풍의 눈 앞에 서 있다. 강력한 개발주의 드라이브를 걸고 있는 이명박 정부, 국민의 신뢰를 얻지 못하면서도 개발을 존재의 이유로 삼고 있는 각종 개발공사, 조직의 위기를 넘어서기 위해 노력하고 있는 환경단체, 그리고 일정한 환경주의를 내면화했으면서도 개발주의에 대한 향수를 버리지 못하는 시민 등의 주체들이 역사적 콩종크튀르 속에서 상호 충돌할 가능성이 크기 때문이다. ■ 김철규

제6장

공익의식과 사회 갈등[1)]

1. 서론

현대 한국사회에서는 경제성장에 걸맞은 사회 시스템의 정착이 지연되면서 각 사회집단들이 나름의 문제 해결 방식을 추구하고 있으나 합리적 협상과 이익의 조화보다는 감정적 대립과 이익의 극대화를 우선시하는 모습이 노출되고 있다. 2008년 5월부터 10월까지 지속된 미국 쇠고기 수입 반대 촛불집회, 2009년 1월 미디어 법안을 포함한 쟁점 법안들을 둘러싸고 발생한 국회 폭력 및 파행, 2009년 1월 용산 철거민 화재 참사에서 알 수 있듯이 갈등 이해 당사자들은 대화와 타협을 통해 갈등을 해결하기보다는 물리력을 사용해서라도 상대방을 누르고 자신들의 목적을 관철시키려 투쟁하고 있다.

한국사회에서 갈등이 이해 당사자들 간에 기존 체제에서 합리적으로 해결되고 조율되지 못하는 것은 제도적 차원에서 선진적인 갈등 관리시스템이 정착되지 못한 것과 의식문화 차원에서 민주적 의사소통과 갈등 조정 역량이

---

1) 이 글의 초안은 고려대학교 한국사회연구소와 BK21 갈등사회교육연구단 주최로 개최된 2008년 5월 21일 고려대학교 인촌기념관에서 개최된 〈갈등사회의 도전과 전망—제1차 한국인의 갈등의식 조사 결과와 함의〉에서의 발표를 위해 준비하였다. 유익한 논평을 하여 준 이재혁 교수에게 감사한다. 하지만 이 글에 대한 책임은 전적으로 필자에게 있다. 이 글은 《한국사회》 9집 1호에 게재된 논문을 수정·보완한 것이다.

길러지지 않는 것에 기인한다고 생각한다. 제도적 차원에서 참여정부 시기에 의욕적으로 추진한 공공기관의 갈등 관리에 관한 법률의 제정이 국회에서 성사되지 못하고 대통령령으로 대체되고 예산과 인력이 뒷받침되지 못하면서 실효성 있는 공공 갈등 관리시스템은 아직 정착되지 못했다. 의식문화 차원에서 갈등 당사자들 간에도 합리적이고 민주적인 의사소통 기술과 갈등 조정 능력이 있었더라면 초기에 해결할 수 있는 갈등이 불필요하게 증폭되고 과격화되어 서로에게 피해를 주는 일들이 다반사로 발생하고 있다. 따라서 합리적인 갈등 관리 체제를 구축하기 위해서는 갈등 관리 관련 법, 제도, 절차 등을 개발하고 개선하는 시스템 차원의 접근과 사회적 합의에 기초한 민주적이고 합리적인 갈등 조정 문화를 만들어가는 의식문화적 접근이 동시에 전개되어야 한다.

이 장에서는 사회 갈등의 의식문화적 측면에 초점을 맞추어 한국인의 갈등 의식과 갈등 해결 방식을 조사하고자 한다. 그 이유는 한국사회에서 갈등이 만연하고 쉽게 해결되지 못하는 데는 갈등 당사자들 간에 자발적이고 민주적으로 합의하고 조율하려는 의식과 능력이 부족하기 때문이라고 판단하기 때문이다. 한국인의 전통적인 가족주의, 연고주의, 집단주의는 서구식 민주주의를 받아들이면서 집단이기주의로 변모하여 갈등이 발생했을 때 이해 당사자 간에 대화와 타협에 의한 합리적인 해결을 어렵게 만들었다.[2] 따라서 한국사회가 사회적 합의에 의거한 갈등 조정과 해결능력을 갖기 위해서는 개인들이 집단이기주의를 넘어서 공공선(또는 공동선)을 인정하고 추구하려는 공익의식을 확대하는 것이 필요하다. 그리고 갈등이 생겼을 때 힘으로 밀어붙이거나 무조건 반대하고 보자는 방식이 아니라 대화와 타협, 협상을 통해 민주적인

2) 국정홍보처의 2006년 〈한국인의 의식·가치관조사〉 결과에 따르면 응답자의 17%가 한국인이 갈등을 잘 처리하는 편이라고 응답했다. 이 결과는 한국인이 갈등 상황에서 합리적 협상이나 절차적 조정의 기제에 의존하기보다는 소모적인 감정적 대응이나 사적 이해의 극대화를 우선시하는 경향이 있다는 것을 보여 준다(박길성, 2008 : 1).

방식으로 해결하는 행동을 생활화하는 것이 필요하다.

공익의식에 관한 기존 연구는 원론적인 차원에서 한국인의 공익의식이 부족하고 그것이 사회 갈등의 원인이라고 진단하면서도 경험적으로 공익의식을 측정하고 지표화하는 데 소홀했다. 한국인의 공익의식이 부족한지의 여부는 경험적으로 측정되어야 하는 것이지 단정 지어질 수 없는 것이다. 따라서 이 장에서는 공익의식을 측정하는 척도를 구성하여 경험적으로 측정하고자 한다. 국내에서 공익의식을 척도를 개발한 것은 이번 연구가 처음으로 생각되며 그로 인해 척도의 타당도와 신뢰도가 검증되지 않은 측면이 있으나 이는 향후 연구에서 보완할 계획이다.

이 글의 구성은 다음과 같다. 첫째, 공익에 대한 이론적 고찰과 기존 연구를 검토한다. 둘째, 공익의식을 측정하기 위해 구성된 척도를 사용하여 한국인의 공익의식의 수준과 특성을 조사한다. 셋째, 개인의 공익의식 수준에 영향을 주는 변인들을 파악하고 공익의식 수준과 갈등 의식 간의 관계에 대해 조사한다. 끝으로 연구 결과에 기초하여 사회 갈등의 해결 또는 관리를 위한 정책 제언을 한다.

2. 이론 및 문헌 검토

1) 공익 개념의 정의

공익公益/public interest[3)]이란 개념은 동서양을 막론하고 고대부터 현대에 이르기까지 시대와 장소에 따라 다의적이고 가치함축적인 개념으로 정립되어

3) 공익public interest은 국가이익, 공동체 이익, 사회전체 이익, 국민전체의 이익, 공동이익 혹은 공통이익common interest, 공동선common good 혹은 공공재public good로 다양하게 불려진다. 또한 개인 이익과 공익 사이에는 집단적 선collective good 혹은 집단이익group interest의 개념이 자리 잡고 있다고 볼 수 있다(박종주 외, 1992 ; Albert Weale, 1998).

왔다. 이는 공익의 내용이 시대, 사회형태, 심리적 요건, 기술에 따라 달라지기 때문이며, 공익 개념이 가치를 포함하고 현실을 반영하는 개념으로 시대적, 공간적 제약을 받고 있기 때문으로 풀이될 수 있다(박균성, 2006). 이러한 이유로 공익 개념은 사회정의와 형평성과 같은 개념과 마찬가지로 정의하기가 쉽지 않고 학자들에 따라 다양하게 정의되어 왔다.

김규정(1973)은 공익의 정의를 '사회일반의 이익', '불특정 · 다수인의 이익', '사회구성원의 평균적 이익'으로 정의하였다. 최창호(1973)는 공익에 관한 여러 정의들을 종합하여 '일반성을 가진 불특정 · 다수인의 이익'으로 정의하였다.

김동현(1985)은 공익이란 정부의 근본 목적이나 역할은 물론 정부와 국민과의 관계 혹은 정치공동체라는 넓은 개념에 기반하고 있기 때문에 공익은 공공정책이나 정치행위, 사회가치 및 개인의 사적인 이익에 대한 실제적인 정치적 논의나 정당화에서 중심적인 역할을 하고 있다고 설명하였다.

박정택(1990)은 인간을 사회 속에서 개인의 이익을 추구하는 합리적 인간으로 상정하고 공익은 사회구성원 개개인의 정의(사회의 수용범위 내에 있는 합사회적 이익)의 합계를 의미한다고 설명하였다.

박종주 외(1992)는 공익이 일반적으로 무엇인가 전체를 위한 바람직하거나 정당하고 올바른 행위 또는 일이라는 의미를 내포하고 있으며, 공익이 사회를 구성하는 개인들의 이익으로 구성되어 있다고 설명한다. 하지만 사회구성원의 모든 이익이 공익일 수 없으며 사회가 정당하다고 수용하는 이익만이 공익에 포함된다고 설명한다.

박세일(2001)은 동양에서 공익은 사익을 억제할 때 자연스럽게 드러나는 것, "발견되는 것"이라면 서양에서의 공익은 사익을 전제로 만들어지는 것, "형성되는 것"이라고 정의하고 있다. 동양에서는 공익을 사익과는 전혀 별개의 것으로 이해하며, "천하의 마음"을 가질 때 들어나는 천하의 이익, 혹은 대의大義를 공익으로 정의할 수 있으며, 서양에서는 여러 사익들 간의 균형점 equilibrium을 공익으로 이해하는 다원주의pluralism 견해와 사익들 간의 단순한 조화와 타협보다는 사익과는 질質을 달리하는 한 차원 높은 것으로 이해하는 공화주의republicanism 견해로 나눠 볼 수 있다고 지적한다.

박정순(2002)은 공익이 기본적으로 정당한 개인이익에 기반을 둔 사회구성원들의 합사회적 이익이라는 자유주의적 개인주의로부터 도출된다고 설명하였다. 공익은 사회구성원인 각 개인들이 정상적으로 자기 이익을 추구하는 것을 전제로 하고 있다. 즉 인간 개개인이 공익을 위한 수단으로 전략되어서는 안 되며 개인이익과 공익 결정의 절차적 본질, 개인이익과 공익 결정의 합리적인 사회적 기제를 찾는 것이 중요한 과제임을 강조한다.

지성우(2006)는 공익을 '어떤 사회를 구성하는 개인이나 집단의 사적 이익에 대하여 그 사회의 전 구성원에 관계되는 공통의 이익'으로 정의하고 있다. 이러한 '공익'에 대한 논의는 불확실한 추상적 공익개념보다 국가작용의 절차에 있어 개별적인 절차적 기준을 정하는 '공익개념 결정의 절차적 기준 획정'이 더욱 필요하다고 역설하고 있다.

헬드(Held, 1970)는 공익에 대한 견해를 ① 공익이 사회구성원 전체의 이익이 아닐지라도 공동체 안에서 우세한 이익이라는 우세 이론preponderance theories, ② 공익을 사회구성원의 공동이익으로 보는 공익론common interest, ③ 공익은 도덕적 개념이며 일정한 시간과 장소에서 모든 개인을 인도하는 도덕적 판단의 일원적 체계가 존재한다는 일원론적 개념unitary conceptions 등 3가지로 나누어 설명하였다(김유환, 2006).[4)]

맨스브리지(Mansbridge, 1998)는 철학적 논리에 따라 공익을 ① 다수 혹은

---

4) 헬드의 분류에 따르면 우세 이론의 범주에는 홉스, 흄, 벤담의 공익론, 공동이익으로서의 공익론은 루소의 일반의지General Will와 파레토 최적Pareto Optimality, 일원론적 개념 모델로 플라톤과 아리스토텔레스를 들고 있다.

모든 사람에게 좋은 것을 의미하는 산술적 접근aggregative meanings, ② 개인이 아니라 개인이 속한 집단·공동체·정체에 좋은 것이 공동선이라는 기능적 혹은 집합적 접근functional or collective meanings, ③ 공동선이나 공익을 선험적이거나 고정된 것으로 이해하기보다는 공정한 절차와 토론에 의해 형성되는 것이라는 심의적deliberative 또는 구성적constitutive 접근의 3가지로 구분하였다(정상호, 2007).

2) 공익 개념의 시대적 변천

(1) 고대

중세 기독교 시기까지는 공익의 개념보다는 공공선common good, public good 주로 언급되었으며, 내용에 있어서도 공공선과 사적선private good 양자 사이의 분화와 대립보다는 일치의 관점이 지배적이었다. 즉 플라톤은 정체政體/polity에 좋은 것은 또한 개인에게도 선한 것으로 간주하였으며, 아리스토텔레스는 폴리스의 물질적 번영과 안전을 공공선으로 인식하였다(정상호, 2007).

도시국가는 완전하고 자급자족적인 사회를 협심하여 달성하고자 하는 개개인으로 이뤄진 집합체로서, 이때 가장 중시되던 것은 사회적 유대로 개인과 국가는 동질성을 추구함으로서 좋은 관계를 유지해 나가고 개인은 도시국가를 통해서만 자신의 복지와 잠재력을 충분히 실현시킬 수 있었다(김동현, 1995).

(2) 중세

중세는 정치 실제나 정치 사상에 있어서 신성-세속 이원론이 나타났으며, 영적인 공동선과 일시적인 공동선의 이원론이 대두된 시기이다. 당시 교회는 국가와는 별개의 독립된 권한을 지니고 있었으며, 중세 기독교의 최고선은 정부의 일과는 별도로 추구되며 정부의 역할은 평화를 증진시키고 세속적 질서를 유지하는 것이었다(김동현, 1995).

이때부터 아퀴나스를 중심으로 공익과 사익의 대립, 공공선과 사적 이익의 갈등에 주목하기 시작하였다. 아우구스티누스에게서 최상의 진정한 공공선은 신이었으며, 아퀴나스는 '신의 섭리인 자연법과 질서의 보전'을 공공선으로 규정하였다. 즉 국가를 하나의 완전한 공동체로 간주하고 구성원 모두의 공동선을 증진시키는 데 그 목표가 있다고 보았다. 이러한 목표는 신에 의해 인간의 사회적인 본성 속에 심겨지는 것인데, 신이 정해 놓은 자연 법칙에 의하여 지배되며 인간이 만든 어떠한 법률도 그것을 위반하면 안 된다는 의미이다(김동현, 1995 ; 정상호, 2007).

이들이 주목하고 강조하였던 것은 왕권의 자의적 남용에 따른 사적재산private wealth의 추구와 공동체의 공동재산common wealth이 다를 수 있다는 점이었다. 이는 중세 신학의 영향으로 홉스와 로크에 이르기까지 공공선 개념은 왕이나 특권 세력의 사적 축재를 경계하고 준엄하게 질타하는 논리적 잣대로 사용되었다(Mansbridge, 1998).

(3) 근대

자본주의가 본격적으로 발전하기 시작한 17세기에 이르러 공익public interest이라는 용어가 일반적으로 사용되기 시작하였다. 국가와 개인과의 관계, 국가에 대한 시민의 권리, 현상 개선권 등에 관심을 가지기 시작하면서 집단을 이루는 개인 전체의 공통선의 개념은 공익 개념으로 변화하게 된다. 이 당시 공익에 관한 사상은 영국의 개인주의에 기초를 두고 있는 유럽의 개인주의 사상, 공동의 복지를 개인의 사적인 이익의 견지에서 보는 자유주의적·급진주의적인 전통에서 연유하고 있다고 할 수 있다(김동현, 1995).

근대의 이익interest이라는 개념은 대부수단으로서의 화폐자본monetary capital이라는 제한된 의미를 넘어 항구적이고 안정적이며 근본적 재화goods라는 개념으로 확장되었고, 국가와 개인의 자기보전과 발전의 필수적 요소로 긍정되기 시작하였다(Wolin, 1960). 더불어 공익의 개념 구성에 있어서 번영

· 안전 · 소득 · 후생 등 공동체 전체가 누리는 물질적 이점material advantage 등이 보다 강조되기 시작하였다(정상호, 2007).

또한 아담 스미스의 '보이지 않는 손'의 작동을 통해 개인에게 좋은 것은 정체polity에게도 좋은 것이라는 논리를 기반으로, 공익과 사익의 대립보다 일치의 가능성에 처음으로 주목하고 18세기 이후 사적 이익과 사회적 이익 사이의 조화가 바람직할 뿐 아니라 가능하다는 인식이 주류로 잡기 시작하였다(정상호, 2007). 하지만 이러한 자유주의적 개념에서 공익은 사회적 강자의 편이기 쉬우며 시장가치에 의한 공익 결정이 각종의 민주주의적 가치와 공동체 구성원으로서의 시민권과 관련된 가치를 도외시할 위험이 있다는 문제가 제기되고 있다(김유환, 2006).

프랑스의 경우, 영미의 공익 개념과는 다른 특징을 지닌다. 프랑스는 자유주의 사상은 자연권 관념에 기초하고 있으며, 이러한 자연권을 시민권으로 변형시켰으며 자연적인 선은 공공선으로 변형되었다. 이러한 사회사상과 공익개념은 루소의 《사회계약론》에 의하여 지대한 영향을 받았다. 루소는 국가는 인간이 지닌 모든 장점을 표현하기에 충분하고, 또한 국가는 도덕적이고 자연적인 결사체로서 시민이 결사체의 공공선에 참여함으로서 사익을 초월하여 본능이 아니라 의에 따라 행동하는 도적적인 인간이 된다고 설명한다. 그 결과로서 시민들은 규범적인 성격이 강한 공익 관념을 얻을 수 있다는 것이다(김동현, 1995).

프랑스에서는 공익보다 일반이익general interest을 주로 사용하고 있으며 이 둘을 구별하지 않고 동일한 개념으로 사용하고 있다. 일반이익은 18세기 이후 사회생활의 궁극목적이었던 공공선bien commun이라는 개념을 대체하면서 형성되었다. 또한 프랑스대혁명 이후 왕성이 폐지되고 민주주의가 도래하면서 국가는 일반이익을 실현하기 위한 권력을 부여받게 된다. 이로 인하여 국가권력이 일반이익을 추구하기 때문에 시민은 점차 국가권력에 복종하게 된다. 국가와 시민의 관계는 밀접하게 연관되어 있다고 할 수 있다(박균성, 2006).

(4) 현대

유럽의 지적 풍토에서는 이익을 편협한 자기 이익으로 간주하는 경향이 강하기 때문에 공익보다는 공공선이라는 가치 지향적 개념이 선호된다. 반면, 다원주의 철학과 이익정치의 현실이 발전한 미국에서는 이익을 이타적 이익과 공적 이익을 포함하여 개인들이 희망하거나 획득하려고 노력하는 모든 영역의 재화로 인식하기 때문에 구분하지 않고 사용되고 있다(Hirschman, 1992).

자유주의 전통의 영미의 공익론과 공화주의적 프랑스의 일반이익은 오늘날 신자유주의에 의해 이어지고 있다. 신자유주의자들은 고전적인 경제적 자유주의보다 자유의 원리를 문화적·사회적 차원에까지 확장시키고 있는데, 국가에 의한 공익의 인위적 추구는 자유와 권리의 침해와 억압만을 초래할 뿐이라고 주장한다. 오히려 국가의 간섭을 줄인 곳에서 자유로운 개인활동의 조화 가운데 공익이 달성된다고 주장한다. 즉 오늘날 신자유주의의 영향에 따라 공익의 적용 영역이 점차 축소되고 있다고 할 수 있다.

3) 공익 개념의 분류

김항규(2002 ; 2006)는 공익 개념을 ① 사익의 집합으로서의 공익관, ②실체적 존재로서의 공익관, ③ 공동체적 가치로서의 공익관, ④ 절차적 결과로서의 공익관의 네 가지 견해로 나누어 설명하고 있다.

첫째, '사익의 집합으로서의 공익관'은 행정이념 가운데 능률성 이념을 대표하는 공익관으로 사회 전체에 바람직하거나 올바르게 추론되는 바의 가치의 실현을 공익이라고 보는 입장이다. 하지만 사회 전체의 효용의 극대화에만 관심이 있을 뿐 사회 구성원들 사이의 형평성 있는 배분을 전혀 보장받지 못한다는 한계점이 있다.

둘째, '실체적 존재로서의 공익관'은 형평성 이념과 관련된 공익관에 해당하는 것으로 사회 구성원 전체의 효용(이익)을 극대화하는 것이 공익이라고 보는 견해이다. 하지만 그 내용이 모호하고 추상적이기 때문에 추상적인 수준에서 공익의 실체라고 보이는 것도 구체적인 내용의 경우에는 그들 간에 대립과 모순이 발생할 수 있는 것이다.

셋째, '절차적 결과로서의 공익관'은 사회의 주어진 상황에서 사회 구성원이 소유하고 있는 가치(사익) 중에서 일반에게 '바람직한 것'으로 받아들여지고 있는 가치가 곧 공익이라고 보는 견해이다. 하지만 사회 공동체가 받아들이는 가치가 일반성 · 보편성을 띤 바람직한 가치와 언제나 일치한다고 볼 수 없는 한계가 있다.

넷째, '공동체적 가치로서의 공익관'은 이익 집단 간의 타협 내지 절차를 거친 결과를 공익으로 보는 견해이다. 하지만 이러한 방식은 투표의 역설 paradox of voting, 다수에 의한 횡포tyranny by the majority 등의 문제점을 내포하고 있다.

이상에서 살펴본 공익관은 공익의 중요한 부분이 될 수 있지만 그 자체가 공익을 대표한다고 할 수는 없는 한계를 가지고 있다. 즉 각 견해들이 공익의 개념을 구성하고 있는 요소 중의 일부의 관점에서는 각각 타당한 일면을 보이고 있으나, 각각의 개념이 내포하고 있는 한계점으로 인해 어느 하나의 견해만을 공익의 개념이라고 정의할 수 없다는 점이다.

백완기(1984)와 전인철(1998)은 공익 이론을 ① 규범설, ② 과정설, ③ 합리설, ④ 공공재설, ⑤ 공동체 이익설로 분류하여 설명하고 있다.

첫째, 규범설이란 공익이 정책의 결정 및 집행에 있어서 모든 행위를 인도하고 규제하는 규범적이고 윤리적인 기준이 되는 것으로 설명하고 있다. 이때의 공익은 공공선과 개념과 비슷한 것으로 친대중적이고 반이익단체적이다. 규범론자들은 인간이 정치적 결사를 형성할 때 사적인 이익을 위해서가 아니라 보다 나은 공동생활을 위해 만든다는 것이다. 따라서 모든 정책이나 프로그램은 이러한 공공선의 기준에서 평가 되어야 한다. 리프만(Lipmann, 1955)은 공익이란 사람들이 정확하게 관찰하고, 합리적으로 사고하고, 지혜롭게 행동하는 그 무엇이라고 하였다. 애플비Appleby는 공익이 사익의 집합은 아니지만 사익과 완전히 분리될 수 없으며, 공익은 다양한 이익을 가진 시민으로부터 나오지만 사익과 구별되는 독자적인 성격을 가진 것으로 규정하고 있다.

둘째, 과정설은 공익이란 선험적으로 존재하지 않고 다만 논의의 과정에서 혹은 논의의 결과로서 구체화된다고 하는 입장이다. 과정설은 각 개인이나 집단들 간의 상호교호 작용을 통하여 자신들의 이익을 표출하고 표출된 이익들 간에 서로 타협과 양보를 통해 공익이 수렴된다는 것이다. 즉 공익이란 무엇이며 어떤 절차를 통하여 규명되는가에 대한 사회적 합의 및 사람들 간의 일치된 의견은 없다는 것이다. 과정설의 입장에서는 정치 과정을 가치중립적으로 설명하려는 사람에 의하여 옹호되고 있으며, 사회는 개인이나 특별한 이익집단의 집합에 불과하고 선험적인 공동선을 지닌 공동체는 아니라고 주장한다.

셋째, 합리설의 입장에서 공익은 특수한 개별집단의 이익보다 광범위하다고 주장한다. 즉 다수의 이익이 공익이라고 주장한다. 다수의 이익을 내세우기 때문에 소수의 이익은 아무리 강도가 높다 할지라도 희생될 수밖에 없다는 것이 이들의 입장이다. 즉 개인의 이익은 아무리 합쳐도 공익이 될 수 없다는 것이다. 공익이 광범위하고 포괄적이기 때문에 정책결정에 있어서 상징적 의미가 부각되고 다수자 또는 '소비자 이익'을 공익으로 인식되기도 한다.

넷째, 공공재설로 공공재public good가 바로 공익이며, 재화의 성격에서 공익을 찾아야 된다는 것이다. 여기에서 공공재가 될 수 있는 재화는 분할과 배타성이 없는 외연성externality을 지니고 있어야 한다고 주장한다.

다섯째, 공동체 이익설에서 공익은 사익의 단순한 집합에 불과하다는 입장과 반대되는 것으로 사회나 국가는 개인으로 구성되어 있지만 단체로서 국가나 사회는 단순한 개인의 집합체와는 다른 성격을 가지고 있다는 것이다. 즉 국가나 사회는 단순한 개인의 집합체 이상의 인격과 권익을 가지고 있는데 그것이 바로 공익이라는 것이다.

비슷한 방식이지만 최창호(1973)와 유민봉·고성철(2001)은 공익을 ① 실체설, ② 과정설, ③ 절충설 3가지로 분류하여 설명하고 있다.

첫째, 실체설의 입장에서는 사회구성원의 효용을 계산한 다음 전 구성원의 전체 효용을 극대화함으로서 공익에 도달할 수 있다고 주장한다. 즉 공익이란 사회공동체의 이익인 것이며, 공동체 이익은 공동체 구성원의 이익을 모두 모은 것이라고 할 수 있다. 또한 공익을 부분적이며 특수한 이익과 대조되는 보편적으로 사회 구성원 간에 공유되는 이익으로 이해될 수 있다. 공익이란 사익 또는 특수이익에 대립되는 것으로서 객관적이고 실체적인 내용을 갖는다는 것이다.

둘째, 과정설은 주로 다원주의 학자들이 주장하는 것으로 공익이란 집단 간의 상호이해 조정 과정을 거쳐 얻어진 결과라고 보고 그 자체의 실체적 개념을 부인한다. 이들은 서로 상충되는 이익을 가진 집단들 사이에 조화의 균형을 이루었을 때 공익이 실현된다고 보고 있다. 공익을 관념적으로 접근하기보다 공익을 경쟁적으로 나타난 이익들이 타협되어 가는 과정으로 이해하고 있다. 즉 공익이란 사익 또는 특수이익과 본질적으로 구별되는 것이 아니고 다양한 사익 또는 특수이익들이 조정된 결과로 구성된다는 것이다.

셋째, 절충설은 실체설과 과정설의 개념을 통합시킨 것으로 공익이 사회 전체의 구성원에게 공동선이 될 수 있도록 개인이나 집단의 이익들을 조정한다면 공익이 행정의 정책결정의 지침이 될 수 있다는 것이다.

4) 공익의 본질

앞의 다양한 공익 개념에서 드러났듯이 공익과 사익 간의 관계에 대해서는 기본적으로 두 가지 대립된 시각이 존재한다. 하나는 공익과 사익을 대립적인 의미로 해석하고 공익이 사회전체의 이익을 추구하는 이타적인 것이라고 한다면 사익은 자신과 자기 집단의 이익만을 추구하는 이기적인 것으로 파악한다. 다른 하나는 공익과 사익이 서로 밀접하게 연관되어 있고 상보적인 것으로 파악한다. 최근 연구에서는 공익과 사익을 대립적인 것으로 보기보다는 상보적인 것으로 보는 시각이 우세하다. 예를 들어, 김항규(2002)는 공익은 사익과 근본적으로 대립하는 개념이 아니며, 공익이 효과적으로 기능하기 위해서는 반드시 사익을 포함해야 한다고 주장한다. 즉 공익이 의미하는 집단의 이익 속에는 나 자신의 이익이 포함되어 있다는 믿음이 존재하지 않는 한, 자발적인 사익의 포기는 발생하지 않는다는 것이다. 공익은 장기적인 사익으로서의 특성을 갖는다(박정택, 1990). 공익과 사익을 상호 대립하는 개념으로 이해하는 것은 사익을 단기적인 사익으로 이해할 수 있다는 것이다. 김비환(2001)은 '무임승차'의 비유를 들어서 모든 사람들이 사익을 극대화하기 위해 탈세를 하고 국방의 의무를 지지 않을 때 결국은 사익을 안정되게 추구할 수 있는 토대마저 붕괴된다고 하였다. 그리고 공익만을 중요시 여기는 태도 역시 정치권력의 독점과 횡포를 가져와서 억압적인 권위주로 타락하게 된다고 경고하였다. 그래서 사익과 공익의 공보적인 관계에 대한 인식을 국민들이 갖게 하는 것이 중요한 과제라고 주장하였다.

앞에서 논의한 공익에 대한 다양한 개념 정의들은 이론적 차원에서 논의할 때는 다 나름대로 의의가 있지만 막상 현장에서 발생하는 구체적인 사회 갈등을 이해하고 그 해결책을 모색할 때는 실질적인 도움을 주지 못하는 경우가 많다. 한 예로, 쓰레기 매립장 입지 선정을 둘러싼 갈등을 해결하기 위해 우리는 추상적 수준의 공익 개념에 머물 수 없고 실제 갈등 사례에서 활용 가능한 운영적 정의working definition를 정립할 필요가 있다. 쓰레기 매립지의 경우를 살펴보면 한국의 경제성장과 더불어 생활수준의 향상, 인구증가, 기술개발에 따라 각종 폐기물의 발생량이 급증하고 있어 쓰레기 매립지 시설의 확충이 불가피하다. 이때 쓰레기 매립지는 사회 일반 또는 사회 구성원 전체에 도움이 되는 공공재이고 적절한 장소에 매립지를 건설하는 것은 공익에 해당한다. 하지만 쓰레기 매립지 시설은 생활불편과 부정적 외부효과를 빚어냄으로써 혐오 시설로 치부되고 있다. 쓰레기 매립지가 자신이 살고 있는 지역에 또는 가깝게 건설될 때 설치될 때 해당 지역 주민들은 위생상, 환경상, 미관상, 재산상의 피해를 입게 된다. 이로 인하여 쓰레기 매립지 입지 선정을 놓고 행정기관과 지역 주민 간, 지역주민 상호 간의 갈등이 지속되고 있는 실정이다(윤인진 외, 2007).

위의 쓰레기 매립지 입지 선정을 둘러싼 갈등에서 공익은 적절한 장소에 쓰레기 매립지를 건설하는 것이고 사익은 쓰레기 매립지 건설로 인한 피해로부터 지역주민들의 건강권과 재산권을 보호하는 것이다. 따라서 특정 시점에서 공익과 사익을 충돌하고 대립할 수 있다. 이런 면에서 공익과 사익 간의 관계에 대한 필자의 입장은 장기적으로는 공익이 기능하기 위해서는 사익이 보호되어야 하는 상호 보완적인 관계이지만 단기적으로 공익과 사익이 대립할 수 있다는 것이다.

그리고 필자는 공익을 사회일반 또는 사회구성원 전체에게 이익을 가져다주는 공공재로 보는 기능적 또는 집합적 관점을 지지하고, 공익이 사익과 구별되어 실재한다는 실체론적 관점을 지지한다. 공익을 집단 간의 상호이해 과정을 거쳐 구성되는 것으로 보는 과정론적 관점에 대해서는 지지하지 않는다. 그 주된 이유는 쓰레기 매립지 입시 선정과 같은 갈등을 해결하기 위해서는 이해 당사자들 간에 공익과 사익의 구분이 명료해야 하며 공익을 추구하는 과정에서 침해당하는 사익을 어떻게 적절하게 보상하여 사회적 합의를 이끌어 낼 수 있을 것인가를 모색해야 하기 때문이다. 정리하면 필자는 공익을 개인의 이익을 초월하여 존재하는 사회 일반 또는 사회 구성원 전체의 이익으로서 정의하고 단기적으로 사익과 대립할 수 있지만 장기적으로는 공익과 사익이 상호 보완적인 관계를 갖는 것으로 본다.

5) 한국에서 공익 관련 연구 동향

한국에서의 공익에 대한 연구는 사상적 또는 이론적 차원에서 연구된 것들은 있어도(최창호, 1973 ; 백완기 1991 ; 김비환, 2001 ; 이승환, 2001) 구체적으로 공익의식을 조작화하고 척도로 측정한 것은 드물다. 예외적으로 오만석 외(2003)의 연구는 한국·미국·일본 국민의 윤리의식을 비교하면서 공익의식과 관련된 문항들을 포함하였으나 공익의식을 중점적으로 분석한 것은 아니었다. 오만석 외의 연구에 따르면 동양의 윤리관은 인간의 존재론적 의무로서 도덕성을 주장한다. 이것은 서양이 도덕을 개인의 행복 또는 공동선과 결부시키는 공리주의적 태도를 보이는 것과는 무척이나 상이하다고 지적한다. 또한 이 연구에서는 한국과 일본의 집단이기주의적 성향이 극명히 나타났으며 지역사회 전체에 대한 관심과 질서의식은 매우 낮게 나타났다. 반면 공동체 안과 밖을 구분하는 폐쇄적 공동체 의식은 매우 강하게 나타나 집단이기주의를 설명하는 단서를 제공하고 있다.

박종주 외(1992)의 연구는 한국 청소년의 도덕성과 공익성 실태를 조사했는데 청소년의 일탈행동 또는 반사회적 행동과 도덕성 및 공익성과의 상관관계를 규명하는데 초점을 두었다.

임희섭(2001)은 한국사회에서 사회지도층과 일반 시민들을 막론하고 공공의 이익과 공공선의 추구보다는 각각의 개인적, 혹은 집단적 이익의 추구를 앞세우는 경향이 매우 강하여, 그 결과로 공적 자원의 배분이 불공정하게 왜곡됨으로써 사회적 갈등이 심화되었다고 설명하고 있다. 이러한 한국사회의 혼란과 갈등의 원인으로 공공정신의 부족을 꼽고 있다. 즉 시민사회의 자율성을 스스로 지켜갈 수 있는 시민정신과 공공정신을 충분히 내면화하지 못한 결과라고 볼 수 있다.

또한 임희섭(2007)은 시민사회의 자율성과 공공성은 강한 민주주의의 핵심 요소라고 보고 이 두 가지 요소에 따라 한국의 시민사회를 조명하였다. 자율성의 영역에서는 적어도 제도적인 측면에서 상당한 진전을 이루었으나 일반 시민들의 참여 정도가 낮고, 재정 자립도가 낮고, 일부 시민사회단체들의 과도한 정치참여 등으로 한계와 문제점을 갖고 있다고 진단하였다. 공공성의 영역에서는 공익지향적인 NGO나 사회운동단체들이 급격히 증가하고 활동이 활성화되었지만, 일부 노동조합을 비롯한 각종 이익집단들과 지역사회의 주민조직 등은 여전히 집단이기주의적인 행동양식을 보여 주고 있다고 지적하였다. 이런 현상은 한국 시민사회의 구성원들이 민주주의사회에서 요구되는 공공정신을 충분히 내면화하지 못한 것이라고 해석하였다. 구체적으로 일부 시민단체들이나 지역주민들이 ① 공익과 사익이 충돌하는 상황에서 공익보다 집단이익을 우선하는 이기주의, ② 집단이익을 비제도적인 집단행동에 의해 과격하게 표출하는 행위, ③ 자신의 이익을 주장하면서도 다른 집단의 이익은 존중하지 않는 배타성, ④ 자신과 자기 집단의 이익을 주장하면서도 시민으로서의 의무를 다하지 않는 반시민성들이 한국 시민사회의 공공성을 가로막는 장애요인으로 지적하였다.

종합적으로 고찰할 때 선행연구는 원론적인 차원에서 한국인의 공익의식이 부족하고 이것이 사회 갈등의 원인이라고 진단하면서도 경험적으로 공익의식을 측정하고 지표화하는 데 소홀했다. 한국인의 공익의식이 부족한지의 여부는 경험적으로 측정되이야 하는 것이지 단정 지어질 수 없는 것이다. 따라서 본 연구에서는 공익의식을 측정하는 척도를 구성하여 경험적으로 측정하고자 한다.

3. 공익의식의 수준

1) 척도 구성과 수준

앞 절의 이론 검토에서 제시한 공익의 운영적 정의에 따라 필자는 사익과 구별되는 공익을 인정하고 지지하려는 의식을 공익의식으로 정의한다. 공익의식을 측정하려면 설문 문항 모듈module을 만들어야 하는데 대부분의 태도 조사에서 발생하는 '사회적 선망편향social desirability bias'를 줄이기 위해서 원론적인 질문을 하기보다는 구체적인 질문을 하였다. 그리고 공익과 사익의 구분을 뚜렷하게 해야 응답자들이 중간을 선택하지 않고 어느 한쪽을 지지할 수 있기 때문에 공익과 사익이 충돌하는 구체적인 상황을 제시한 후 어느 쪽을 지지하는가를 측정하도록 질문 문항을 설계하였다. 이런 과정을 거쳐서 최종적으로 8개의 문항들을 만들었다(표 6-1 참조).[5]

설문지에서는 공익과 사익이 상충되는 상황에 관한 8개의 진술을 제시한 후 각 진술에 대해 응답자가 동의하는 지 아니면 동의하지 않는 지를 5점 서열척도로 측정하였다. 질문 문항은 3개의 긍정적인 내용을 담은 진술과 5개의 부정적인 내용을 담은 진술로 배열되었다. 우선 긍정적 내용의 진술에 대한 공익의식 수준을 살펴보면 '공공의 이익이라면 내 자신의 이익을 희생할 수 있다'는 진술에 대해 32.2%가 동의한 반면 21.9%가 동의하지 않아서 공공의 이익을 개인의 이익에 우선하겠다는 생각을 갖는 사람들이 많았다. 그러나 지역 간 균형 발전을 위해 재산세를 공공세로 과세하는 것이나 사회복지를 위해 세금을 더 내겠다는 사람들보다 그렇지 않겠다는 사람들이 많았다. 즉 원론적인 수준에서는 공공의 이익을 개인의 이익보다 우선하겠다고 말하지만 막상 개인에게 재정 부담이나 손해가 생기게 되면 반대하는 경우가 많아진다.

---

5) 공익의식에 관한 문항으로 "공교육 발전을 위해 세금을 더 내기보다 내 자녀를 위한 사교육에 우선 돈을 쓰겠다"를 추가할 수 있다.

표 6-1. 공익의식 측정 문항

문항
(1) 공공의 이익이라면 내 자신의 이익을 희생할 수 있다
(2) 잘사는 지역과 못사는 지역이 재산세를 공동세로 과세한 후 인구 수대로 배분하는 것이 옳다
(3) 사회복지를 위해 나는 세금을 더 낼 용의가 있다
(4) 사회에 피해가 되더라도 내 직장에 이익이 된다면 협조할 것 같다
(5) 다른 사람이 법을 어기는 것을 목격하더라도 나에게 피해를 주지 않으면 모른 채 넘어갈 것 같다
(6) 뇌물을 주어야만 문제를 해결할 수 있다면 뇌물을 줄 것 같다
(7) 사회적으로 필요하고 안전한 시설이라도 우리 지역의 집값을 떨어뜨린다면 반대할 것 같다
(8) 신입사원을 뽑을 때 지원자가 동향, 학교 동창, 또는 친척이라면 그 사람에게 유리하게 결정을 내릴 것 같다

다음으로 부정적 내용의 진술에 대한 공익의식 수준을 살펴보면 대체로 보통 수준 이상의 공익의식을 보인다. 예를 들어 '사회에 피해가 되더라도 내 직장에 이익이 된다면 협조할 것 같다'는 진술에 대해 13.3%가 동의한 반면 39.8%는 반대했다.[6] '뇌물을 주어야만 문제를 해결할 수 있다면 뇌물을 줄 것 같다'는 진술에 대해 24.1%가 동의한 반면 45.6%는 반대했다. '신입사원을 뽑을 때 지원자가 동향, 학교 동창, 또는 친척이라면 그 사람에게 유리하게 결정을 내릴 것 같다'는 진술에 대해 24.8%가 동의한 반면 35%는 반대했다. '다른 사람이 법을 어기는 것을 목격하더라도 나에게 피해를 주지 않으면 모른 채 넘어갈 것 같다'는 진술에 대해 16.6%만이 동의한 반면 36.6%가 반대했다. 즉 비도덕적이고 불법적인 경우에는 비록 개인과 자신의 집단에 이익이 되더라도 수용하지 않겠다는 인식을 갖고 있는 것으로 해석할 수 있다. 하지만 '사회적으로 필요

6) 이런 결과는 오만석 외(2001)가 한국·미국·일본 국민의 윤리의식 비교연구에서 동일한 질문을 한 결과 한국인의 71.9%가 긍정하고 8.3%가 부정하고, 일본인의 79.4%가 긍정하고 7.7%가 부정한 것과 상당한 차이를 보인다. 반면 미국인은 3.7%만이 긍정하고 85.3%는 부정하였다. 오만석 외는 이런 결과를 두고 한국인과 일본인이 미국인에 비해 훨씬 집단 이기주의적 경향이 강하다고 해석했다. 본 연구 결과와 오만석 외의 연구 결과의 차이는 표본과 조사방법의 차이에 기인하는 것으로 여겨지나 오만석 외의 결과에서 한국인과 일본인의 집단 이기주의 수준이 과도하게 높게 나타났지 않았나 하는 생각이 든다.

표 6-2. 한국인의 공익의식 수준(단위 : %)

문항	동의하지 않음	보통	동의함	평균값
공공의 이익이라면 내 자신의 이익을 희생할 수 있다	21.9	45.9	32.2	3.11
잘사는 지역과 못사는 지역이 재산세를 공동세로 세한 후 인구 수대로 배분하는 것이 옳다	38.4	33.8	27.8	2.83
사회복지를 위해 나는 세금을 더 낼 용의가 있다	33.4	42.8	30.8	2.83
사회에 피해가 되더라도 내 직장에 이익이 된다면 협조할 것 같다	39.8	47.2	13.3	3.33
다른 사람이 법을 어기는 것을 목격하더라도 나에게 피해를 주지 않으면 모른 채 넘어갈 것 같다	36.6	46.8	16.6	3.25
뇌물을 주어야만 문제를 해결할 수 있다면 뇌물을 줄 것 같다	45.6	30.3	24.1	3.35
사회적으로 필요하고 안전한 시설이라도 우리 지역의 집값을 떨어뜨린다면 반대할 것 같다	25.8	44.2	30.0	2.97
신입사원을 뽑을 때 지원자가 동향, 학교 동창, 또는 친척이라면 그 사람에게 유리하게 결정을 내릴 것 같다	35.0	40.2	24.8	3.19

주 : 1) 동의 수준은 1='매우 동의하지 않음', 2='대체로 동의하지 않음', 3='보통', 4='대체로 동의', 5='매우 동의'로 측정함. 응답 비율을 제시할 때는 '매우 동의하지 않음'과 '대체로 동의하지 않음'을 '동의하지 않음'으로 묶고, '대체로 동의'와 '매우 동의'는 '동의함'으로 묶음.
2) 첫 번째, 두 번째, 세 번째 진술에 대한 응답 점수는 역코딩하여 점수가 높을수록 공익의식 수준이 높게 나타냄.
3) 평균값은 5점 척도를 사용해서 계산하였고 평균값이 높을수록 공익의식 수준이 높을 것을 의미함

하고 안전한 시설이라도 우리지역의 집값을 떨어뜨린다면 반대할 것이다'라는 진술에 대해 30%가 동의한 반면 25.8%는 반대하여 경제적인 이해관계가 달린 사안에서는 공익보다 사익을 우선시하는 태도를 확인할 수 있다.

공익의식의 평균값을 계산하여 살펴본 결과 앞에서 지적한 바와 같이 전체적으로 보통 수준 이상의 공익의식을 보이고 있는데 특별히 재산세의 분배, 사회복지 목적의 세금, 사회혐오시설로 인한 집값 하락 등과 같이 경제적 이해관계가 달린 사안에 대해서는 보통 이하의 공익의식을 보이는 것으로 나타났다. 이런 결과는 한국인들이 원론적인 차원에서는 사익보다 공익을 우선한다고 말하지만 실제로 사익이 침해되는 상황에서는 자신과 자기 집단의 권리와 이익을 우선시하는 것을 보여 준다.

2) 공익의식 수준의 사회인구학적 특성에 따른 차이

공익의식에 관한 8개의 문항들의 응답 점수들을 대상으로 요인 분석을 실시한 결과 긍정적인 내용의 첫 세 개의 문항들이 하나의 요인으로 묶이고 나머지 5개의 부정적인 내용의 문항들이 또 하나의 요인으로 묶이는 것을 확인했다. 이론적으로 볼 때 위의 두 요인들 간에는 높은 상관관계가 나타나야 하지만 실제 상관관계 분석을 한 결과 통계적으로 유의미한 관계가 나타나지 않았다. 그 이유가 질문 문항들이 잘못 작성되어서 그런 것인지 아니면 융통성을 중시하는 한국인들의 심리가 서양인에 비교해서 서로 모순되는 것을 그다지 모순되지 않는 것으로 인식하는 성향이 강해서 그런 것인지는 이번 연구에서 확인할 수 없다.[7)]

우선 긍정적 내용의 3개 문항들의 평균 점수를 공익의식 수준 변수로 삼고 개인의 사회인구학적 특성과 이념 성향에 따라 공익의식 수준에 차이가 나는지를 조사하였다. 인구학적 특성 변수로는 성별, 연령, 혼인 상태, 거주 지역을 선정하였다. 사회경제적 특성 변수로는 학력, 소득, 직업, 고용지위를 선정하였다. 이념성향 변수는 보수-진보 성향 수준을 측정하는 변수를 선정하였다. 위의 변수들에 따른 공익의식 수준의 평균 차이를 검증한 결과는 다음과 같다.

첫째, 성별, 연령, 혼인 상태, 거주 지역과 같은 인구학적 특성 변수들과 공익의식 수준과는 통계적으로 유의미한 관계가 나타났다. 남자가 여자보다, 연령이 높을수록, 기혼자가 미혼자에 비교해서, 비수도권에 거주하는 사람들이 수도권(서울 · 경기 · 인천)에 거주하는 사람들보다 공익의식 수준이 높았다.

7) 자기개념의 융통성 연구와 관련하여 한국 대학생 68명과 미국 대학생 51명을 대상으로 "귀하는 얼마나 내성적입니까?"라는 질문과 "귀하는 얼마나 외향적입니까?"라는 상반된 두 질문(11점 척도)을 한 결과 한국 대학생들의 경우에는 약 0.5의 정적인 상관관계가 나타난 반면 미국 대학생들의 경우에는 -0.2의 부적인 상관관계가 나타났다(한규석, 2003).

표 6-3. 사회인구학적 특성별 공익의식 수준 평균 차이 검증 결과

전체		사례 수	평균	t/F
성별	남자	752	3.02	5.17***
	여자	748	2.83	
연령	만20-29세	394	2.86	7.35***
	30-39세	434	2.85	
	40-49세	418	3.05	
	50-59세	254	2.94	
지역	서울	301	2.88	3.34***
	경기인천	429	2.88	
	충청	144	2.98	
	경상	426	3.01	
	전라	145	2.91	
	강원	55	2.68	
혼인상태	기혼	998	2.83	3.56**
	미혼	448	2.95	
	이혼	31	3.04	
	사별	23	2.95	
학력	중졸 이하	68	2.93	0.93
	고졸(중퇴 포함)	718	2.92	
	전문대(대재 포함)	172	2.84	
	대졸 이상	542	2.95	
소득	200만 원 미만	434	2.87	3.34***
	200-299	362	2.90	
	300-399	271	2.88	
	400-499	222	3.08	
	500-599	109	2.98	
	600만 원 이상	102	2.94	
주관적 계층의식	하류층	362	2.87	2.36
	중류층	997	2.93	
	상류층	140	3.03	
직업	전문관리직	73	3.07	3.96***
	사무준전문직	723	2.99	
	판매서비스직	104	2.89	
	생산기능노무직	108	2.89	

	미취업(주부포함)	417	2.81	
	기타	75	2.89	
고용 지위	정규직	981	2.98	8.87***
	계약직 · 비정규직	147	2.86	
	미취업	372	2.80	
이념 성향	보수	247	2.92	17.34***
	중도	845	2.84	
	진보	408	3.09	
갈등 수준 인식	심각하지 않음	23	3.22	2.08
	중간	309	2.90	
	심각함	1168	2.92	
갈등 수준 변화 정도 인식	훨씬 심각해짐	307	2.98	3.08*
	약간 심각해짐	528	2.96	
	비슷함	367	2.81	
	다소 완화됨	282	2.91	
	많이 완화됨	16	3.03	
국가기관이나 국가정책과 갈등 해결 방법	끝까지 당사자끼리의 합의를 통해서 해결하겠다	178	3.07	5.31***
	비합법적 방법을 포함하여 모든 수단을 동원하여 해결한다	79	3.03	
	전문가 등 제3자를 통한 조정과 화해를 시도한다	803	2.92	
	법적으로 해결한다	440	2.84	
사기업이나 사적기관과 갈등 해결 방법	끝까지 당사자끼리의 합의를 통해서 해결하겠다	183	3.04	4.99***
	비합법적 방법을 포함하여 모든 수단을 동원하여 해결한다	93	2.96	
	전문가 등 제3자를 통한 조정과 화해를 시도한다	694	2.95	
	법적으로 해결한다	530	2.84	
이웃과의 갈등 해결 방법	끝까지 당사자끼리의 합의를 통해서 해결하겠다	895	2.91	0.36
	비합법적 방법을 포함하여 모든 수단을 동원하여 해결한다	83	2.88	
	전문가 등 제3자를 통한 조정과 화해를 시도한다	366	2.95	
	법적으로 해결한다	156	2.90	

*p〈.05, **p〈.01, ***p〈.001

둘째, 학력은 공익의식 수준과 유의미한 관계를 보이지 못했지만 소득, 직업, 고용 지위와 같은 경제적 지위 변수들은 공익의식과 유의미한 관계를 보였다. 소득이 높을수록, 직업 지위가 높을수록, 안정되게 고용된 사람들이 그렇지 못한 사람들보다 공익의식 수준이 높았다.

셋째, 이념성향은 공익의식 수준과 유의미한 관계를 보였다. 진보 성향을 가진 사람들이 보수나 중도 성향을 가진 사람들보다 공익의식 수준이 높게 나타났다.

다음에는 각 변수들의 상대적 효과를 알아보기 위해 공익의식 수준 변수를 종속변수로 놓고 사회인구학적 특성 변수들과 이념 성향 변수를 독립변수로 삼아 다변량 회귀분석을 실시하였다. 모델 1에서는 인구학적 특성 변수들을 입력하였는데 남성 더미 변수, 연령 변수, 수도권 더미 변수가 통계적으로

표 6-4. 공익의식 수준에 대한 회귀분석 추정 결과

독립변수	모델 1	모델 2	모델 3
남성 더미	.132***	.112***	.112***
자연 연령	.064*	.067*	.070*
기혼 더미	.037	.023	.029
수도권 더미	-.033*	-.059*	-.057*
교육 연수	-	.001	-.001
소득계층	-	.061*	.053*
화이트칼라	-	.056	.062
고용 지위	-	-.026	-.018
이념 성향	-	-	.109***
R2	.03	.04	.05

주 : 1) 제시된 계수는 표준화계수임.
2) 소득계층 변수는 1-10의 서열변수로 측정.
3) 화이트칼라 변수는 전문관리직과 사무준전문직은 1, 기타는 0으로 처리.
4) 이념성향은 0-10의 서열변수로 측정

*p<.05, **p<.01, ***p<.001

유의미하게 나타났다. 모델 2에서는 사회경제적 지위 변수들을 추가하였는데 그중 주관적 소득계층 변수만이 통계적으로 유의미하게 나타났다. 모델 3에서는 이념 성향 변수를 추가하였는데 이것이 통계적으로 아주 유의미하게 나타났다. 결론적으로 남자가 여자보다, 연령이 높은 사람이, 비수도권에 거주하는 사람이 수도권에 거주하는 사람보다, 소득계층이 높다고 인식하는 사람이, 진보 성향이 강한 사람이 공익의식 수준이 높은 것으로 나타났다.

3) 공익의식과 갈등의식 간의 관계

개인의 공익의식 수준은 사회 갈등을 인식하는 방식과 관련이 있는 가를 조사하기 위해서 공익의식 수준과 한국사회의 갈등 수준 인식과 지난 10년간의 갈등 수준의 변화 정도에 대한 인식과의 상관관계를 살펴보았다(표 6-5 참조). 통계분석은 일원량변량분석ANOVA을 통해 집단 간 평균의 차이를 검증하였다. 분석 결과 공익의식 수준과 갈등 수준 인식과는 별 상관이 없었다. 즉 현재의 사회 갈등 수준이 심각하다고 생각하거나 그렇지 않다고 생각하는 사람들 간에 공익의식 수준의 평균 차이는 유의미하지 않았다. 그러나 지난 10년간의 갈등 수준의 변화 정도에 대해서는 공익의식 수준이 높은 사람이 그렇지 않은 사람에 비교해서 갈등이 더욱 심각해진 것으로 인식했다.

선호하는 갈등 해결 방법에 있어서도 공익의식 수준은 상관관계를 갖는 것으로 나타났다. 국가기관이나 국가정책, 사기업이나 사적 기관, 이웃과의 분쟁이나 갈등이 발생했을 때 끝까지 당사자끼리의 합의를 통해서 해결하려는 사람들은 법적으로 해결하려는 사람들에 비교해서 공익의식 수준이 높은 것으로 나타났다.

표 6-5. 공익의식과 갈등의식 간의 관계

전체		사례 수	공익의식 수준 평균	F값
갈등 수준 인식	심각하지 않음	23	3.22	2.08
	중간	309	2.90	
	심각함	1168	2.92	
갈등 수준 변화 정도 인식	훨씬 심각해짐	307	2.98	3.08*
	약간 심각해짐	528	2.96	
	비슷함	367	2.81	
	다소 완화됨	282	2.91	
	많이 완화됨	16	3.03	
국가기관이나 국가정책과 갈등 해결 방법	끝까지 당사자끼리의 합의를 통해서 해결하겠다	178	3.07	5.31***
	비합법적 방법을 포함하여 모든 수단을 동원하여 해결한다	79	3.03	
	전문가 등 제3자를 통한 조정과 화해를 시도한다	803	2.92	
	법적으로 해결한다	440	2.84	
사기업이나 사적기관과 갈등 해결 방법	끝까지 당사자끼리의 합의를 통해서 해결하겠다	183	3.04	4.99***
	비합법적 방법을 포함하여 모든 수단을 동원하여 해결한다	93	2.96	
	전문가 등 제3자를 통한 조정과 화해를 시도한다	694	2.95	
	법적으로 해결한다	530	2.84	
이웃과의 갈등 해결 방법	끝까지 당사자끼리의 합의를 통해서 해결하겠다	895	2.91	0.36
	비합법적 방법을 포함하여 모든 수단을 동원하여 해결한다	83	2.88	
	전문가 등 제3자를 통한 조정과 화해를 시도한다	366	2.95	
	법적으로 해결한다	156	2.90	

*p<.05, **p<.01, ***p<.001

4. 결론 및 정책 제언

민주화 이후 그 이전의 권위주의 정권하에서 억압되었던 각종 이해집단들의 욕구와 불만이 분출하면서 한국사회는 갈등의 확산기를 맞이하였다. 그러나 이런 사회 갈등을 합리적인 제도 내에서 조정할 수 있는 갈등 관리 시스템이 갖춰지지 않아 사회 전체적으로 막대한 손실을 초래하고 있고 사회통합을 저해하고 있다. 사회 갈등은 잘 해결하면 보다 높은 수준에서 사회를 통합하는 순기능을 갖고 있기 때문에 합리적인 갈등 관리 체계를 구축하는 것이 필요하다. 이를 위해서는 갈등 관리 관련 법, 제도, 절차 등을 개발하고 개선하는 시스템 차원의 접근과 사회적 합의에 기초한 민주적이고 합리적인 갈등 조정 문화를 만들어가는 의식문화적 접근이 동시에 전개되어야 한다.

필자는 한국인의 갈등 의식에 대한 기초자료를 수집하는 목적으로 〈한국인의 갈등 의식 조사〉를 설계하고 고려대 한국사회연구소와 BK21 갈등사회교육연구단 주관으로 2007년 11월에 1,500명의 성인들을 대상으로 전국적인 설문조사를 실시하였다. 특별히 선행연구에서 한국인의 공익의식을 경험적으로 측정하지 않고 원론적으로 접근했던 문제점을 극복하기 위해 설문조사의 특별 모듈로 공익의식 수준을 측정하기 위한 문항들을 개발하였다.

공익의식 척도를 사용하여 한국인의 공익의식 수준을 측정한 결과 한국인들은 전체적으로 보통 수준 이상의 공익의식을 보이고 있지만 특별히 재산세의 분배, 사회복지 목적의 세금, 사회혐오시설로 인한 집값 하락 등과 같이 경제적 이해관계가 달린 사안에 대해서는 보통 이하의 공익의식을 보이고 있다. 이런 결과는 한국인들이 원론적인 차원에서는 사익보다 공익을 우선한다고 말하지만 실제로 사익이 침해되는 상황에서는 자신과 자기 집단의 권리와 이익을 우선시하는 것을 보여 준다.

한국인의 공익의식에 관한 연구 결과에 기초하여 필자는 공익에 대한 국민의식을 재정립할 필요가 있음을 제안한다. 한국을 포함한 동양적 사고에서는 공익과 사익이 별개의 것이며 서로 대립하는 것으로 인식하고 있다. 즉 사익은 편협하고 이기적인 것으로서 공익을 위해서는 버려야 할 것으로 인식하고 있다. 그러나 개인의 자유와 행복추구가 보장된 현대 민주주의 사회에서 더 이상 공익과 사익을 대립적인 것으로 보고 공익을 위해 사익의 희생을 강요하는 전통적인 사고는 설득력을 갖기 어렵다. 이 시점에서 공화주의적 공익의식을 국민들이 내재화하는 것이 필요하다고 생각된다.

그렇다면 사익을 초월한 공익은 어떻게 정의할 수 있을까? 이에 대해 박세일(2001)은 전문가들(학자 등의 이론전문가와 전문경영인, 기술관료 등의 실무전문가)이 공익이 무엇인지를 조사 연구하여 국민들에게 제시하고, 그 다음 단계에서는 이 전문가들의 판단과 정책 제안을 놓고 국민 다수가 참여하는 개명된 공론화public deliberation 과정을 하는 것을 제안하였다. 여기서 개명된 공론화란 "사회구성원 각자가 자신들의 사적 이익 주장을 자제하고 개인의 입장이 아니라 사회 전체의 관점에서 판단하여 공익이란 어떤 것이어야 하는가에 대한 자신의 의견을 합리적 민주적으로 진술하는 것"이다(박세일, 2001: 68). 필자는 박세일의 제안이 현실적으로 실천 가능하고 앞으로의 공공 갈등 해결 방식으로 적극 도입할 필요가 있다고 생각한다.

공익에 대한 국민의식을 개선하는 노력과 함께 적극적으로 사회갈등을 조정하기 위한 구체적인 노력과 행동이 뒤따라야 할 것이다. 이와 관련하여 다음과 같은 두 가지 정책 제언을 하고자 한다.

첫째, 공익차원의 갈등조정형적인 시민단체들의 역량강화가 필요하다. 지금까지 한국의 시민단체들은 민주노총과 같은 집단이익 추구형, 경실련과 환경연합과 같은 사회운동형, 한국가정법률상담소와 같은 지원형적인 시민단체들이 주류를 이루었다. 이는 국가와 자본, 가부장적 가족제도의 전횡으로부터 사회약자층을 보호하고 대변한다는 차원에서 시민단체들이 활동했기 때문이다. 그러나 이제는 시민단체들이 사회의 제3섹터로서 막강한 영향력을 발휘하고 있기 때문에 더 이상 특정 집단의 이익을 보호하고 추구하는 것에서 벗어나 개별 사회집단들 위에 서서 공익적 차원에서 갈등을 조정하는 역할을 강화해야 할 시점이다. 구체적으로 기존의 지원형적 시민단체들과 지역종합사회복지관들에 갈등 조정 기능을 추가하거나 강화하는 방안이 있다. 예를 들어, 가정법률상담소, 이주노동자센터, 이주여성인권센터, 종합사회복지관 등은 상담, 교육, 의료 지원, 긴급 보호 등의 기능을 수행해 왔다. 그러나 단기적으로 지원 기능만을 수행해서는 문제의 근본적인 해결을 할 수 없기 때문에 부부, 한국인 사용자와 외국인 피고용자 등과 같은 이해 당사자들 간의 갈등을 조정하는 기능을 강화하는 것이 바람직하다. 이를 위해 기존의 지원형적인 시민단체들과 종합사회복지관들에 갈등 조정사 또는 갈등 조정 전문가를 배치하는 것을 적극적으로 고려해야 한다. 아울러 보다 전문화된 갈등 조정이 필요한 영역에서는 '갈등조정공익재단'(가칭)과 같은 민간기구를 설립하여 다양한 갈등주체들 간의 갈등을 전문가들이 조정하도록 하는 것이 바람직하다.

둘째, 다양한 사회갈등을 이해·분석하고 갈등을 조정·관리할 수 있는 전문 인력을 양성해야 한다. 현재 대통령령으로 시행중인 공공 갈등 관리에 관한 법률이 실효를 발휘하기 위해서는 법에서 제시된 갈등영향 분석, 참여적 의사결정 과정의 진행, 조정을 수행할 수 있는 지식과 기술을 습득한 전문 인력이 필수적이다. 그리고 현장에서 갈등 관리 업무를 담당하게 될 실용 전문 인력과 사회갈등을 학문적으로 진단·분석하고 문제 해결을 위한 정책 개발 능력을 갖춘 학문 후속 세대를 양성하는 것이 필요하다. 이를 위해 연구 중심 대학과 국책연구원 및 교육기관에서 갈등연구조정센터를 설립하고 갈등연구 교육 프로그램을 확대하는 것이 필요하다. 그리고 '갈등연구조정학회'(가칭)와 같은 연구자 및 조정 전문가들이 학술단체를 설립하여 갈등 연구 및 조정 기술을 심화하는 것이 필요하고, 전문화된 갈등 교육을 이수한 사람들에게 국가 또는 학회가 갈등 조정사 또는 갈등 조정 전문가 자격증을 부여하여 갈등 조정 인력의 자격을 업그레이드하는 것이 필요하다. ■ 윤인진

제7장

한국 갈등사회 연구와 통치 방안— 공공사회학의 시각

1. 사회 갈등의 분화와 복합화

분단과 전쟁, 자본주의 산업화, 자유주의 민주화, 신자유주의 세계화를 거치면서 한국사회는 이념 갈등, 계층갈등, 노사 갈등, 지역 갈등, 환경 갈등, 세대 갈등, 정부와 주민 간의 갈등 등 다양한 갈등을 복합적으로 겪고 있다(한국정치학회·한국사회학회, 2007 ; 조희연·김동춘, 2008 ; 한국여성개발원, 2005). 또한 한국의 사회 갈등은 성별, 연령, 학력, 소득, 지역 등의 변수에 따라 상이하게 인식되고 있다. 따라서 사회 갈등을 총체적이고도 구체적으로 파악하여 사회 통합을 추구하는 맞춤형 갈등 해결 방안을 도출하기 위해서는 존재론적으로 온전한, 이론적으로 정통한, 역사적으로 유관적합한, 방법론적으로 일관된, 규범적으로 자각한 접근 방식을 취해야 한다.

민주화 이전과 민주화 이후 그리고 세계화 이후 시대 변화에 따라 갈등 양상이 크게 변했다. 참여정부에서 나온 보고서에 따르면 갈등 양상은 '억압형→잠재형→표출형→확산형'으로 바뀌었다(대통령자문 지속가능발전위원회, 2004). 보고서는 '절차적 협상과 이익 조화보다는 감정적 대립과 이익 극대화 추구'를 갈등 원인으로 들고 있다. 참여정부는 '구조적 차원에서 갈등 해결 없이는 지속적인 사회발전 불가능'하다고 인식하고 '갈등의 극단적, 소모적 전개를 제어하면서 합리적으로 조정 가능한 갈등 수준으로 안착시킬 수 있는 사회 전체의 역량 결집 필요'를 역설하고 있다. 이에 따라 참여정부는 지역 갈등, 계층 갈등, 노사 갈등, 환경 갈등, 이념 갈등 등 다양한 갈등을 식별해 내고 갈등 예방 및 해결 프로세스를 모색함으로써 갈등 해결 시스템을 구축하고자 노력했다. 또 기업과 노동계에서도 사회 갈등을 이해하고 대처하고자 하는 관심을 보였다(서문기 외, 2001; 선한승 외, 2005).

권위주의 시대에는 사회 갈등 자체를 인정하지 않았을뿐더러 갈등 표출을 억압하는 데만 관심을 기울였다. 이제 민주화 시대 들어 사회 갈등은 상대적으로 자유롭게 표출되고 있다. 그렇지만 최근의 용산 참사에서 보듯이 갈등 표현이 비교적 자유로워졌다고 해서 곧 원만한 갈등 해결이 추구되는 것은 아니다. 더욱이 신자유주의 시대 들어 사회 갈등은 한편으로 개인화되어 주변화되는가 하면, 다른 한편으로 거대화되고 복합화되기도 한다. 현재 한국사회에는 여전히 중심조직을 가진 집단적인 구형 사회 갈등과 개별화, 탈중심화된 신형 사회 갈등이 공존하면서 상호작용을 통해 상승작용을 일으키고 있다.

정부가 사회 갈등에 관심을 갖고 문제 해결을 위해 적극적 조치를 취하는 것은 좋은 변화이다. 그렇다고 갈등 해결 전망이 그에 비례하여 높아진 것은 아니다. 여전히 정부는 사회 갈등을 인정하고 해결해 나가려는 노력이 부족하다. 오히려 사회 갈등을 은폐하거나 억제하고, 근본적인 해결책을 추구하기보다 가능하면 관리해 나가고자 하는 다분히 기술관료적 발상에 머물러 있다. 사실 대부분의 주요한 대규모 사회 갈등은 국가에 의해 초래된다. 따라서 정부는 갈등해결자이기보다 갈등유발자인 경우가 많다. 정부가 갈등의 주체인 경우에 어떻게 객관적이고 중립적으로 갈등을 해결하고 조율할 수 있을까? 예를 들어, 미국산 쇠고기 수입을 둘러싼 촛불 집회에서 정부와 시민들이 맞부딪쳤을 때 어떻게 정부가 나서서 갈등을 조율할 수 있는가? 이렇게 정부가 갈등의 주체이고 원인 제공자인 경우에는 갈등 관리의 차원으로는 해결하기 어렵기 때문에 다른 차원의 접근법이 필요하다.

2. 사회 갈등에 대한 제도적 대응 방안

참여정부가 수립된 2003년 당시의 한국사회는 1987년 민주화 이후 각종 사회 집단들의 이익 표출이 극에 달하던 시기였다. 참여정부 출범 100일 동안 두산 중공업, 철도, 화물연대, NEIS(교육행정정보시스템), 공무원노조, 새만금 관련 갈등이 정부를 직접 상대로 표출되면서 정부의 공공 갈등 대응 능력이 시험대에 놓이게 되었다. 참여정부는 공공 갈등의 합리적이고 민주적인 해결 방안을 모색하기 위해 지속가능발전위원회를 중심으로 공공 갈등 관리 방안을 모색하였고 갈등관리기본법(국회에 제출된 법안의 이름은 '공공기관의 갈등 관리에 관한 법률'이었다)을 제정하고자 하였다. 그러나 이 법안은 정치권, 시민사회단체, 행정 관료들의 지지를 받지 못해 국회에서 입법화하는 데는 실패하였다. 이후 2007년 2월에 대통령령으로 '공공기관의 갈등 예방과 해결에 관한 규정'을 제정하여 2007년 5월부터 시행하고 있다.

공공기관의 갈등 예방과 해결에 관한 규정의 주요 내용은 (1) 갈등의 예방과 해결을 위한 중앙행정기관의 책무의 규정, (2) 갈등영향분석제도의 도입, (3) 참여적 의사결정 방법의 활용, (4) 갈등조정협의회의 활용이다. 이 규정은 법체계 정비를 통해 공공갈등 관리를 체계화하였다는 점에서 긍정적인 평가를 받는다(김유환, 2008). 그러나 이 법은 많은 공공 갈등이 지방자치단체 행정 영역에서 발생하고 있음에도 불구하고 지방자치단체들이 법의 적용 대상에서 제외된다는 점, 갈등 영향 분석을 의무화하지 않아 법의 실효성이 떨어진다는 점 등이 문제로 지적되고 있다.

이 규정이 갖는 보다 심각한 한계는 이것이 효율적으로 다룰 수 있는 갈등의 유형과 범위가 상당히 제한될 수밖에 없다는 것이다. 그동안 많은 공공 갈등을 유발해 온 정부가 갈등을 관리하겠다고 나설 때 갈등 당사자들로부터 신뢰를 얻기 어려워서 법을 통한 갈등 해결이 용이치 않을 것이다. 그리고 이 규정은 갈등의 정의를 '이해관계의 충돌'로 좁게 해석함으로써 가치관의 차이로 인한 갈등을 법의 적용 대상에서 제외하고 있다. 새만금 간척사업을 둘러싼 갈등은 단지 이해관계의 충돌 때문만이 아니고 '생명존중'과 '지역개발'이라는 상이한 가치관의 충돌로도 야기된 것이기 때문에 공공 갈등을 단순히 이해관계의 충돌로 축소시키면 복잡한 사회 갈등을 해결하기 어렵게 된다.

따라서 갈등 관리가 효율적으로 운영될 수 있는 갈등의 유형은 정부가 갈등의 조정자이거나 갈등이 이해관계의 충돌로 발생해서 갈등 당사자들 간에 타협을 통해 문제 해결을 할 수 있는 경우이다. 하지만 정부가 갈등의 당사자인 경우와 이념 및 가치갈등의 경우에는 갈등 관리적 대응이 부적절하거나 실효성을 갖기 어렵게 된다. 가치를 둘러싼 갈등은 제도로서 해결할 수 있는 것이 아니다. 오히려 시대 변화에 따라 새롭게 제기되는 가치관에 대해서 숙의와 토론을 거쳐서 사회적 합의를 도출할 수 있는 단초를 찾아가는 공동의 노력이 필요하다. 새만금 간척사업, 이라크 파병, 고속철도 천성산 구간 건설 등과 같이 가치관의 차이로 인해 사회적 쟁점이 된 사안에 대해서는 정부가 문제 해결의 한 행위자로 참여하여 민간부문과 긴밀히 협의하여 통치하는 것이 필요하다. 이명박 정부 들어 '법치'로 사회 갈등에 대처하자는 발상은 갈등을 관리하자는 참여정부의 발상보다도 후퇴한 것이다.

3. 갈등분쟁 거버넌스와 갈등사회 통치

1) 갈등분쟁 거버넌스 — 갈등관리managing conflict 또는 갈등분쟁resolving conflict 해결

여기서는 먼저 갈등분쟁conflict dispute과 갈등사회conflict society를 존재론적,

이론적, 역사적, 방법론적 그리고 규범적으로 구분하고자 한다.[1)]

먼저 존재론적 차원이다. 사회 갈등은 당사자인 시민이나 연구자인 사회학자가 인식하지 못해도 존재한다. 가령 정부나 기업에서 특정 지역을 개발 또는 재개발하고자 할 경우 사회행위자나 관찰자와 무관하게 사회 갈등이 발생한다. 따라서 사회 갈등은 사회행위자의 역사적 사회관계에 구조적으로 배태되어있다고 볼 수 있다. 따라서 갈등의 기원, 존재양식, 전개 과정, 현황을 총체적이고도 구체적으로 파악해야 한다. 둘째, 이론적 차원이다. 사회 갈등은 발생과 전개(증폭/축소/교착) 그리고 해소 과정이 매우 다양하다. 특정한 이론적 시각에서 접근하면 식별이 용이하지만 다른 시각에서 보면 오히려 은폐되는 다양한 차원, 영역의 갈등들이 있다. 따라서 이론전통에 두루 정통해야 한다. 예컨대 사회 갈등을 일차적으로 억압 대상으로 보는 경찰의 시각과, '갈등의 제도화'를 추구하는 학계의 시각은 매우 다르다. 셋째, 역사적 차원이다. 생성단계에 있는 사회 갈등이 있는가 하면 이제 해소 단계에 접어든 사회 갈등도 있다. 또 모든 사회 갈등이 동시에 또는 같은 정도로 중요하지는 않다. 갈등의 진행에 따른 선후와 경중을 따져야한다. 분단 체제의 형성과 공고화 및 해체, 자본주의 산업화, 자유주의 민주화, 신자유주의 지구화라는 시간 축에서 통시적으로 파악해야 한다. 그리하여 이념 갈등, 지역 갈등, 계급·계층 갈등, 세대 갈등 등 시간대를 달리하는 다양한 사회 갈등에 적절히 대응해야 한다. 넷째, 방법론적 차원이다. 사회 갈등에 접근할 때 우리는 일관된 방법론적 입장을 유지해야 한다. 갈등의 종류와 정도에 따라 연구방법론이 다양해야 하면서도 전체적으로는 일관성을 유지해야 한다. 한국사회와 그것이 위치한 지구사회라는 총체적 맥락에서 수준에 따라 개별 사회 갈등을 조망해야 한다. 끝으로 규범적 차원이다. 시공간적으로 제약된 조건 속에서 다양한 가치연관을 가진

1) 이러한 구분은 Chernilo(2007)에서 아이디어를 얻었다.

사회 갈등을 식별해 내고 또 대응책을 모색해야 한다. 다양한 사회 갈등 중에서 중요도와 우선순위를 정하는 규범적으로 충분히 자각된 입장이 필요하다.

정부의 사회 갈등 담론은 〈그림 7-1〉에서 보는 것처럼 갈등 인식과 갈등 대응에 주로 초점이 맞추어져 있다. 일단 사회 갈등이 사회행위 차원에서 발생하고 인식되면 갈등관리와 나아가 궁극적으로는 갈등 분쟁 해결을 지향한다 (강영진, 2000). 따라서 갈등 분쟁 거버넌스는 갈등을 은폐, 대체, 유예하려던 권위주의시대의 갈등 통제 방식에서 벗어나 적극적으로 갈등을 정치의제로 삼고 해결을 추구한다는 점에서 진일보했다고 볼 수 있다. 그렇지만 인식되지 않은 사회 갈등, 즉 잠복하고 있거나 정부와 기업의 직간접적인 억제 때문에 표면화되지 못하고 있는 사회 갈등에는 상대적으로 소홀하다.

갈등 인식을 가로축으로 할 때 '있다' 또는 '없다'로 구분된다. 세로축은 갈등 대응으로 '소극적 대응'과 '적극적 대응'으로 나뉜다. 갈등이 있다고 인식하면서 소극적인 대응을 하면 '갈등 관리'이고, 적극적인 대응에 나서면 '갈등 분쟁 해결'이다. 그런데 모든 사회 갈등이 사회행위로 현재화하지는 않는다. 이처럼 잠재된 사회 갈등은 인식하기 어렵다. 따라서 갈등이 없다고 전제하고 소극적으로 대응하면 '갈등 잠복'인 반면, 적극적으로 대응하여 갈등이 표출되는 것을 막으면 이는 '갈등 억제'이다. 여기서 주목할 점은 갈등 잠복과 갈등 억제의 경우 인식되지 않았기 때문에 갈등 자체가 존재하지 않는 것으로 오해할 소지가 있다는 것이다. 그렇지만 인식 여부와 존재 여부는 다르다. 한국사회에서 사회 갈등 관리가 어려운 이유 중에 하나는 공공 영역에서 사회 갈등을

그림 7-1. 갈등분쟁 거버넌스

		갈등 인식(인지 차원)	
		있다	없다
갈등 대응 (행위 차원)	소극	갈등 관리	갈등 잠복
	적극	갈등 분쟁 해결	갈등 억제

드러내놓고 논의하기 어렵기 때문이다. 사회 갈등을 지적하거나 논의하는 행위가 사회 갈등을 부추긴다는 인식이 아직도 팽배하다. 따라서 사회 갈등이 내연하다가 폭발하는 시점에 이르러서야 비로소 사회적인 관심을 받게 되는 경우가 대부분이다. 바로 이 점이 갈등분쟁 거버넌스의 모색만으로는 부족한 까닭이다.

2) 갈등사회 통치 — 갈등 통치governing conflict와 갈등 선제preempting conflict

참여정부에서 수립된 '갈등 관리'라는 개념은 실용적이기는 하지만 막상 내용을 들여다보면 공허하다. 특히 요즘 같은 신자유주의 시대에 사회 갈등은 국가와 시민사회를 뛰어 넘는 국제적international, 초국적transnational 차원들levels에서 비롯되기도 한다(Dean, 2007). 그리고 정치, 경제, 사회, 문화를 가로질러 여러 분야들에서 갈등이 발생한다. 따라서 이미 발생한 갈등 관리보다 갈등 예방과 갈등 최소화에 주력해야 한다. 그런데 갈등은 사회적으로 구성되는 것이다. 따라서 사회 갈등을 이미 주어진 사물thing처럼 간주하고 접근할 수 없다. 사회 갈등은 행위자들의 사회관계 속에서 사회행위를 통해 사건으로 발생하기도 하고 발생하지 않기도 한다. 또 사회 갈등이 벌어진다고 해서 똑같이 사회의 주목을 받거나 해결을 추구하지는 않는다. 사회 갈등의 발생 못지않게 이에 대한 대응에도 선택성selectivity이 작용한다.

이 장에서 주장하는 갈등사회 통치란 〈그림 7-2〉에서 보는 것처럼 갈등 존재와 갈등 평가에 관심을 갖는다. 여기서는 갈등분쟁 거버넌스처럼 갈등이 사회행위 차원에서 발생하고 인식되는 게 아니다. 갈등사회 통치 모델에서는 갈등 인식에서 나아가 갈등의 사회적 구성/비구성 수준에서 문제를 제기한다. 규범적으로 '문제 없음'이라고 판단된 사회 갈등은 허용 가능한 수준에서 해결되도록 유도하는 한편, '문제 있음'이라고 평가된 사회 갈등은 적극적으로 해결을 추구할 뿐 아니라 그것이 발생하지 않도록 선제한다. 여기서 '문제

그림 7-2. 갈등사회 통치

		갈등 여부(존재론 차원)	
		사회적 구성	사회적 비구성
갈등 평가 (규범 차원)	문제 없음	갈등 통치	갈등 부재
	문제 있음	갈등 해결	갈등 선제

없음'이란 사회 갈등이 존재하지 않는다는 의미가 아니다. 사회 갈등이 당사자 사이의 대화와 타협을 통해 해결될 수 있는 여지를 가진 경우이다. 이에 비해 '문제 있음'은 이념이나 이익 대립이 극단으로 치달아 제3자의 개입 없이 당사자들 사이에서 해결될 전망이 보이지 않는 경우이다.

갈등 여부를 가로축으로 할 때 '사회적 구성' 또는 '사회적 비구성'으로 구분된다. 세로축은 갈등 평가로 '문제 없음'과 '문제 있음'으로 나뉜다. 갈등이 '사회적으로 구성'되면서 '문제 없다'고 평가되면 '갈등 통치'이고, '문제 있다'고 평가되면 '갈등 해결'을 추구한다. 그런데 갈등이 사회적으로 구성되지 않으면서 갈등 평가에서도 '문제 없다'고 판단되면 이는 '갈등 부재'이다. 이것이 가장 이상적인 상황이다. 그렇지만 지금 여기서는 갈등이 사회적으로 구성되고 있지 않지만 역사적 유산이나 지구적인 도전으로 말미암아 언젠가 폭발하거나 크게 영향을 미칠 갈등을 예상할 수 있다. 갈등 선제는 사회구조의 모순이 사회행위 수준에서 갈등으로 구성될 가능성을 존재론적인 차원에서 이론적으로 예견하여 대응하는 것이다. 이에 따라 장기대책을 마련하는 한편 평상시에도 홍보와 교육을 통해 지속적인 해결을 추구한다는 점이 특징이다. 따라서 갈등 해결보다는 갈등 은폐와 갈등 회피를 꾀하는 갈등분쟁 거버넌스에서의 갈등 억제와 극명하게 대비된다. 또한 행위 차원에서의 갈등 발생에만 주목하는 대증처방인 갈등 예방과도 구분된다.

갈등분쟁 거버넌스와 갈등사회 통치는 이론적, 실천적으로 확연히 다르다. 사회 갈등을 인식론적 차원에서 수용하고 대응을 추구하는 갈등 관리와 갈등 분쟁 해결이라는 개념은 일단 사회 갈등을 해결해 나가는 데 있어 진일보한 개념임에 틀림없다. 그렇지만 소극적으로 대응하면 갈등이 잠복하고 적극적으로 대응하면 갈등을 억제하는 부작용을 낳을 수 있다. 사회 갈등을 존재론적인 차원에서 파악하고 규범적 평가에 입각해서 대응을 추구하는 갈등 통치와 갈등 해결은 보다 근본적인 해법을 추구한다는 장점이 있다. 그렇지만 사회행위 수준에서 사회 갈등이 가시화되기 이전에 연구자들의 이론적 통찰에 의해서 식별된 범주이다. 따라서 사회적 합의를 도출하기 어렵고 사회적 비용을 산출하기 어렵다는 문제점이 있다.

3) 한국인의 갈등분쟁 거버넌스와 갈등사회 통치에 대한 인식

앞에서 논의한 갈등분쟁 거버넌스와 갈등사회 통치는 추상성이 매우 높은 개념들이기 때문에 이것들을 경험적으로 측정하기는 쉽지 않다. 필자들이 실시한 2007년 한국인의 갈등 의식 조사에서는 일상생활의 갈등에 초점을 맞추었기 때문에 위의 두 개념들을 직접적으로 측정할 수 있는 문항들은 포함되지 못했다. 하지만 갈등에 관한 문항들 중에서 필자들의 분석 틀과 관련이 되는 문항들을 중심으로 갈등분쟁 거버넌스와 갈등사회 통치에 대한 한국인의 인식을 조사해보도록 하겠다.

앞서 설명한 대로 갈등분쟁 거버넌스는 갈등 인식과 갈등 대응의 두 축으로 구성되어 있다. 이 의식 조사에서 갈등 인식과 관련된 문항은 사회집단 간 갈등 발생의 원인에 관한 것이다. 갈등 발생의 원인으로서 '사회 발전 과정에서 불가피하게 발생한다', '갈등을 부추기는 집단이나 세력 때문에 주로 발생한다', '잘 모르겠다'의 세 가지 항목이 제시되었다. 조사 결과 '사회 발전 과정에서 불가피하게 발생한다'고 응답한 사람들은 전체 응답자의 43.5%, '갈등을 부추기는 집단이나 세력 때문에 주로 발생한다'고 응답한 사람들은 52.6%로 나타났다. 갈등 대응과 관련한 문항은 갈등 해결의 주체와 관한 것이다. 갈등 해결을 위해서는 '시간이 걸리더라도 기본적으로 당사자들에게 맡겨두어야 한다', '제3자에 의한 해결이 효과적이다', '잘 모르겠다'의 세 가지 항목이 제시되었다. 조사 결과 갈등 해결을 위해서 '시간이 걸리더라도 기본적으로 당사자들에게 맡겨두어야 한다'고 응답한 사람들은 전체 응답자의 49.6%, '제3자에 의한 해결이 효과적이다'고 응답한 사람들이 37.9%로 나타났다. 갈등 대응과 관련한 또 하나의 문항은 바람직한 정치지도자의 갈등 대처 방안이다. 바람직한 정치지도자란 정책 추진 중에 갈등이 발생했을 때 '다소 갈등이 발생하더라도 당초 목표 달성을 위해 노력해야 한다', '소기의 목표 달성을 미루더라도 갈등 해소에 주력해야 한다', '잘 모르겠다'의 세 가지 문항이 제시되었다. 조사 결과 '다소 갈등이 발생하더라도 당초 목표 달성을 위해 노력해야 한다'고 응답한 사람들이 전체 응답자의 49.1%, '소기의 목표 달성을 미루더라도 갈등 해소에 주력해야 한다'고 응답한 사람들이 44.3%로 나타났다. 갈등 대응과 관련해서 갈등 해결에 있어서 정부의 역할에 관해서도 조사하였다. 사회집단 간 갈등이 발생했을 때 정부는 '가능하면 적극적으로 개입해야 한다', '최소한의 역할에 머물러야 한다', '잘 모르겠다'의 세 가지 문항이 제시되었다. 조사 결과 정부는 '가능하면 적극적으로 개입해야 한다'고 응답한 사람들은 전체 응답자의 50.5%, '최소한의 역할에 머물러야 한다'고 응답한 사람들이 45.5%로 나타났다.

갈등사회 통치는 갈등 여부와 갈등 평가의 두 축으로 구성되어 있다. 갈등 여부와 관련된 문항은 한국사회에서 발생하는 집단 간 갈등의 심각성에 대한 인식이다. 전혀 심각하지 않은 수준을 0점, 매우 심각한 수준을 10점으로 측정했을 때 응답자가 생각하는 갈등 수준을 보고하도록 했다. 조사 결과 제2장에서도 언급되었듯이 한국인이 평가하는 집단 갈등의 심각성은 10점 만점에 7.4점으로 매우 높은 수준으로 밝혀졌다. 그리고 전체의 90% 정도가 갈등

표 7-1. 갈등 발생 원인과 갈등 평가 간의 연관성

	사회 발전 도움	사회적 낭비	잘 모르겠음	합계	×2
갈등 불가피	538	87	27	652	104.650***
	82.5%	13.3%	4.1%	100.0%	
갈등 조장 때문	575	191	23	789	
	72.9%	24.2%	2.9%	100.0%	
잘 모르겠음	38	5	16	59	
	64.4%	8.5%	27.1%	100.0%	
합계	1,151	283	66	1,500	
	76.7%	18.9%	4.4%	100.0%	

***p<.001(단측검증)

수준이 심각한 것으로 인식하고 있다. 갈등 평가와 관련해서는 사회집단 간 갈등은 '잘 해결되면 사회 발전에 도움이 되는 면이 있다', '잘 해결된다 해도 사회적 낭비가 크다', '잘 모르겠다'의 세 항목이 제시되었다. 조사 결과 잘 해결되면 사회 발전에 도움이 된다고 응답한 사람들은 전체 응답자의 77.9%, 잘 해결되어도 사회적 낭비가 크다고 응답한 사람들은 18.8%로 나타났다.

앞서 논의한 대로 갈등에 대응하는 방식은 갈등 인식, 갈등 대응, 갈등 여부, 갈등 평가가 상호작용하여 나타나는 것이기 때문에 다음에는 위의 요인들을 상호교차하여 나타나는 결과를 분석하고자 한다. 갈등 발생 원인과 갈등 평가를 상호 교차하여 검증한 결과 갈등이 불가피하다고 응답한 사람들 중에도 갈등이 사회 발전에 도움이 된다고 응답한 사람들이 82.5%로 높게 나타났다. 이런 수치는 갈등을 부추기는 집단 또는 세력 때문에 갈등이 발생한다고 응답한 사람들이 갈등이 사회 발전에 도움이 된다고 응답한 비율인 72.9%보다 높은 것이다. 갈등 원인에 대한 상반된 입장에도 불구하고 갈등이 '사회적 낭비'라고 보기보다는 사회 발전에 도움이 된다고 판단하고 있는 응답자가 압도적으로 많음을 알 수 있다. 이런 결과는 사회 갈등을 갈등분쟁 해결이나 갈등 관리라는 행위 차원에서 부정적으로만 볼 게 아니라 갈등 해결과 갈등 통치라는 존재론적, 규범적인 차원에서도 접근해야 한다는 점을 시사한다.

갈등 발생 원인과 갈등 해결 주체 간의 연관성을 조사한 결과 갈등이 불가피하다고 응답한 사람들 중의 52.5%, 갈등을 부추기는 집단이나 세력 때문에 갈등이 발생한다고 응답한 사람들 중의 47.1%가 당사자들이 갈등을 해결해야 한다고 응답하였다. 이런 결과를 통해 갈등 원인에 대한 상반된 입장에도 불구하고 응답자 중 절반가량이 '당사자'에 의해 갈등이 해결되기를 바라고 있음을 알 수 있다.

갈등 평가와 갈등 해결 주체 간의 관계를 조사한 결과 갈등이 사회 발전에

표 7-2. 갈등 발생 원인, 갈등 평가, 갈등 해결 주체 간의 연관성

	당사자	제3자	잘 모르겠음	합계	x^2
갈등 불가피	342	236	74	652	12.826*
	52.5%	36.2%	11.3%	100.0%	
갈등 조장 때문	372	318	99	789	
	47.1%	40.3%	12.5%	100.0%	
잘 모르겠음	30	15	14	59	
	50.8%	25.4%	23.7%	100.0%	
합계	744	569	187	1,500	
	49.6%	37.9%	12.5%	100.0%	
사회 발전에 도움	601	425	125	1,151	67.065***
	52.2%	36.9%	10.9%	100.0%	
사회적 낭비	119	130	34	283	
	42.0%	45.9%	12.0%	100.0%	
잘 모르겠음	24	14	28	66	
	36.4%	21.2%	42.4%	100.0%	
합계	744	569	187	1,500	
	49.6%	37.9%	12.5%	100.0%	

*p<.05(단측검증), ***p<.001(단측검증)

도움이 된다고 응답한 사람들 중의 52.2%, 갈등은 사회적 낭비라고 응답한 사람들 중의 42%가 당사자들이 갈등을 해결해야 한다고 응답하였다. 즉 갈등이 사회 발전에 도움이 된다고 보는 응답자들은 대체로 당사자에게 맡겨두자는 입장인 반면, 사회적 낭비라고 보는 응답자들은 제3자 개입을 선호하는 의견이 조금 앞서는 것을 알 수 있다.

갈등 발생 원인과 정치지도자의 역할 간의 관계를 조사한 결과 갈등이 불가피하다고 응답한 사람들 중의 53.3%, 갈등을 부추기는 집단이나 세력 때문에 갈등이 발생한다고 생각하는 사람들 중의 45.7%는 정치지도자는 다소 갈등이 발생하더라도 당초 목표 달성을 위해 노력해야 한다고 응답하였다. 또한

표 7-3. 갈등 발생 원인, 갈등 평가, 정치지도자의 역할 간의 연관성

	목표 달성	갈등 해소	잘 모르겠음	합계	x^2
갈등 불가피	347	265	39	651	48.835***
	53.3%	40.7%	6.0%	100.0%	
갈등 조장 때문	360	384	44	788	
	45.7%	48.7%	5.6%	100.0%	
잘 모르겠음	30	14	15	59	
	50.8%	23.7%	25.4%	100.0%	
합계	737	663	98	1,498	
	49.2%	44.3%	6.5%	100.0%	
사회 발전에 도움	575	507	69	1,151	35.808***
	50.0%	44.0%	6.0%	100.0%	
사회적 낭비	137	132	14	283	
	48.4%	46.6%	4.9%	100.0%	
잘 모르겠음	25	25	16	66	
	37.9%	37.9%	24.2%	100.0%	
합계	737	664	99	1,500	
	49.1%	44.3%	6.6%	100.0%	

***p<.001(단측검증)

갈등이 불가피하다고 응답한 사람들 중의 40.7%, 갈등을 부추기는 집단이나 세력 때문에 갈등이 발생한다고 생각하는 사람들 중의 48.7%는 소기의 목표 달성을 미루더라도 갈등 해소에 주력해야 한다고 응답하였다. 갈등 발생 원인, 즉 갈등의 존재론적 지위에 대한 상반된 입장이 갈등 발생 시 바람직한 정치지도자 상에도 다르게 투영됨을 알 수 있다. 한편, 갈등이 해결되면 사회 발전에 도움이 된다고 응답한 사람들 중의 50%, 갈등이 해결돼도 사회적으로 낭비라고 생각하는 사람들 중의 48.4%는 정치지도자의 역할로 다소의 갈등이 있더라도 목표 달성을 해야 한다고 생각했다. 그렇지만 여전히 두 집단은 목표 달성 못지않게 갈등 해소를 정치지도자의 중요한 역할로 인식하고 있어서 목표 달성과 갈등 해소가 동시에 바람직한 정치지도자의 역할로 인식되고 있다.

갈등 발생 원인과 갈등 발생 시 정부의 역할 간의 관계를 조사한 결과 갈등이 불가피하다고 응답한 사람들 중의 48.6%, 갈등을 부추기는 집단 또는 세력 때문에 갈등이 발생한다고 생각하는 사람들 중의 43.2%는 정부는 최소한의 역할에 머물러야 한다고 응답하였다. 갈등 원인에 대한 상반된 입장이 갈등 발생 시 정부 역할에 대해서도 다르게 나타나고 있음을 알 수 있다. 한편, 바람직한 정치지도자상을 '목표 달성'이라 답한 응답자들의 50.3%, '갈등 해소'라고 답한 응답자들의 52.5%가 갈등 발생 시 정부의 적극적인 개입을 선호해서 두 집단 간의 차이는 크지 않았다. 한편 갈등 해결 주체로서 당사자를 지명한 응답자들 중의 43.7%, 제3자를 지명한 응답자들의 59.9%가 정부의 적극적인 개입을 주문했다. 갈등 해결 주체로 제3자를 지목한 응답자들이 정부의 적극 개입을 주장한 것은 논리적으로 일관성이 있다.

위의 분석에서 알 수 있듯이 갈등에 대한 대응방식을 갈등 인식, 갈등 대응, 갈등 평가 등의 상호작용의 결과로 유형화한 것은 설문조사 결과에 의해서도 어느 정도 뒷받침되는 것을 확인할 수 있다. 물론 설문조사에서 위의 개념들을

표 7-4. 갈등 발생 원인과 갈등 발생 시 정부 역할 간의 연관성

		적극 개입	최소 역할	잘 모르겠음	합계	x^2
갈등 원인	갈등 불가피	307	317	28	652	36.569***
		47.1%	**48.6%**	4.3%	100.0%	
	갈등조장	427	341	21	789	
		54.1%	43.2%	2.7%	100.0%	
	잘 모르겠음	24	24	10	58	
		41.4%	41.4%	17.2%	100.0%	
	합계	758	682	59	1,499	
		50.6%	45.5%	3.9%	100.0%	
정치 지도자의 역할	목표달성	371	351	15	737	108.098***
		50.3%	47.6%	2.0%	100.0%	
	갈등해소	348	294	21	663	
		52.5%	44.3%	3.2%	100.0%	
	잘 모르겠음	38	37	23	98	
		38.8%	37.8%	23.5%	100.0%	
	합계	757	682	59	1,498	
		50.5%	45.5%	3.9%	100.0%	
갈등 해결 주체	당사자	325	400	19	744	86.986***
		43.7%	53.8%	2.6%	100.0%	
	제3자	341	213	15	569	
		59.9%	37.4%	2.6%	100.0%	
	잘 모르겠음	93	70	25	188	
		49.5%	37.2%	13.3%	100.0%	
	합계	759	683	59	1,501	
		50.6%	45.5%	3.9%	100.0%	

***p<.001(단측검증)

직접적으로 측정할 수 있는 문항들을 포함하지 못해 이론에 대한 직접적인 검증을 하지 못한 것이 이 연구의 한계이다. 후속 연구에서 구체적이고 직접적

인 문항들을 개발해서 갈등 관리와 갈등 통치의 개념을 측정할 수 있기를 기대한다.

4. 성찰적 갈등사회를 향하여 — 공공사회학Public Sociology의 전망

현대 한국사회에는 이념 갈등처럼 건국과 한국전쟁기까지 소급되는 깊은 뿌리를 가진 사회 갈등이 있는가 하면, 계층 갈등, 노사 갈등, 지역 갈등처럼 자본주의 산업화와 더불어 본격화된 사회 갈등도 있다. 또 1997년의 위기 이후 신자유주의적 세계화의 도래와 더불어 확대, 심화된 개인화된 사회 갈등도 있다(박길성, 2003; 김문조, 2008). 세대 갈등과 정부와 지역주민 사이의 갈등은 최근의 사회 갈등 양상인데, 여기에 대한 인식은 세대별로 매우 다르다.

앞서 살펴본 바와 같이 사회 갈등의 존재 방식과 사회 갈등의 인식은 다르다. 현 단계에서 한국의 사회 갈등은 성별, 연령, 학력, 소득, 지역 등의 변수에 따라 상이하게 인식되고 있다. 따라서 사회 갈등을 극복하고 사회 통합을 이루어 앞으로 나아가기 위해서는 갈등사회의 이중해석학double hermeneutics이 필요하다(Giddens, 1976). 사회 갈등은 사회 구성원의 사회적 위치와 각자의 기억 그리고 그들 사이의 관계에 내재한다. 그들이 자기의 일상생활을 통해 사회 갈등을 겪고 또 인식한다(일차 해석). 여기에 사회학자가 개입하여 해석하고 설명하고자 하는 것이다(이차 해석). 그렇지만 각자의 직접적인 이해관계가 걸려있지 않은 사회 갈등에 대해서 대부분의 사회 성원은 이를 모르거나 정작 사회 갈등이 표면화될 때까지는 대수롭지 않게 생각할 수 있다. 한국사회 구성원들이 한국사회가 직간접으로 당면한 모든 사회 갈등을 똑같은 정도로 중요하게 생각하거나 반응하지는 않는다. 이 경우 사회 갈등은 실재하기만 모든 사회성원이 같은 정도로 심각하게 여기는 것은 아니다. 제6장에서 밝혀졌듯이 한국인은 전체적으로 볼 때 보통 수준 이상의 공익의식을 보인다. 그렇지만 자신의 이해관계가 걸린 사안에 대해서는 보통 이하의 공익의식을 보이는 것으로 나타난다. 또한 제3장에서 살펴본 바와 같이 갈등해소 노력과 관련하여 시민사회 안의 시민단체, 학계 등에 대해서는 상대적으로 긍정적인 평가가 높다. 이와는 대조적으로 정계와 언론기관에 대한 평가가 좋지 않았다. 이는 정부나 기업보다는 시민사회가 공익적 차원에서 갈등을 조정하는 역할을 더 많이 떠맡아야 한다는 점을 의미한다.

사회 갈등의 유발자와 피해자 그리고 중재자가 각기 자기 자리에서 해법을 모색해야 한다. 국가와 자본은 정부와 기업이라는 행위자로 나타나는데, 많은 경우 사회 갈등 유발자이다. 사회 갈등을 사회행위 차원에서 사후약방문식으로 접근할 수 없는 이유가 여기에 있다. 대부분의 사회 갈등은 국가와 자본이 주도하는 거대한 사회변환Great Transformation 과정에서 구조적으로 비롯된 것이다. 따라서 산업화, 민주화, 정보화, 지구화라는 거대 사회변동의 유기적 과정으로 사회 갈등에 접근하고 또 해결책을 마련해야 한다. 우리가 쉽게 식별하고 대책을 마련할 수 있는 사회 갈등도 있지만, 정작 중요한 사회 갈등은 우리가 인식하거나, 참여하거나, 결정하기도 전에 우리에게 다가온다. 이것이 지구화시대 사회 갈등의 새로움이다(Beck, 2005).

지금 여기 한국사회에서 우리가 맞닥뜨리고 있는 사회 갈등은 시간상으로는 중층성multi-layered temporalities을 그리고 성, 연령, 학력, 소득, 지역 등 다층적인 사회공간에서의 위치multiple social spaces에 따라 상이한 존재 양상과 전개 과정을 보여 준다. 요컨대 사회 갈등은 매우 다양하다. 따라서 사회 갈등을 인식하고 해결하고자 하는 노력도 여러 갈래로 나뉠 수밖에 없다. 사회 갈등과 관련하여 질서를 강조하는 정부의 시각이나 이익을 앞세우는 이해당사자의 입장 또는 시민사회에서의 공익적 접근이 다른 것은 너무 당연하다. 그렇지만 이러한 인식과 이해의 차이를 충분히 숙지하고 나면 외려 각 행위자의 적극적 역할을 모색할 수 있다.

여기서 사회학자가 사회 갈등의 인식과 해소를 위해 할 수 있는 역할을 모색해보고자 한다.

다음 〈그림 7-3〉은 사회학의 지식 유형을 분류한 것이다(Burawoy, 2007에서 변형).

공공사회학Public Sociology은 사회학계 일반이 추구하는 이론적이고 경험적인 지식을 산출하고자 하며 이 과정에서 엄격한 과학의 표준을 따른다. 그렇지만 그렇게 산출된 지식을 전문 영역 내부에서만 소통시키지 않고 학계에만 머물러 있지 않다는 점에서 전문사회학 또는 강단사회학Professional Sociology과 다르다(Burawoy, 2007). 비판사회학Critical Sociology은 학자 공동체 내부의 토론을 중시하는 한편 사회적으로는 도덕적 전망을 제시하고자 한다. 이와는 대조적으로 공공사회학은 학자 공동체가 어떤 근본적인 지식을 가지고 있다고 자임하지 않는다. 따라서 진리는 대중과의 소통을 통해 합의를 이루어가는

그림 7-3. 사회학의 지식 유형 정교화

	학계	학계 외부(정부, 기업)
도구적 지식	전문사회학	정책사회학
• 지식	이론적/경험적	구체적
• 진리	일치	실용
• 정당성	과학표준	효과
• 책임성	동료 연구자	고객
• 병리현상	자기 참조	권력·금력에 종속
• 정치행위	전문 영역 자기이익	정책개입
성찰적 지식	비판사회학	공공사회학
• 지식	근본적	소통적
• 진리	규범	합의
• 정당성	도덕적 전망	유관적합성
• 책임성	비판적 지식인	명시적인 대중
• 병리현상	독단주의	일시 유행
• 정치행위	내부 토론	공적 대화

시민 사회

과정에서 구성된다고 본다. 또한 공공사회학은 정부나 기업을 고객으로 삼아 구체적이고 실용적인 지식을 제공하여 지식의 효과를 거두고자 하는 정책사회학Policy Sociology과도 구분된다. 공공사회학도 정부와 기업에 지식을 제공하기는 하지만 이는 성찰적 지식이라는 점에서 좁은 의미의 '정책 개입'을 넘어 공적 대화를 추구한다.

사회 갈등과 관련하여 공공사회학은 사회학자가 사회 갈등 안에 위치하면서도 동시에 바깥에 자리를 잡을 것을 권유한다. 사회 갈등은 과거로부터 이월되었거나 바깥이나 위에서 비롯되었다고 할지라도, 지금 여기서 사회행위자들이 그것을 문제시할 때 비로소 사회 갈등으로 등장하기 때문이다. 공공사회학이 제시하는 사회 갈등 해소 방안은 매우 명료하다. 사회학자로 하여금 전문가로서의 위치를 지키면서 동시에 사회 구성원으로서의 책임을 다하라는 것이다. 그리고 이때 사회학자의 전문적, 과학적 지식이 사회 구성원 각자의 일상적인, 일차적인 지식보다 인식론적으로 우월하지 않다고 본다. 공공사회학이 산출하는 지식의 정당성은 과학의 표준이나 도덕적 전망 또는 정책 효과가 아니라 바로 유관적합한 지식의 생산이다.

세계화는 개인화와 동전의 양면이다(Beck, 2000). 옛날의 빅브라더는 포함하는 데 열중했다. 즉 사람들을 대열에 정렬시키고 그곳에서 벗어나지 않게 통합하고자 했다. 오늘날의 새로운 빅브라더는 배제하는 데 관심을 기울인다. 그들이 있는 자리에 '어울리지 않는' 사람들을 골라내, 거기서 쫓아내면서 '그들에게 어울리는 곳'으로 추방하거나 아예 처음부터 근처에도 얼씬거리지 못하게 하는 것이다(Bauman, 2004). 이러한 현대의 조건 속에서 사회 갈등은 낡고도 새로운 방식으로 나타난다. 비록 사회 갈등 자체에 대한 시민의 인식이 긍정적이라 할지라도 사회 갈등을 어떻게 나눠 나갈지는 당사자뿐 아니라 관계당국과 학계가 함께 고민해야 할 과제이다.

공공사회학은 한편으로는 갈등 관리와 갈등분쟁 해결에 다른 한편으로는 갈등 통치와 갈등 해결에 기여할 수 있을 것으로 전망한다. 나아가 갈등을 선제하고 갈등이 부재한 사회를 만드는 데 공공사회학이 기여할 수 있기 바란다. 이를 위해 사회학계와 정부 그리고 시민사회가 긴밀한 소통과 함께 협력 관계를 구축해 나가기를 희망한다. ■ 정일준 · 윤인진

참고문헌

국문문헌

강영진. 2000.《갈등분쟁 해결 매뉴얼》. 성공회대출판부.

고려대 BK21 갈등사회교육연구단. 2006.〈제2단계 두뇌한국21사업 인문사회 분야 사업신청서〉.

구자건·이무춘. 2008.《환경 갈등과 사회영향평가 방법》. 연세대학교출판부.

국정홍보처. 2006.《한국인의 의식·가치관 조사》.

______. 2008.《한국인의 의식·가치관 조사》.

김규정. 1973.《신행정학개론》(제3개정판). 법문사.

김동영. 2006.〈한국의 공공 갈등 해결 분야의 발전에 대한 비전〉. 고려대 사회학 콜로키움 발표문(11월 14일).

김동현. 1985.〈공익 이론의 역사적 전개—유럽의 공익개념 역사를 중심으로〉.《현대사회》 17호 : 169-189.

김문조. 2008.《한국사회의 양극화》. 집문당.

김비환. 2001.〈영미 자유주의사상에서의 공익 개념과 한국에서의 함의〉.《철학과 현실》50호 : 36-48.

김선업. 2008.〈일상적 갈등의 분화와 교차〉.《갈등사회의 도전과 전망》. 고려대 한국사회연구소 특별심포지엄 자료집.

______. 2000.〈정보화와 세대 갈등〉.《21세기 새로운 가족문화》. 한국가족학회춘계학술대회 자료집 : 3-12.

______. 1992.〈한국사회 연줄망의 구조적 특성〉.《한국사회학》26집 여름호 : 1-33

김유환. 2006.〈영미에서의 공익개념과 공익의 법문제화〉.《서울대학교 법학》제47권 3호 : 52-88.

______. 2008.〈우리나라의 공공갈등 관련 법과 제도의 발전에 대한 평가와 대응방안〉.《한국의 갈등관리시스템 : 선진적 시스템 구축을 위한 과제》. 2008 KDI 공개정책토론회자료집.

김철규. 2007.〈87년 체제의 해체와 개발주의의 부활〉.《한국사회》. 8집 2호.

______. 2008.〈신개발주의의 심화와 민주주의의 위기〉.《환경과 생명》. 55호.

김철규·김선업·이철. 2008.〈미국산 쇠고기 수입 반대 촛불집회 참여 10대의 사회적 특성〉.《경제와 사회》80호. 40-67.

김철규·조성익, 2004.〈핵폐기장 갈등의 구조와 동학 : 부안 사례를 중심으로〉.《경제와 사회》 63권.

김태기. 2005.〈갈등 해결정책의 문제점과 개선방향〉.《분쟁 해결연구》.

김항규. 2002. 〈행정에서의 합법성 이념과 헌법에서의 공익판단의 근거〉. 《한국행정논집》 제14권 3호 : 557-579.
______. 2006. 〈행정철학과 행정법학과의 대화—헌법상의 공익 논의를 중심으로〉. 《한국공공관리학보》 20권 1호 : 136-151.
김호기. 2007. 〈사회 갈등과 거버넌스〉. 《현대사회와 문화》 제1집 1호.
대통령자문 지속가능발전위원회.《갈등 관리시스템구축방안 연구보고서》. 2004.
문순홍 편. 2006. 《개발국가의 녹색성찰》. 아르케.
박경숙. 2004. 〈노동시장에서의 연령 차이와 연령불평등〉. 방하남 외. 《현대한국사회의 불평등》. 한울 : 172-225
박균성. 2006. 〈프랑스 행정법상 공익개념〉. 《서울대학교 법학》 제47권 3호 : 27-51.
박기덕. 2002. 〈한국정치의 갈등 분석과 해소 방안의 모색—지역·계층 및 이념 갈등을 중심으로〉. 《민주주의와 인권》 6권 1호 : 237-267.
박길성. 2008. 〈한국사회의 갈등 지형과 경향〉. 《갈등사회의 도전과 전망》. 고려대 한국사회연구소 특별 심포지엄 자료집.
______. 2007. 〈한국사회의 갈등구조와 통합〉. 한국사회학회 특별 심포지엄. 《IMF 체제의 사회분화를 넘어서 통합사회로》 발표논문.
______. 2006. 〈권력이동의 실제와 전망〉. 박길성 외. 《한국사회 권력이동》. 굿인포메이션.
______. 2003. 《한국사회의 재구조화》. 고려대학교출판부.
______. 2002. 〈왜 세대인가?〉. 《계간 사상》. 가을호.
박명현. 2008.《청계천—갈등과 협상의 법칙》. 환타지아.
박세일. 2001. 〈공공선(공익)을 어떻게 찾아야 하는가?〉. 《철학과 현실》 가을호(통권 제50호) : 61-74.
박영신 편저.1980. 《갈등의 사회학》. 까치.
박원순. 2006. 〈우리 사회 갈등. 해법은 없는가〉. 《새길이야기》 20호.
박재묵. 2005. 〈문제제기〉. 대통령자문지속가능발전위원회. 《공공 갈등 관리의 이론과기법》 상. 논평.
박재흥. 2001. 〈세대 연구의 이론적 · 방법론적 쟁점〉. 《한국인구학》 24권 : 47-78.
______. 1992. 〈한국사회의 세대문제—질적 접근〉. 《한국사회사연구회 논문집》 38.
박정순. 2002. 〈개인이익과 공익의 자유주의적 관련 방식〉. 《철학연구》 제61집 : 202-230.
박정택. 1990. 《공익의 정치 행정론》. 대영문화사.
박종민 · 김왕식. 2005. 〈사회신뢰의 생성—시민사회와 국가제도의 역할〉. 한국행정학회. 2005년도 동계학술대회 발표논문집.
박종주 · 김성관 · 손충기 · 심대섭. 1992. 〈한국 청소년의 도덕성 · 공익성 실태분석 연구 — 전북지역을 중심으로〉. 《한국청소년연구》 9호 : 71-91.
박철현. 2005. 《한국사회의 갈등구조》. 한국형사정책연구원.
배무기. 1991. 《한국의 노사관계와 고용》. 경문사.
백완기. 1984. 〈행정에 있어서 공익의 문제〉. 《고시계》 333권.
서문기. 2004. 〈한국의 사회 갈등 구조 연구〉. 《한국사회학》 제38권 제 6호.

서문기 외. 2001.《한국사회 갈등구조에 대한 이해》. 삼성경제연구소. 2001.
석현호. 2005.《한국종합사회조사 2004》. 성균관대학교출판부.
선한승 외. 2004.《사회적 갈등해소를 위한 노동제도 활용방안》. 한국노동연구원.
송호근. 2006.《한국의 평등주의, 그 마음의 습관》. 삼성경제연구소.
신광영. 2008.〈 위기 이후 한국사회의 구조변화와 불평등체계〉.《시민과 세계》13호.
______. 2006.〈현대 한국의 사회변동〉.《경제와 사회》. 통권69호 : 10-39.
안병철 · 임인숙 · 정기선 · 이장원. 2001.《경제 위기와 가족》. 생각의 나무.
안호용 · 김홍주. 2000.〈한국 가족 변화의 사회적 의미〉.《한국사회》제3집 : 89-132
오만석 · 도성달 · 박찬구 · 추병완. 2001.〈한국 · 미국 · 일본 국민의 윤리의식 비교연구〉.《비교교육연구》11권 1호 : 29-78.
유민봉 · 고성철. 2001.〈정책결정 기준으로서 공익과 사회적 형평〉.《사회과학》제40권 1호 : 139-161.
윤인진 · 진영선 · 박성훈 · 배은식 · 박규홍. 2007.〈쓰레기 매립지와의 거리에 따른 매립지 수용의 결정요인 및 중요도 변화 분석〉.《서울도시연구》8권 4호 : 53-71.
이내영. 2002.〈세대와 정치이념〉.《계간사상》14권 3호.
이상민. 2002.〈기업의 사회적 책임 — 미국과 한국 기업의 사회공헌활동 비교〉.《한국사회학》. 제36집 2호.
이승환. 2001.〈한국 및 동양 전통에서 본 공과 공익〉.《철학과 현실》50호 : 24-35.
이재열. 1998.〈대형사고와 위험 : 일상화된 비정상성〉.《계간사상》. 가을호.
임희섭. 2001.〈한국인의 공공정신, 무엇이 문제인가?〉.《철학과 현실》50호 : 49-60.
임희섭. 2007.〈세계화 시대의 사회통합〉. 한국정치학회/한국사회학회 공편.《한국사회의 새로운 갈등과 국민통합》. 인간사랑.
______. 2007.〈한국시민사회의 자율성과 공공성에 관한 연구〉.《대한민국학술원 논문집(인문 · 사회과학편)》46집 : 189-221.
장미경. 2007 .〈취업 여성의 일—가족 갈등과 국가〉.《여성학 논집》제24집 2호 : 3-40.
장경섭. 2008.〈압축적 근대성의 미시적 기초〉.《이화여대 사회학과 50주년 기념학술대회》. 5월 13일.
______. 2001.〈가족이념의 우발적 다원성—압축적 근대성과 한국가족〉.《정신문화연구》24권 2호 : 161-202.
전인철. 1998.〈공익에 관한 이론과 판단 근거〉.《용인대학교 논문집》15 : 433-447.
정규호. 2003.〈국가주도 대규모 개발사업의 특성과 지속가능성 문제〉.《에코》. 5집.
정상호. 2007.〈공익과 사익의 조화를 지향하는 심의적 사회협의주의deliberative social concertation의 모색〉.《시민사회와 NGO》제5권 1호.
정회성 외. 2005.《환경 갈등 현황 및 정책과제》. 경제인문사회연구회.
조대엽. 2007.《한국의 사회운동과 NGO—새로운 운동주기의 도래》. 이르케.
조명래 외. 2005.《신개발주의를 멈춰라》. 환경과 생명.
조희연 · 김동춘 엮음.《복합적 갈등 속의 한국 민주주의》. 한울. 2008.
지성우. 2006.〈법학적 의미에서의 '공익' 개념에 대한 고찰〉.《성균관법학》제18권 3호 : 211-

231.
최인섭 외. 2005. 《한국인의 갈등해소방식—폭력을 중심으로》. 한국형사정책연구원.
최창호. 1973. 〈공익의 본질〉. 《한국행정학보》 12권 : 218-228.
한경혜·김진희. 2003. 〈일 가족 상호작용에서의 성별 차이—전이개념을 중심으로〉. 《한국사회학》. 제37권 3호. 57-81
한국사회연구소. 2008. 〈제1차 한국인의 갈등 의식 조사 결과표〉. 고려대학교 한국사회연구소.
한국여성개발원. 2005. 《국민통합을 위한 사회 갈등해소 방안》. 한국여성개발원.
한국정치학회·한국사회학회 공편. 2007. 《한국사회의 새로운 갈등과 국민통합》. 인간사랑.
한규석. 2003. 〈인간 사고의 문화심리학적 비교—네트웍 사회 연구에 대한 시사점〉. 한국 이론사회학회 발표논문. 원주 토지문학관(10월 31일-11월 1일).
한준. 2006. 〈한국에서의 권력이동〉. 박길성 외. 《한국사회 권력이동》. 굿인포메이션.
한준·설동훈. 2007. 〈한국사회 이념 갈등의 현황과 구조〉. 한국정치학회/한국사회학회 공편. 《한국사회의 새로운 갈등과 국민통합》. 인간사랑.
홍성태. 홍성태. 2005. 《개발국가와 토건국가》. 한울.
황상민·김도환. 2004. 〈한국인의 라이프스타일과 세대의 심리적 정체성—'세대 차이' 연구를 위한 심리학적 모델〉. 《한국심리학회지—사회 및 성격》. Vol. 18. No. 2. : 31-47.

영문문헌

Bauman, Zygmunt. 2004. *Wasted Lives : Modernity and Its Outcasts, Blackwell* (정일준 옮김. 《쓰레기가 되는 삶들—모더니티와 그 추방자들》. 새물결, 2008).
Beck, Ulrich et al. 1994. *Reflexive Modernization*. Stanford University Press(임현진·정일준 옮김. 《성찰적 근대화》. 한울, 1998).
Beck, Ulrich. 2005. *Power in the Global Age*, Polity Press.
__________. 2000. *What is Globalization?* . Polity Press(조만영 옮김. 《지구화의 길》. 거름, 2000).
Chernilo, Daniel. 2007. *A Social Theory of the Nation-State*. Routledge.
Clawson, Dan et al. eds. 2007. *Public Sociology*. University of California Press.
Coser, Lewis A. 1956. *The Functions of Social Conflict*. Glencoe, Ill : Free Press.
Dahrendorf, Ralf. 1958. "Toward a Theory of Social Conflict". *The Journal of Conflict Resolution*. Vol. 2, No. 2 : 170-183.
Dahrendorf, Ralf. 1959. *Class and Class Conflict in Industrial Society*. Stanford : Stanford University Press.
Dean, Mitchell. 2007. *Governing Societies*. Open University Press.
Giddens, Anthony. 1984. *The Constitution of Society*. University of California Press(황명주·정희태·권진현 옮김. 《사회구성론》. 자작아카데미, 1998).
Giddens, Anthony. 1976. *New Rules of Sociological Method*. Basic Books.

Goldman, Ralph. M. 1966. "A Theory of Conflict Processes and Organizational Offices". *Conflict Resolution*. Vol 10 No. 3 : 328–343.

Held, Virginia. 1970. *The Public Interest and Individual Interests*. New York & London : Basic Books Inc. Publishers.

Hirschman, Albert. 1992. "The Concept of Interest : From Euphemism to Tautology". *In Rival Views of Market Society*. Cambridge : Harvard University Press.

Inglehart. Ronald. 1997. *Modernization and Postmodernization : Cultural, Economic and Political Change in 43 Societies*. Princeton, NJ : Princeton University Press.

Koo, Hagen. 1990. "From Farm to Factory : Proletarianization in Korea". *American Sociological Review*. Vol. 55 : 669–681.

Lichbach, Mark Irving and Ted Robert Gurr. 1981. "The Conflict Process : A Formal Model". *The Journal of Conflict Resolution*. Vol 25. No. 1 : 3–29.

Mansbridge, Jane. 1998. "On the Contested Nature of the Public Good". *In Private Action and the Public Good* .edited by Walter W. Powell and Elisabeth S. Clemens. Yale University Press.

Mayer, B. 2000. *The Dynamics of Conflict Resolution : A Practitioner's Guide, San Francisco*. CA : Jossey–Bass.

Pruitt Dean G, Rubin Jeffrey Z. 1986. *Social Conflict : Escalation, Stalemate and Settlement*. New York : Random House.

Reed, William. 2000. "A Unified Statistical Model of Conflict Onset and Escalation". *American Journal of Political Science*. 44(1) : 84–93.

Weale, Allbert. 1998. "Public Interest". *In Routledge Encyclopedia of Philosophy*. London : Routledge.

Wolin, Sheldon. 1960. *Politics and Vision*. Boston : Little Brown.

필진 약력

윤인진 | 고려대학교 사회학과를 졸업하고 미국 시카고대학교에서 박사학위를 받았으며 현재 고려대학교 사회학교 교수로 재직 중이다. 주요 저서로는 *The Social Origins of Korean Immigration to the United States from 1965 to the present, On My Own: Korean Businesses and Race Relations*, 《독립국가연합 고려인의 생활과 의식》, 《코리안 디아스포라 — 재외한인의 이주, 적응, 정체성》 등이 있다.

박길성 | 고려대학교 사회학과를 졸업하고 미국 위스콘신대학교에서 박사학위를 받았으며 현재 고려대학교 사회학과 교수로 재직 중이다. 주요 저서로는 《세계화 — 자본과 문화의 구조변동》, 《한국사회의 재구조화 — 강요된 조정, 갈등적 조율》, 《IMF 10년, 한국사회 다시보다》, 《경제사회학 이론》(공저) 등이 있다.

이명진 | 서울대학교 사회학과를 졸업하고 미국 아이오와대학교에서 박사학위를 받았으며 현재 고려대학교 사회학과 부교수로 재직 중이다. 최근 논문으로는 "Spouse Dissimilarity and Marital Instability", 〈유비쿼터스 사회에서 소비자 문제의 특징과 그 함의〉, 〈직업 위세에 관한 사회 심리학적 분석〉 등이 있다.

김선업 | 고려대학교 사회학과를 졸업하고 동 대학원에서 박사학위를 받았으며 현재 고려대학교 한국사회연구소 연구교수로 재직 중이다. 주요 저작으로《청소년의 친우관계와 유의미한 타자》, 《촛불집회와 한국사회》(공저), 《경제사회구조와 복지》(공저) 등이 있다.

김철규 | 고려대학교 사회학과를 졸업하고 미국 코넬대학에서 박사학위를 받았으며 현재 고려대학교 사회학과 교수로 재직 중이다. 주요 저서로는《한국의 자본주의 발전과 사회변동》, 《한국시민운동의 구조와 동학》(공저) 등이 있으며 최근 논문으로 〈신개발주의의 심화와 민주주의의 위기〉, 〈현대식품체계의 동학과 먹거리 주권〉 등이 있다.

정일준 | 서울대학교 사회학과를 졸업하고 동 대학원에서 박사 학위를 받았으며 현재 고려대학교 사회학과 조교수로 재직 중이다. 주요 저서로는《1960년대 한국의 근대화와 지식인》(공저), 《아메리카나이제이션》(공저)등이 있으며, 번역서로《쓰레기가 되는 삶들》이 있다. 논문으로 〈유신체제의 모순과 한미갈등〉, 〈한국 민군관계의 궤적과 현황〉 등이 있다.

한국인의 갈등의식

초판 발행 2009년 2월 28일
초판 1쇄 2009년 2월 28일
지은이 윤인진 외
펴낸곳 고려대학교출판부
www.kupress.com
kupress@korea.ac.kr
136-701 서울특별시 성북구 안암동
02-3290-4230, 4232
Fax 923-6311
찍은곳 한국컴퓨터인쇄정보

ISBN 978-89-7641-686-5 93330
값 10,000원
* 잘못 만들어진 책은 바꿔드립니다.